日本宗教法人制度

Japanese Religious Legal Person System

黄晓林　著

图书在版编目(CIP)数据

日本宗教法人制度/黄晓林著.—北京:北京大学出版社,2019.9
国家社科基金后期资助项目
ISBN 978-7-301-30727-4

Ⅰ.①日… Ⅱ.①黄… Ⅲ.①宗教事务—法人制度—研究—日本
Ⅳ.①D931.321.5

中国版本图书馆 CIP 数据核字(2019)第 199717 号

书　　　名	日本宗教法人制度 RIBEN ZONGJIAO FAREN ZHIDU	
著作责任者	黄晓林　著	
责 任 编 辑	毕苗苗	
标 准 书 号	ISBN 978-7-301-30727-4	
出 版 发 行	北京大学出版社	
地　　　址	北京市海淀区成府路 205 号　100871	
网　　　址	http://www.pup.cn	
电 子 信 箱	law@pup.pku.edu.cn	
新 浪 微 博	@北京大学出版社　@北大出版社法律图书	
电　　　话	邮购部 010-62752015　发行部 010-62750672 编辑部 010-62752027	
印 刷 者	北京大学印刷厂	
经 销 者	新华书店	
	730 毫米×1020 毫米　16 开本　15.5 印张　270 千字 2019 年 9 月第 1 版　2019 年 9 月第 1 次印刷	
定　　　价	54.00 元	

未经许可,不得以任何方式复制或抄袭本书之部分或全部内容。
版权所有,侵权必究
举报电话: 010-62752024　电子信箱: fd@pup.pku.edu.cn
图书如有印装质量问题,请与出版部联系,电话: 010-62756370

国家社科基金后期资助项目
出版说明

　　后期资助项目是国家社科基金设立的一类重要项目,旨在鼓励广大社科研究者潜心治学,支持基础研究多出优秀成果。它是经过严格评审,从接近完成的科研成果中遴选立项的。为扩大后期资助项目的影响,更好地推动学术发展,促进成果转化,全国哲学社会科学工作办公室按照"统一设计、统一标识、统一版式、形成系列"的总体要求,组织出版国家社科基金后期资助项目成果。

全国哲学社会科学工作办公室

目　录

导　言 ··· 1

第一章　近现代宗教团体立法变迁 ······························· 4
一、神道国教化时期的立法 ······································· 4
二、国家宗教统制时期的立法 ···································· 5
三、现代宗教立法理念的实现与确立时期 ····················· 8
四、小结 ·· 11

第二章　宗教法的基本理念 ·· 14
一、信教自由 ·· 14
二、政教分离 ·· 31
三、圣俗分离 ·· 45
四、小结 ·· 50

第三章　宗教法人的公益性 ·· 58
一、宗教与公益的关系 ··· 58
二、宗教法人是公益法人 ·· 60
三、小结 ·· 64

第四章　宗教法人的设立 ··· 65
一、宗教法人的成立 ·· 65
二、宗教法人的财产 ·· 74
三、宗教法人的成员 ·· 81
四、宗教法人的能力 ·· 90
五、小结 ·· 99

第五章　宗教法人的组织机构 ····································· 102
一、宗教法人组织机构概述 ······································· 102

二、法定机关 …………………………………… 105
　　三、任意机关 …………………………………… 116
　　四、小结 ………………………………………… 117

第六章　公示制度 …………………………………… 120
　　一、宗教法人的登记 …………………………… 120
　　二、重要事项的公告 …………………………… 127
　　三、文件簿册的查阅 …………………………… 133
　　四、小结 ………………………………………… 139

第七章　宗教行政管理 ……………………………… 141
　　一、宗教行政的变迁及其特性 ………………… 141
　　二、宗教法人的行政主管机关 ………………… 143
　　三、认证制度 …………………………………… 149
　　四、宗教法人审议会 …………………………… 159
　　五、小结 ………………………………………… 160

第八章　宗教法人的财务制度 ……………………… 162
　　一、宗教法人的会计 …………………………… 163
　　二、宗教法人的财产处分 ……………………… 166
　　三、小结 ………………………………………… 170

第九章　宗教法人的税务制度 ……………………… 172
　　一、非课税制的理由 …………………………… 172
　　二、与宗教法人有关的课税 …………………… 174
　　三、不对宗教法人课税的情形 ………………… 175
　　四、对宗教法人课税的情形 …………………… 176
　　五、小结 ………………………………………… 184

第十章　宗教法人的合并、解散 …………………… 186
　　一、宗教法人的合并 …………………………… 186
　　二、宗教法人的解散 …………………………… 189
　　三、小结 ………………………………………… 196

第十一章　宗教法人制度综述及基本课题 …………… 198
一、保障信教自由的基本法律框架 ………………… 199
二、以圣俗分离理念为基础的国家权力与信教自由的关系 …… 200
三、宗教团体自治管理的民主性与透明性 ………………… 201
四、宗教法人税收与信教自由 ………………… 206

附录　日本宗教法人法 ………………… 209

参考文献 ………………… 233

导　言

　　改革开放以来，随着宗教信仰自由政策的全面贯彻，宗教在社会生活中的影响日益明显。近些年来，我国的宗教关系日趋复杂，各种矛盾日益突出，如何解决这些问题，维护社会和谐，成为宗教事务工作中的难题。由于历史、社会等诸多因素的影响，我国宗教法律制度的发展尚处于初期阶段，我国《宪法》规定了公民信仰自由的基本权利，新颁行的《民法总则》也仅仅规定具备法定条件的宗教活动场所可以取得捐助法人资格。除此之外，主要是以众多的政策为主来调整宗教关系，目前的立法形式及某些具体制度，既不利于宗教活动的开展，也不能很好地预防和解决宗教纠纷。法学界、宗教界围绕宗教团体的法律地位、财产关系、现行法律制度中存在的问题等进行了比较深入的研究，并提出了相应的解决方案，但是依然存在一些问题：第一，相关研究基本上局限于某一项或某几项具体制度的探讨，对宗教法律进行整体、系统的研究不足。第二，对司法实践、行政实践中涉及宗教事务的材料关注不足，有关宗教实务、政策立法及理论之间关系的研究不够充分。

　　为了全面推进我国的宗教法治，需要深入研究宗教发展的规律和特点，广泛研究、借鉴古今中外宗教立法及宗教事务管理的经验。日本是世界上为数不多的有专门宗教立法的国家之一。日本的传统文化与我国的一脉相承，宗教发展背景也有相似之处，并且同属大陆法系，均是成文法国家。日本的近现代宗教立法至今已有百余年历史，形成了以《宗教法人法》为中心，包括《宪法》《民法》《财税法》《不动产登记法》《地方自治法》《社会福祉法人法》《学校法人法》等立法在内的比较完备的法律体系，积累了丰富的立法及司法实践经验。我们希望通过对日本宗教法律制度的系统研究，分析日本宗教立法的理念以及围绕其立法理念的立法实践及司法实践，为我国的宗教法制建设提供借鉴与启发。

　　本书的研究主要从以下几个方面展开：

　　第一，立法理念。宗教法律制度的理念反映了国家权力在宗教事务管理中的边界，日本宗教立法理念在近现代经历了非常大的变迁：信仰自由的权利不断扩大，政府排斥、压制宗教的权力逐渐缩小，最终确立了信教自由、政教分离、圣俗分离的理念。随着立法理念的演变，宗教团体逐渐摆脱了国家政权附庸的地位,被赋予宗教法人人格,拥有独立的财产权、独立的权利能力和行为能力及独立的意志,不再受外在意志的支配。

第二,宗教团体的外部法律关系。宗教法人作为一个独立的法律主体参与社会活动,必然与外界发生一系列的关系,在众多的社会关系中,有两类重要的社会关系:宗教团体与政府主管部门之间的管理与被管理的关系和宗教团体与信众等社会公众之间的监督与被监督的关系。根据信仰自由的法治精神,宗教团体内部事务的运营应当遵循自治规则。但是,为了防止假借宗教之名骗取钱财,甚至实施危害社会公共利益的行为,需要政府介入加以管理。不过,日本的宗教行政的目的是通过管理保障信教自由的实现,而不是对宗教加强管理与控制。日本依据"圣俗分离"的理论,划分宗教团体自治与国家管理的界限。此外,宗教法人在其存续期间除了实施宗教行为外,还必须管理运营团体的财产,实施世俗层面的行为,不可避免地会与信众、交易第三人乃至社会公众发生各种联系,由此产生了相关利害关系主体了解宗教法人信息的需要。《宗教法人法》设置了登记制度、公告制度及账簿文件阅览制度,保障相关主体的知情权。通过各种信息公示制度,实现对宗教法人的监督,促使宗教法人的管理运营透明、民主。同时,为了防止相关主体滥用知情权损害宗教法人的利益,也对知情权进行了限制,以保护宗教团体的信教自由。

第三,宗教团体的内部法律关系。宗教团体既是财产的集合,又是人的集合,为了有效运营一个如此复杂的组织机体,必须在内部建立完备的组织机构。日本宗教团体内部组织机构最典型的特点是代表役员、责任役员制度。代表役员是宗教法人的代表机关和执行机关,对外代表宗教法人从事各种活动,对内执行意思机关的决定;责任役员(会)是宗教法人的意思决定机关。这些机构之间既有明确的职责权限的划分,相互之间又有制约。代表役员和责任役员是宗教法人的世俗事务的法定管理机关。除此之外,立法从尊重信教自由、宗教团体自治的角度,允许宗教法人根据各自的历史传统、实际情况,设置决议、咨询、管理、监察等任意机关,与代表役员和责任役员一起管理运营宗教法人。

本书通过对上述内容的研究,阐明日本宗教立法的一个价值追求和一个标准。所谓一个价值追求,即保护宗教信仰自由是现代法治国家宪法的一项重要原则,日本的宗教法律制度始终以信仰自由为根本价值追求,无论是宗教立法、司法,还是宗教行政管理,均以保障信教自由、实现信教自由为指导精神。在此基础上,为了平衡信教自由与社会公共利益的关系,对信教自由进行了一定的限制。所谓一个标准,指的是宗教团体在日本是一类社会公益组织，担负着净化人类心灵的神圣职责，同时积极从事教育、医疗、慈善等社会公益活动。宗教团体立法从公共利益原则出发，为宗教团体提供税收优惠等保护措施，引导和保护宗教团体顺利从事社会公益活动，发挥宗教团体作为非营利组织在社会中的积极作用。

笔者希望通过对日本宗教立法、司法及理论的介绍和研究，为我国的宗教法制建设在立法理念、立法体系、具体制度设计等方面提供一定的借鉴。日本宗教法制中的信教自由、圣俗分离、宗教团体的独立性等理论，有利于充实、丰富我国的宗教法制理论。日本的宗教法治理念在宗教行政管理、司法实践中的应用情况，对我国的宗教管理实践也会有一定的启发意义。

虽然笔者对本书的效果寄予了诸多期望，但是由于宗教法制是一个含涉宗教、法学的综合领域，并且在法学领域中又涉及宪法、民法、行政法、税法、公益社会组织法等多个学科，内容极其庞杂，又因为是以日本的宗教法为研究对象，因此存在语言上的隔阂，本人对相关的社会文化、宗教实践也缺乏深入了解，以笔者疏浅的才学，很难完美驾驭这样一个复杂的领域。所以，书中难免有错误和漏失，恳请诸位同仁指正。

第一章 近现代宗教团体立法变迁

日本近现代宗教团体立法自明治政府的神道国教化政策开始,经历了《明治宪法》《宗教团体法》《日本国宪法》《宗教法人法》的制定与修改,迄今已有近150年的历史,立法理念经历了重大变迁:信仰自由的权利不断扩大,政府排斥、压制宗教的权力逐渐缩小,最终确立了信教自由、政教分离、圣俗分离的理念。这一变迁是宗教事务发展变化的必然要求,更是日本对压制信教自由政策给个人、社会所带来的痛苦的反思,代表了社会文化、人类精神自由发展的必然趋势。具体而言,日本宗教团体立法的变迁过程大致可以分为三个时期。

一、神道国教化时期的立法

(一) 神道国教化政策的确立

1868年成立的明治新政府以建立强有力的统一国家为目标,确立了以天皇为中心的国家体制,采用神道国教化政策①,恢复了政教合一的制度。具体而言,将供奉天皇家氏神的伊势神宫置于全国其他神社之上,把全国各地的神社分为不同的等级,纳入国家体制,使其成为国家组织体系的一部分。将这些神社神道通过立法上升为国教,促使国民强烈崇拜,以维持天皇权威的绝对化。

由于神教国教化的政策遭到强烈反对,1872年天皇政府不得不放弃了神道国教化的政策,一方面,以《三条教则》为根本,宣扬皇道思想,任命神宫、僧侣等教职,转而采取神佛共同布教的国民教化政策。另一方面,由于发生了"浦上教案"②,在基督教徒的反对下,1873年政府撤销了禁止基督教的政令,默许了基督教活动的合法性。此外,从欧美回国的知识分子带回了宗教

---

① 通常意义上的神道国教化,指的是将神道作为日本的国教的运动,就是以神道为核心理念教化国民,主张天皇神格化、祭政一致等,将祭祀作为国家行为在皇室、神社举行。
② 浦上村位于长崎北部,村民普遍信仰天主教,而当时的日本政府施行禁止基督教的政策。1867年,68名信徒被投入监狱,3个月之后,约3400名教徒被流放到各地。到1873年基督教信仰解禁为止,大约640名教徒被折磨虐待而死。

信仰自由的理念，政府的宗教政策受到严厉抨击。加之修改条约等国际舆论的压力，为了获得西欧各国的信任，日本政府不得不出台信仰自由的政策，神社神道与教派神道相分离，神社是国家祭祀的设施，提出了"神社非宗教论"的观点，试图协调对神社的强制崇拜与信教自由之间的关系。①

（二）《明治宪法》中信教自由权利的确立

1889年《大日本帝国宪法》（即《明治宪法》）颁布。受人权思想影响，第28条规定保障信教自由，即日本臣民在不妨碍秩序安宁及不违反臣民义务的前提下，有信教自由。如此一来，信教自由作为一项宪法上的权利被确认下来。实际上，《明治宪法》所保障的"人权"并不是天赋的自然人权，而是因宪法规定而产生的权利。天皇、贵族与臣民是不同的，前者永远是支配者，后者永远是被支配者。这样的思想意识是《明治宪法》的根基。② 此外，日本《明治宪法》对人权的保护只是保障"臣民的权利"。《明治宪法》的上谕规定："朕宣告珍视和保护我的臣民的权利及财产安全，在宪法和法律的范围内应该完善它的享有。"这种宪法上的权利仅指"以法律的规定"而予以保护，从而给予了立法者可以通过立法的方式限制个人权利的自由。③ 根据"神社非宗教论"的解释，参拜神社是臣民的义务，拒绝参拜神社是对神社的不敬，妨碍了国家的"安宁秩序"，是应当被取缔的。所以宪法的这一规定对信仰自由的保护是非常薄弱的，与其说是立法对信教自由的保护，不如说是为行政限制信教自由留了余地。

二、国家宗教统制时期的立法

（一）《宗教团体法》的制定

明治政权建立之后，为了推行宗教教化政策，政府以各种形式颁布了大量与宗教团体有关的法令，比如太政官的布告和通告、教部省的通告、内务省令、训令等。《明治宪法》第76条规定，与宪法不相冲突的法令具有约束力。虽然这些法令发挥了很重要的社会作用，但是由于形式各异、内容分散，在实际适用中很容易产生各种各样的疑问，妨碍宗教团体的发展，影响教化活动的顺利开展。因此有必要制定涉及宗教行政管理的根本法规，为宗教团体的

---

① 谷口之平：《宗教法入门》，东京第一法规1976年版，第16页。
② 宫泽俊义：《宪法Ⅱ》，有斐阁1959版，第175、187、190页。
③ See Hiroshi Oda, *Japanese Law*, Oxford University Press, 1999, p. 102.

宗教活动提供制度上的便利，同时也希望通过宗教根本法的制定实施，保护宗教活动并加强国家对宗教活动的监督。此外，制定宗教行政法律的另一个原因，是为了实现《明治宪法》第 28 条规定的信教自由的精神，通过具体的法律规定明确国民在宗教活动方面的权利义务。鉴于上述种种考虑，帝国议会曾经先后 3 次提出过涉及宗教团体的法律议案：1899 年第 14 次帝国议会提出的"宗教法案"、1927 年第 52 次帝国议会提出的"宗教法案"、1929 年第 56 次帝国议会提出的"宗教团体法案"。但是，这些法律议案均未获得通过。政府于 1935 年命令宗教制度调查会审议"宗教团体法案纲要"及"宗教团体法草案"，不过，这一法案并没有提交给议会审议。之后很快爆发了中日战争，随着战争的深入，日本政府开始强化国家主义、军国主义，在国家总动员、国民精神总动员方针的指导下，采取了宗教教化的国家政策。于是，1939 年第 74 次帝国议会上通过了《宗教团体法》，自 1940 年 4 月 1 日起施行。

《宗教团体法》的立法目的，一言以蔽之，就是加强国家对宗教团体和宗教活动的监督、管制以及利用宗教引导国民为战争服务。政府发布的《宗教团体法案理由书》里有如下说明：国民精神的振作与宗教的健康发展密切相关，在目前的大局之下，必须切实整理统一现行的宗教法令，明确对宗教团体地位的保护和监督，促进宗教团体的健康发展，发挥其教化功能。此外，在文部省对该法案的解释中有如下表述：实际上，为宗教团体提供保护、促进救济措施的同时，又必须采取更严厉的措施取缔妨碍安全秩序、危害公共利益的行为。《宗教团体法》实际上就是依据这样的目的而制定的。①

（二）《宗教团体法》中国家对宗教的管理

从立法理由书的记述可以看出，《宗教团体法》的主要目的是利用宗教的教化作用，统一、振奋国民的精神，为当时的战争局势提供服务。为了达到这个目的，必须加强国家对宗教团体和宗教活动的监督与管理，这主要表现在以下两个方面：

第一，宗教团体（神道教派·佛教宗派·基督教及其他宗教团体、寺院·教会）、宗教法人的设立等采用认可制，将宗教活动置于国家的管理之下。宗教团体的设立应当获得文部大臣或地方长官的许可。宗教团体的运营活动由管理负责人主持。文部大臣有监督、调查、取消许可等非常广泛的权限。根据《宗教团体法》的规定，行政管理机关的认可权限主要有以下几项：(1) 主管大臣对宗派（教团）设立的认可、宗教法人的认可、教规等自治章程

---

① 宗教调查会：《贵族院·众议院宗教团体法案速记录》，文久社出版部 1939 年版，第 4 页。

的认可(第3、6条);(2)主管大臣对馆长(教团统领者及其职务代理者)就任的认可(第4条第4款);(3)主管大臣对宗派(教团)合并•解散的认可(第5条第1款);(4)地方行政长官对寺院(教会)的设立及自治章程变更的认可(第6条第1、3款);(5)地方行政长官对教会成为法人的认可(第6条第3款);(6)地方行政长官对寺院(教会)合并•解散的认可(第11条第1款);(7)地方行政长官对寺院(教会)设立认可的取消(第11条第2款)。

根据设立认可制度,完备的教团章程、寺院章程是设立宗教团体的必要条件之一。基于宗教统制的需要,宗教团体章程的记载事项中包含了广泛的宗教内容,例如教义概要、教义宣扬等。因此在认证时,行政管理机关理所当然要审查宗教团体本身的内容,而不是仅仅进行形式审查。就这一点而言,国家对宗教团体及其活动实行严格的监督与管理。此外,为了适应行政认可制以及宗教活动实践发展的需要,文部大臣将实践中的很多宗派、教团整合统一,认可了神道教派的13派,将佛教的56派合并为28派,认可基督教会为2个教团。

第二,根据《宗教团体法》第16条、第25条的规定,宗教团体或教职人员在宣扬教义、举行宗教仪式时,如果妨碍安宁秩序,或违背了臣民义务的,文部省大臣不但可以对其活动予以禁止、限制,命令教职人员停止宗教活动,还有权取消该宗教团体的设立认可。第17条、第25条规定,宗教团体或其组织机构的任职人员违反法令或团体自治章程,损害其他公共利益时,文部省大臣可以撤销、命令停止有关行为,甚至解任宗教团体机构的任职人员。

第三,《宗教团体法》第18条第2款规定,文部省大臣在监督过程中,认为有必要时,有权要求宗教团体提交报告,或进行实况调查,有权对宗教团体的代表人处以罚金。

由此可见,该法用不少篇幅规定了政府对宗教团体的监督、统制权限,对宗教团体的监督和管理是全方位的;宗教团体设立、运营、消灭的整个存续过程都处于政府的监管之下。学者认为,政府行政机关拥有如此强大的监督、统治权,与《宗教团体法》之前制定的《治安维持法》[①]的理念相一致,目的在

---

① 《治安维持法》制定于1925年,废止于1945年10月。第1条规定:"以变革国家体制为目的而结社者,或社团的负责人及其他从事指导任务者,处以死刑或无期徒刑,或5年以下徒刑或监禁,明知而加入社团者或为了完成结社的目的而实施行为者,处2年以上徒刑或监禁。以否认私有财产制度为目的而组织社团者,或加入社团者,或为完成结社目的而实施行为者,处10年以下徒刑或监禁"。从1928年到1941年期间,相继发生了皇道大本教事件、新兴佛教青年同盟会事件、天理本教事件、灯台社事件,这些事件均被认定违反了《治安维持法》第1条。1941年《治安维持法》修改,第7条规定,以否定国家体制,以及传播亵渎神宫或皇宫尊严的事项为目的而组织社团者,或社团的负责人和其他从事指导任务者,处无期徒刑或4年以上徒刑,明知而加入社团者或为完成结社目的而实施行为者,处1年以上有期徒刑。

于统治、镇压宗教团体的活动。① 虽然该法于 1945 年被废止了,但是该法中所蕴含的国家对宗教事务予以统治、监督的精神对《宗教团体法》的影响非常大,《宗教团体法》虽未采取《治安维持法》中的严厉措施,但是相关规定中融入了加强国家对宗教事务管理的理念。

三、现代宗教立法理念的实现与确立时期

(一) 神道国教政策的废止——政教分离原则的确立

前述对宗教团体的统制镇压政策,随着第二次世界大战的结束而终止。战后,联合国军政最高司令部(GHQ)实施了保障信教自由的政教分离政策。1945 年 8 月 14 日,《波茨坦宣言》要求日本政府确立言论、宗教、思想自由及基本人权。为履行该要求,GHQ 于同年 10 月 4 日发布了撤销对政治、社会及宗教自由限制的《基本指令》《自由指令》,命令废止限制思想、宗教、集会及言论自由的《治安维持法》《宗教团体法》等法令。《宗教团体法》被废止后,制定了《宗教法人令》,作为保全宗教团体财产的善后措施。②

根据《宗教法人令》的有关规定,只要依法制作宗教团体章程,向主管行政机关提交设立申请书、章程、负责人的姓名、住所等文件,履行了设立登记程序,就可以成立宗教法人。除此之外,《宗教法人令》没有规定主管机关对宗教法人的监督管制措施。可见,《宗教法人令》采取了"申报制"的立法模式,与《宗教团体法》的"认可制"不同,是对认可制下宗教团体被统制、镇压的反省,反映了对信教自由理念的尊重。不过,也可能存在滥用申报制,设立不具有宗教团体实质的宗教法人的弊端。

此外,关于神社是不是宗教的问题,历来争议不断。政府为了推行宗教教化政策,将神社与其他教派、宗派、教团、寺院、教会相分离,适用不同的法律规制,由内务省、神祇院管辖,不属于文部省宗教行政管辖的范围。联合国方面赞同神社神道是宗教的观点,认为政府处理神社神道的政策违背了信教自由的精神。所以 1945 年 12 月 15 日,GHQ 又发布了《关于废止政府对国家神道(神社神道)的保证、支援、保全、监督及弘扬》的备忘录(即《神道指令》),将神社神道与国家彻底分离,否定神社神道的国教特性,同时禁止国家

---

① 梅田义彦:《日本宗教法人制度史(近代篇)》,东宣出版社 1971 年版,第 213 页。渡边治:《法西斯时期的宗教统制》,载东京大学社会科学研究所编:《战时日本的法律制度》,东京大学出版会 1979 年版,第 62 页。
② 栗田直树、梅川正:《宗教法人的立法过程》,载《爱之学院大学宗教法制研究所纪要》1992 年第 2 期。

与宗教的结合,实施彻底的政教分离政策。①

联合国的《神道指令》的直接适用对象虽然是神社神道,但并不仅仅限于此,佛教、基督教、教派神道以及所有的信条、思想、哲学等都适用于该指令。《神道指令》的适用给日本的宗教、思想、教育等领域带来了广泛的影响。该指令的目的就是要根除军国主义和极端国家主义思想、确立信教自由,彻底实施政教分离、撤销国家管理神道神教的制度。1946年2月修改《宗教法人令》,神社神道与教派、宗派、教团、寺院、教会等宗教团体适用同一立法规制。1946年元旦,天皇发布《人间宣言》,2月2日撤销战前管辖全国神社的内务部省外局(即神祇院),2月3日成立宗教法人神社本厅。

(二)《日本国宪法》中的信教自由理念

经过前述一系列的立法准备,1946年11月制定了《日本国宪法》,1947年5月3日起实施。《日本国宪法》反思了《明治宪法》中对信教自由保护的不彻底问题,在诸多条款中规定了更加详细的信教自由条款。该法第20条规定:(1)对任何人的信教自由都给予保障。任何宗教团体都不得从国家接受特权或行使政治上的权利;(2)不得强制任何人参加宗教上的行为、庆典、仪式或活动;(3)国家及其机关不得进行宗教教育以及其他任何宗教活动。第89条确立了政教分离的原则:公款以及其他国家财产,不得为宗教组织或团体使用,不得为宗教组织或团体提供方便和维持活动之用,也不得供不属于公家的慈善、教育或博爱事业支出或利用。这两个条款揭示了信教自由与政教分离的原则。这些规定被认为是前述各种宗教立法理念的具体化。可以说,《日本国宪法》中的信教自由、政教分离原则是对战前国家神道思想的抛弃,是在对"二战"前法制压制宗教的痛苦历史的深刻反思基础上的产物,归根到底是一种国家与宗教彻底分离的理念。②

(三)《宗教法人法》的制定与修改

1.《宗教法人法》的制定及主要内容

为了尊重信教自由的精神,同时为了避免滥用《宗教法人令》中申报制的弊端,1951年4月日本公布了《宗教法人法》,《宗教法人令》及其施行规则同时废止。关于《宗教法人法》的制定理由,第三次吉田内阁的天野贞祐文部大

---

① 渡部蓊:《逐条解说宗教法人法》,行政出版公司2009版,第1页。
② 桐谷章:《围绕宗教法人法修改的问题点:对宗教团体管理要素的导入与评价》,载《创价法学》1997年第26号。

臣在国会上提交了提案理由书,其要旨如下:审视当前宗教界的实际形势,回顾过去五年多的实施情况,可以发现《宗教法人令》存在诸多不足之处,各界普遍希望以信教自由为基磐建立新的宗教制度。所以,日本政府最近几年来一直在谨慎研究探讨,力图构建一个新的宗教法人制度:既能适应具有传统特点的复杂多变的宗教事务,又能尊重宗教法人的特殊性和自主性。基于这样的构想,提出了本法律议案。《宗教法人法》的目的在于赋予宗教团体法人人格,使宗教法人能够获得保障其自由、自主活动的物的基础。为了实现这样一个目的,必须奉行信教自由和政教分离的原则。与此同时,还应当明确宗教法人的责任,考虑宗教团体的公共性。①

《宗教法人法》第1条规定了该法的目的为"本法律以帮助宗教团体拥有、维持运用礼拜设施和其他财产及为达成此目的而经营的业务、事业,而赋予宗教团体在法律上的能力为目的"。由此可见,《宗教法人法》的立法目的是为了保障宗教团体顺利从事宗教活动,而不是为了管理、监督、统制宗教团体。进一步而言,根据信教自由、政教分离的原则,立法对宗教的教义、信仰、宗教活动等"圣"的事务尽量不加干涉。该法第1条第2款规定,受宪法保护的信教自由在一切国家行政中都必须受到尊重。所以,该法的所有规定都不得解释为限制个人、集体或团体基于受保障的自由而进行的教义宣扬、宗教仪式及其宗教行为。第84、85条又特别强调排除国家对宗教法人的宗教活动等"圣"的事务的干涉,并且在第18条第6款等条款中规定,宗教法人的代表役员、责任役员对于"俗"的事务的权限,在"圣"的领域(宗教上的权限)中没有任何意义,从而将宗教法人中"圣"的权限与"俗"的权限完全分离。②

宗教法人的设立采取了介于"申报制"与"认可制"之间的"认证制"。所谓的认证制,指的是政府对宗教法人的自治章程是否符合法令规定的条件进行审查,符合条件的即确认其"适合性"的公权力行为。认证制度的产生原因是基于以下考虑:(1)第二次世界大战前《宗教团体法》的认可制对宗教的统制与压制;(2)第二次世界大战后《宗教法人令》的申报制对宗教疏于管理的弊端;(3)为了实现宪法中的信教自由和政教分离的宗旨。③由此可见,认证制反映了保障政府对宗教管理的同时,尽量减少对宗教进行行政干预的理念。

---

① 国会众议院:《第十回文部委员会议录四号》,1951年,第18、19页。
② 关于宗教法人的"圣"与"俗",在宗教团体中,本来的活动是宗教活动——宗教性的圣的一面,除此之外还有支撑宗教活动的财产管理等世俗的活动——世俗性的俗的一面。
③ 中根孝司:《新宗教法人法——背景与解说》,第一法规1996年版,第11、263页。

2.《宗教法人法》的修改

《宗教法人法》自1951年颁行以来,随着社会情势及宗教事务的发展,至今已经历了25次修改,其中规模最大的一次是1996年的修改。在此本书简单介绍一下1996年的修改背景和主要内容。

随着社会经济、文化的发展,都市化、信息化的趋势增强,家族、地域的紧密关系逐渐淡化。交通手段的发达带来了宗教活动的多样化、复杂化;跨地区活动的宗教法人增多、从事收益事业的宗教法人也在增多。在这种情况下,多数意见认为必须通过更适合的宗教法人制度提高宗教法人的自治能力,使其责任与公共性适应。1996年的修改主要涉及四个方面:(1) 由于某一地方行政机关无法对跨地区活动的宗教法人进行有效管理,所以在其他都道府县境内有建筑物的宗教法人转由文部省大臣管辖;(2) 行政机关为了定期掌握宗教法人的的活动情况,确认宗教法人是否具备法定要件,履行法定的管理责任,新法增加了宗教法人必须向主管行政机关提交的财务会计文件的种类;(3) 就一般理论而言,与法律有关的宗教法人的财务会计制度应当以更民主更透明的方式运营,为了保护信众等利害关系人的正当利益,这些主体有权向宗教法人请求查阅财务会计文件;(4) 行政主管机关对法定事项有疑问时,有权向宗教法人的负责人及其他利害关系人提出质询。①

从修改的内容来看,主要是政府为了适应社会形势的变化而针对复杂的宗教事务进行的行政管理方面的修改;有学者对此也提出了批评,认为行政过于干涉宗教团体自治领域,违反了宪法的宗教信仰自由精神。②

四、小　结

从前述日本近现代宗教立法沿革可以清晰地看出宗教法人立法理念的变迁脉络:信仰自由权利不断扩大,政府排斥、压制宗教的权力逐渐缩小,最终确立了信教自由、政教分离、圣俗分离的理念,并以具体的立法设计保障立法理念的实现。宗教团体立法理念的变迁过程大致可以分为以下三个时期:

(一) 压制信教自由、神道国教化时期

这一时期大致自明治政府成立到19世纪末20世纪初,以《明治宪法》的

---

① 桐谷章:《围绕宗教法人法修改的问题点:对宗教团体管理要素的导入与评价》,载《创价法学》1997年第26号。
② 同上。

颁行为界,分为前期和后期。在前期,明治政府为了神话天皇,推行对外扩张政策,实施神道国教化的政策,利用种种借口,对神道教之外的佛教、基督教和其他民间宗教进行不同程度的镇压和排挤。国民对于是否信教、信仰何种宗教以及以何种方式从事宗教活动等几乎没有自由选择的权利,只能被动地接受政府或以欺骗或以高压手段施加的所谓神道信仰。随着社会经济发展、国际交流的扩大、西方人权思想的影响,明治政府迫于种种压力,不得不在1889年的《宪法》中规定信教自由的权利,由此进入压制信教自由、神道国教化的后期。虽然宪法规定了信教自由,但这种保护非常薄弱,信教自由须以不妨碍秩序安宁和不违反臣民义务为前提,而秩序安宁和臣民义务的解释权属于政府,这为行政干预、限制信教自由预留了无限空间。这一时期虽然解禁了对佛教、基督教等宗教的限制,但依然实行政教合一政策,参拜神社是国民的义务。由此可见,此时的信教自由基本上还只是一种口号式的倡导,并没有实质的意义。

(二) 行政限制信教自由的具体化时期

这一时期大约从 20 世纪初到第二次世界大战结束。随着日本经济、军事实力的增强,政府开始利用宗教强化国家主义、军国主义思想,采取了宗教教化的国家政策。虽然这一时期的立法是为了整合、统一以前发布的形式不一的有关宗教的法令,以及实现《明治宪法》中信教自由的精神,但是主要目的还是利用宗教为战争服务,所以立法中处处体现了政府对宗教事务的全面监督和管理,比如宗教团体设立的严格的行政认可、对宗教团体内部规则的审查、行政管理机关对宗教活动的广泛的禁止、限制、解任宗教团体任职人员的权力等,都渗透着浓厚的国家统治宗教事务的理念。换言之,行政干预信教自由的权力通过《宗教团体法》的制定而得以明确化、具体化。

(三) 信教自由精神的实现、政教分离和圣俗分离理念的确立与保障时期

第二次世界大战之后,日本对战前压制宗教的痛苦历史进行了深刻反思,在美国的影响和干预之下,逐渐放弃了原有的宗教立法理念,废止国家神道政策,确立政教分离、圣俗分离的理念,并通过《宗教法人法》的一系列规定,保障信教自由精神的实现。实行政教分离政策之后,天皇成为一个仅具有象征意义的国家元首,不再享有教权、政权、军权。神道教失去了战前国教的特殊地位,政府给予的经济资助和政治特权被取消,与佛教、基督教和其他宗教团体在政治、经济上的地位一律平等。同时,政府干涉、限制宗教团体的权力受到制约。

战后日本的宗教立法中处处反映了圣俗分离的理念。《宗教法人法》赋予宗教团体法人人格，规范其设立、运营、消灭过程中与其他社会主体之间发生的"俗"的社会关系，政府不介入宗教团体内部事务的神圣领域。通过政教分离和圣俗分离的具体规定，日本政府摆脱了宗教的控制和影响，成为不参加宗教仪式和宗教活动、不干预宗教内部事务的世俗化政权；同时，宗教团体也摆脱了官方的控制和利用，成为仅具有宗教职能的社会公益组织。这样既保证了政府对宗教法人世俗事务的管理，又保证了宗教团体内部事务和宗教活动的自由权，为彻底实现信教自由精神设置了有力的保障措施。

此外，1996年《宗教法人法》的修改虽然因含有加强行政对宗教事务管理的意味而受到诸多批评，但是这种管理与《宗教团体法》时代的宗教统制完全不同，是在信教自由、政教分离、圣俗分离的原则框架下的行政管理，不能偏离政府公权力不得限制信教自由的理念。

第二章 宗教法的基本理念

从日本近现代宗教法律制度的发展历史可以看，信教自由的保障与实现始终是每个时期立法的核心问题。围绕信教自由，《宪法》规定了政教分离原则，并且遵循圣俗分离的理念制定了《宗教法人法》及其他相关法律。所以，信教自由、政教分离、圣俗分离被认为是日本宗教法律制度的基本理念，成为宗教立法、司法及行政管理的指导思想。

一、信 教 自 由

信教自由是欧洲各国人民在对抗教会及国家压制宗教的运动中，经过数百年的不懈努力而获得的权利，在近代人权史上占有极其重要的位置。众所周知，近代人权是以自由权为中心建立起来的，而自由权是摆脱国家的束缚并由国民享有的权利。从近代市民革命以及各种人权宣言的历史发展中可以看出，近代人权的内容有三项：精神自由、经济自由、人身自由。精神自由是与人类的各种精神活动有关的自由，例如思想自由、良心自由、言论及表达自由、集会结社自由，信教自由当然包含在精神自由之中。经济自由权是对与经济活动有关的自由的保障，意味着对财产权的保障、职业选择自由、营业自由等。人身自由就字面而言，是保障身体不受来自公权力的不当拘束、逮捕、搜查的权利。这三项自由之间有着非常密切的关系。近代市民革命打破了阻碍资产阶级实现经济要求、确立近代所有权、发展营业的封建规制，实现了经济自由，这一经济自由的实现离不开精神自由和人身自由的确立。

精神自由中最早确立的是信仰自由，之后逐渐扩大到言论自由、学术自由、思想自由等领域。可见，信仰自由是自由权中的先驱。与民主主义的发展过程相伴，又被称为"民主主义的函数"。实际上，在宪法与其他基本法中保障信教自由是近代国家的特征。所以，除了依据滥用禁止、公共福祉的要求而对信教自由进行限制外，不能制定限制信教自由的法律。

虽然日本历史上没有像欧洲那么普遍而严重的宗教迫害，不过在某些时代也有对个别宗教的严重迫害。明治时期，受国际舆论的影响，信教自由的观念开始传入日本，并在《明治宪法》中得以确立，但是，此时的信教自由基本上只是一种口号式的倡导,并没有实质意义。"二战"后,日本反思了《明治宪法》对信教自由保护的不彻底问题,在现行《日本国宪法》的诸多条款中规定了信教自由,并通过其他相关立法的具体规定及司法适用保障宪法中的信教自由的基本人权实现。

(一) 立法中有关信教自由的规定

《日本国宪法》第 20 条第 1 款规定,对任何人的信教自由都给予保障。任何宗教团体都不得从国家接受特权或行使政治上的权利。第 2 款规定,对任何人都不得强制其参加宗教上的行为、庆典、仪式或活动;第 3 款规定,国家及其机关都不得进行宗教教育以及其他任何宗教活动。第 89 条还规定,公款以及其他国家财产,不得为宗教组织或团体使用、提供方便和维持活动之用,也不得供不属于公家的慈善、教育或博爱事业支出或利用。这两个条款确立了信教自由与政教分离的原则。通说[1]和判例认为,信教自由作为一项重要的精神自由,日本国民、外国自然人、法人等均享有信教自由。例如最高法院在一则判例中判示:"宪法第 3 章规定的基本人权的保护,除权利性质上仅以日本国民为保护对象以外,应当解释为给予在留日本的外国人同等保护。"[2] 关于法人的人权保护,法院有如下判示:"宪法第 3 章规定的国民权利与义务的各条款,只要性质上允许,就应当适用于国内法人"。[3] 根据这一判示,除了与自然人的固有性质相关的权利,例如内心的信仰自由等,其他信教自由的规定适用法人。

《宗教法人法》是为了实现宪法中的信教自由而制定的法律。对此,《宗教法人法》第 1 条有明确规定,受宪法保障的信教自由在一切国家行政中都必须予以尊重。因此,《宗教法人法》的所有规定都不能解释为:限制个人、集体或团体以信教自由为基础而进行的教义宣传、宗教仪式以及其他宗教行为。此外,第 85 条规定,本法律的所有规定,都不能解释为是赋予文部大臣,都、道、府、县知事及法院对宗教团体的信仰、规章、习惯等宗教方面的事项进行任何形式的调停或者干涉权限,或者劝告、引导及干涉宗教方面的负责人员的任免和进退的权限。[4]

---

[1] 佐藤幸治:《宪法(新版)》,青林书院 1990 年版,第 380 页以下。卢部信喜:《宪法学Ⅱ(人权总论)》,有斐阁 1994 年版,第 121 页。
[2] 最高裁判所大法庭 1978 年 10 月 4 日判决,《最高裁判所民事判例集》32 卷 7 号,第 1223 页。其他类似判例还有:最高裁判所 1950 年 12 月 28 日判决,《最高裁判所民事判例集》4 卷 12 号,第 683 页。
[3] 最高裁判所大法庭 1970 年 6 月 24 日判决,《最高裁判所民事判例集》24 卷 6 号,第 625 页。
[4] 东京地方裁判所 1958 年 2 月 7 日判决,《下级裁判所民集判例集》9 卷 2 号,第 162 页。

（二）信教自由的含义

1. 对宗教的理解

"信教"，简而言之，就是相信宗教的意思。至于什么是宗教，并没有一个固定的解释，各类学说大致从以下几个方面对宗教进行解释：(1) 以神的观念为中心而解释宗教；(2) 从神圣感、清静感、畏惧感等情绪体验的角度定义宗教；(3) 以人类的生活活动为中心而解释宗教。当然在各类宗教中，既有无神的宗教（例如佛教、原始宗教），也有不伴随情绪体验的宗教（例如民俗），所以，有学者认为第三种观点最有说服力，并且，将宗教定义为一种以人类的信仰活动为中心的文化现象，目的在于究明人类生活的终极意义，并终极解决人类的问题。①

日本法学领域对宗教的界定也受到上述各种概念的影响，判例对宪法中的宗教进行了如下解释："相信存在超自然的、超人类的本质（即绝对者、造物主、至高存在等，特别是神、佛、灵等），敬畏并崇拜的心情与行为"，无论是个人的宗教、集团的宗教，还是自然产生的宗教、人为倡导的宗教，都可以包括在内。② 可见，法学领域的宗教概念涵摄了上述各类宗教概念中的诸要素，规范的范围非常广泛。

2. 信教自由的内容

"信教自由"一般解释为"相信宗教的自由"，实际上，"信教自由"既含有"相信宗教的自由"（积极自由），也含有"不相信宗教的自由"（消极自由）。进一步而言，"不相信宗教的自由"含有因相信特定宗教而不相信其他宗教的自由和全然不相信宗教的自由。宪法所保障的"信教自由"意味着个人相信和不相信宗教的自由免受来自国家的妨害、强制（即国家通过立法权、行政权、司法权而施加的迫害与限制），即个人对于自己的宗教生活享有请求国家不作为的权利。

然而，相信与不相信宗教是个人的内心活动，如果不表现为外部的行为，国家权力将无法施加干涉。法律是通过调整人们的外部行为，来界定主体的社会活动的界限的，其无法规范人们的内心活动。所以，通过宪法的规定来保障内心的信教自由是没有任何意义的，能够作为宪法调整对象的只能是在内心作用下的外部行为。但是，宪法的最终立法目的是保障主体的内心信教

---

① 岸本英夫：《宗教学》，大明堂1961年版，第11—18页。
② 名古屋高等裁判所1971年5月14日判决，《行政事件判例集》22卷5号，第680页。

自由。为了实现这一目的,须以外部宗教行为为调整对象,于是就表现为保障宗教行为的自由。

可见,单纯的思想中的信教自由如果不通过行动外化并作用于他人及社会,就无所谓自由或不自由。从这个意义上说,宗教信仰自由在法律上的涵义更多的是指主体基于个人信仰的需要而付诸行动的自由,纯粹的精神领域的宗教信仰应该与法律无关。从世界各国的宪法规范来看,极少有国家在空泛的层面上使用这一概念。很多世界人权文件中对宗教自由有规范的表达。①

由于内心的信仰通过行为表现于外部,所以宪法保障"信教自由"就成为"保障宗教行为自由"了。因此,"信教自由中含有哪些自由"的问题,实质就是"宗教行为自由中含有哪些自由"的问题。如同信教自由中含有"相信宗教"和"不相信宗教"的自由一样,宗教行为自由中也含有"积极实施宗教行为的自由"(作为的自由)和"消极不实施宗教行为的自由"(不作为的自由)。②

总之,信教自由的内容大致包括内心领域信教自由和以行为形式表现出来的外部的信仰自由,根据学说观点的不同,又进一步分为二分说、三分说,甚至还有七分说,目前三分说为通说。在三分说内部,各学者所主张的信教自由的内容也略有不同。例如法学协会认为信教自由包括信仰自由、宗教行为的自由、宗教结社的自由③。伊藤幸治主张的三分说与法学协会的三分说基本一致,只是名称有少许差异,他的三分说为内心的信教自由、宗教行为的自由、宗教结社的自由。④ 本书以法学协会和伊藤幸治的三分说为中心,解释说明信教自由的内容。

(1) 信仰自由。信仰自由是信教自由的根本与核心,包括内心的信仰自由和与此密切相关的信仰表达的自由,含有积极的信仰自由和消极的信仰自由两个方面。内心的信仰自由意味着信仰或不信仰特定宗教的自由,以及改变信仰的自由。信仰的表达则是表明或不表明信仰的自由,以及是否表明所属宗教团体的自由,当然也含有是否表明无信仰的自由等。由此可见,如果

---

① 《世界人权宣言》第 18 条规定:"人人有思想、良心和宗教自由的权利;此项权利包括改变他的宗教或信仰的自由,以及单独或集体公开或秘密地以教义、实践、礼拜和戒律表示他的宗教或信仰的自由。"《公民权利和政治权利国际公约》第 18 条规定:"人人有权享有思想、良心和宗教自由。此项权利包括维持或改变他的宗教或信仰的自由,以及单独或集体、公开或秘密地以礼拜、戒律、实践和教义来表明他的宗教或信仰的自由。"《欧洲人权公约》第 9 条规定:"人人有思想、良心以及宗教自由的权利。此项权利包括改变其宗教或信仰以及单独地或同别人在一起时,公开地或私下地,在礼拜、传教、实践仪式中表示其对宗教或信仰之自由。"
② 井上惠行:《宗教法人法的基础研究》,第一书房 1972 年版,第 56—57 页.
③ 法学协会:《注解日本国宪法》,有斐阁 1953 年版,第 410—412 页.
④ 伊藤幸治:《日本国宪法论》,成文堂 2011 年版,第 225—226 页.

国家强制个人信仰特定宗教,或强制个人宣誓信仰宗教等,均构成对信仰自由的侵害。即使行政机关基于统计的需要对宗教活动进行调查时,被调查者也可以依据信仰自由的原则拒绝行政调查。①

(2) 宗教行为的自由。实施宗教行为的自由包含举行宗教仪式的自由、传教的自由、礼拜的自由、宗教教育的自由、设置宗教设施的自由等一切与宗教活动有关的自由,而不问对外采取了何种表现形式。这些是积极的宗教行为的自由,反之,也有不实施这些宗教行为的自由。日本反省了《明治宪法》对宗教活动的种种限制之后,在《宪法》第 20 条第 1 款规定,任何人都有从事宗教活动的自由;第 2 款规定,对任何人都不得强制其实施宗教上的行为、庆典、典礼、仪式或活动。例如,任命公务员时要求进行一定的宗教宣誓,或者要求履行一定的宗教仪式作为婚姻成立的条件等,均违反了信教自由原则。②

(3) 宗教结社的自由。结社自由即组成宗教团体的自由。具体而言,就是为了举行宗教仪式而集会的自由、组成宗教团体或不组成宗教团体的自由、采取何种形式组成宗教团体的自由、加入或不加入宗教团体的自由、退出或不退出的自由等。这些自由均由宗教团体的内部意思加以决定,并依据内部决定从事各种活动,不受国家公权力的干涉。

虽然宪法中的"宗教团体"有多种含义,但通常解释为:由持有特定信仰者组成的、实现其宗教目的的组织。这一解释与《宗教法人法》中的"宗教团体"有所不同。《宗教法人法》第 2 条规定的宗教团体是以"宣扬宗教教义、举行宗教仪式及教化培养信众为目的的团体",包括两类:一是拥有礼拜设施的神社、寺院、教会、修道院以及与此相类似的团体;二是包括了前项所列的教派、宗派、教团、教会、修道会、司教区以及与此类似的团体。③ 并且,《宗教法人法》中的团体依据该法取得了法人资格,而宪法中的宗教团体可能是未取得法人资格的团体。由于《宗教法人法》主要是从财产管理、交易安全的角度出发赋予宗教团体法人资格,所以,与宪法的规定并不冲突。换言之,无论是否取得法人资格,均具有宪法上结社的自由,信教自由与是否赋予宗教团体

---

① 法学协会:《注解日本国宪法》(上卷),有斐阁 1953 年版,第 411 页。樋口阳一、佐藤幸治等:《注释日本国宪法(上)》,青林书院 1984 年版,第 399 页。

② 法学协会:《注解日本国宪法》(上卷),有斐阁 1953 年版,第 411 页。

③ (1) 单位宗教团体中的教会,不同于包括宗教团体中的教会,前者是被称为教堂的、以礼拜设施为中心的物、人的综合团体,后者是将前者作为构成要素的、具有组织一体性的包括宗教团体。(2) 关于"教派、宗派、教团、教会、修道会,司教区"的含义。"教派"是指神道教派的包括宗教团体(例如神道教派 13 派)。"宗派"是佛教的各宗各派。"教团"是基督教、佛教、神道及其他包括宗教团体。"教会"指的也是与基督教有关的包括宗教团体。"修道会"是与天主教有关的进行修道生活的团体的总称;"司教区"是天主教教会组织的教区。

法人人格没有直接的关系①。

3. 信教自由的延伸——宗教团体的自治权

1981 年《消除基于宗教或信仰原因的一切形式的不容忍和歧视宣言》是联合国第一个主要用以解决宗教或信仰领域的不容忍和歧视问题的专门文件,它主张个体和集体都享有宗教自由,在第 6 条中列举了信仰自由的范围②,从不同的角度承认并号召对宗教团体自治权的保护。宗教团体是以宗教教义为中心,宣扬教义,举行宗教仪式等宗教活动,由圣职者和信徒、礼拜设施等结合而成的团体。为了维持教团的发展,扩大其规模,需要制定自治规范,就这点而言,宗教团体与学校、政党、劳动组织及其他社会团体没有本质区别,拥有管理团体内部事务的自治权,即不受其他主体(主要是国家)的干涉,对团体事务、活动、人事等事项作出决定,并能够依据团体的决定进行活动的权利。当然,宗教团体的自由与其他自由一样,不可能是绝对的,必须受到一定的限制。

(1) 保障宗教团体自治权的宪法渊源

虽然《日本国宪法》中没有保护宗教团体自治权的明文规定,但学术界和实务界一致认为,可以从《宪法》第 20 条的信教自由和第 21 条的结社自由推演出对宗教团体自治权的保障。《宪法》第 20 条规定的信教自由包括内心的信仰自由、宗教行为的自由等内容,拥有相同信仰的人有结成教会、教团等宗教团体的自由,即宗教上的结社自由也包含在信教自由之中。第 21 条结社自由一般被理解为:社会组织形成团体意思,以及为实现该团体意思而实施各类活动时,不受公权力的干涉,同时也享有团体自治活动的自由,不允许公权力介入内部成员的选择、负责人的任免、内部规则的制定等团体内部事务,这些事务的解决原则上依靠团体自治。③ 由此可见,宗教团体自己决定教义等自治权是从信教自由原则演绎出来的权利。④ 换言之,尊重宗教团体的自治权是保障宗教自由精神实现的重要措施之一。

---

① 法学协会:《注解日本国宪法》(上卷),有斐阁 1953 年版,第 412 页。种谷春洋:《信教的自由》,载《宪法》,有斐阁 1978 年版,第 319 页。

② (1) 有宗教礼拜和信仰集会之自由以及为此目的设立和保持场所之自由;(2) 有设立和保持适当的慈善机构或人道主义性质机构的自由;(3) 适当制造、取得和使用有关宗教或信仰的仪式或习惯所需用品的自由;(4) 编写、发行和散发有关宗教或信仰的刊物;(5) 在适当的场所传播宗教或信仰;(6) 要求和接受个人和机构的自愿捐献和其他捐献的权利;(7) 有按照宗教或信仰之要求和标准,培养、委任和选举适当领导人或指定领导接班人的自由;(8) 对教会节日和安息日的遵守;(9) 在国内和国际范围内与个人和团体建立和保持宗教或信仰方面的联系等。

③ 佐藤幸治:《集会·结社自由》,载《宪法Ⅱ人权》,有斐阁 1978 年版,第 607 页。

④ 伊藤正己:《宪法》,东京弘文堂 1995 年版,第 2 页。

(2)《宗教法人法》中有关宗教团体自治权的概括规定

《宗教法人法》第 85 条规定,本法律的所有规定,都不能解释为是赋予文部大臣、都、道、府、县知事及法院以下权限:对宗教团体的信仰、规章、习惯等宗教方面的事项进行任何形式的调停或者干涉,或者劝告、引导及干涉宗教方面的负责人员的任免和进退的权限。从本条的规定可以看出,宗教事务在《宗教法人法》的调整范围之外,在对该法进行解释时必须遵守这一理念。宗教团体的对内对外事务均受宪法保护,服从公序良俗等规则的约束,应当遵守宪法、判例、民事诉讼法、宗教法人的规范。从信教自由的观点来看,第 85 条的规定意味着不得利用调停、和解的自由裁量方法干涉宗教团体的信仰、规则、习惯等宗教事务以及教职人员的任免,宗教团体内部纠纷仅限于法律上的纠纷才能依据法律加以判断解决。① 由此可见,《宗教法人法》第 85 条是对宪法原则性规定的具体化,为了保障信教自由精神的实现,行政权与司法权不得随便介入宗教团体的宗教事务。除此之外,还有一些更加详细的规定(参见本书"圣俗分离"部分)。

(三) 信教自由保护与限制的司法实务

如前所述,信教自由受宪法保护。并且,《日本国宪法》第 11 条规定:"国民享有的一切基本人权不能受到妨碍。本宪法所保障的国民的基本人权,作为不可侵犯的永久权利,现在及将来均赋予国民。"第 97 条还规定:"本宪法对日本国民所保障的基本人权,是人类为争取自由经过多年努力的结果,这种权利已于过去几经考验,被确信为现在及将来国民之不可侵犯之永久权利。"第 11、97 条规定的"不可侵犯之永久权利"似乎是绝对的权利。就内心层面的信仰自由而言,该项权利的确立应当受到绝对的保护,没有任何限制。不过,从宗教行为自由、结社自由的层面来看,行使这类自由权的结果,可能会与第三人的自由权或基本人权发生冲突,影响社会公共利益或其他主体的权益,于是产生了应否对信教自由进行限制,以及如何限制的问题,《日本国宪法》中对此没有明确规定。实践中,此类纠纷时有发生,各级法院根据宪法中对人权限制的一般规定及精神,围绕此类纠纷的处理积累了大量判例,形成了一套处理该问题的思路与方法。

---

① 渡部蓊:《逐条解说宗教法人法》,行政出版公司 2010 年版,第 393 页。京都地方裁判所 1958 年 2 月 6 日判决,《下级裁判所民事判例集》9 卷 2 号,第 162 页。大阪高等裁判所 1965 年 7 月 12 日判决,《高等裁判所民事判例集》18 卷 4 号,第 364 页。

1. 公法领域的信教自由

(1) 公共秩序与信教自由

 加持祈祷事件

某精神障碍患者的亲属请求某僧侣为该患者加持祈祷。举行线香护摩法会时,将患者的手脚捆绑,用线香的火熏疗,导致患者身上多处烧伤,皮下出血。祈祷开始4小时后,该精神患者因心脏麻痹而死亡。该僧侣被认定为犯了伤害致死罪。作为被告的僧侣不服,提起上诉,二审法院驳回其请求,该僧侣又诉至最高法院,主张二审法院的判决违反了宪法保护信教自由的规定。

本案的焦点问题是,僧侣的加持祈祷行为是否是宗教上的正当业务行为。如果属于正当的宗教业务行为,就具有违法阻却性。最高法院判定:该宗教行为明显是反社会的,应当受到处罚。其理由是:本案中,僧侣的行为目的是为了使精神异常者康复而进行祈祷,并采取了线香护摩的加持方式。被告人实施加持祈祷行为的动机、手段、方法以及受害人因此丧失生命的程度等,与医学上一般对精神异常者的治疗行为不同,是不被医学所认可的行为。被告人在本案中的行为虽然是一种宗教行为,但危及了他人的生命、身体,导致被害人死亡,属违法行为,因而不能否认该行为的反社会性,超出了《宪法》第20条第1款规定的信教自由的保障界限,根据《刑法》第205条规定对行为人实施处罚,并不违反宪法规定的信教自由原则。①

 奥姆真理教解散事件

《宗教法人法》第81条1款第1、2项规定,如果宗教法人的行为违反法令,明显危害了公共福祉,明显超出第2条规定的宗教团体目的的,法院可以命令解散宗教法人。在奥姆真理教宗教法人解散事件中,东京地方法院、东京高等法院认为宗教法人的代表人及主要负责人以法人的名义积聚财产,有组织地实施犯罪活动,根据社会一般观念,可以视为法人的行为。奥姆真理教主要成员的行为违反了刑法的禁止性规定,危害了社会公共福祉,脱离了宗教团体应有的目的,应当解散该宗教法人。宗教法人奥姆真理教向最高法院提出特别抗诉,认为解散命令侵害了多数与犯罪事件无关的信徒的信教自由。最高法院驳回宗教法人的抗诉,维持二审法院的解散命令。最高法院认

---

① 最高裁判所大法庭1963年5月15日判决,《最高裁判所刑事判例集》17卷4号,第302页。

为,虽然应当最大限度地尊重宗教行为的自由,但是这种自由也不是绝对没有限制。据此,最高法院从以下几个方面阐释具体理由①:

第一,《宗教法人法》第81条规定的宗教法人解散制度,是以宗教法人世俗层面的事项为规范对象,并且是为了实现世俗层面的目的,而不是从精神和宗教的角度对宗教团体、信徒加以规范。可以说,该制度的立法目的是合理的。宗教法人的代表役员及接受其指示的多数干部,以大量杀人为目的,计划生产毒气沙林。于是动员多数信徒,利用宗教法人的物质设施、资金,有计划、有组织地生产毒气。因此,宗教法人的行为违反了法律,明显危害社会公共福祉,脱离了宗教法人的目的。对宗教法人的处理措施,即解散宗教法人,使其丧失宗教法人资格是必要的、适当的。

第二,即使解散宗教法人,信众也可以使宗教团体继续存在,或不受妨碍地结成新的宗教团体,不受妨碍地准备宗教活动所用的设施、物品等。换言之,解散命令不具有限制或禁止信众实施宗教行为的法律效果。然而,宗教法人解散时要进行清算,将宗教法人所有的礼拜设施等财产处分给其他宗教法人,必然会给使用这些财产的信众继续开展宗教活动带来障碍。即便如此,该障碍也仅仅是随解散命令而产生的间接事实。所以,虽然解散命令会影响宗教法人、信徒的精神和宗教行为,但是解散奥姆真理教是必要的、不得不采取的法律规制措施。

 牧会活动事件

在20世纪60、70年代,发生了席卷日本全国的校园纷争风潮。某高中的两名学生A、B制定了封锁校舍、排除教职员的计划,为了实施该计划,两人从学校实验室偷出实验药品,制造了火焰瓶。封锁行动失败后,两人及其他参与者逃散。两人受A母亲的影响,接受了日本基督教团下属的尼崎教会牧师甲的说教。甲要求两人反省的同时,也对其灵魂进行指导,为了两人的将来,也为了使两人脱离过激派,甲认为最急迫的是为两人提供一个一边劳动一边思考的场所。所以,甲委托同教团的另一个教会的牧师,将两人安置在该教会的教育馆内住宿了约1周左右。虽然甲最初并没有帮助两人逃避警察追捕的意图,但是却在警察询问两人的所在时,回答不知道。之后,甲以藏匿犯人罪被提起诉讼,但法院认定其不构成犯罪,理由如下②:

---

① 最高裁判所1996年1月30日决定,《判例时报》1555号,第3页。关于宗教法人的解散判例,还有宗教法人明觉寺解散事件,参见和歌山地方裁判所2006年1月24日判决,《讼务月报》48卷9号,第2154页。
② 神户简易裁判所1975年2月20日判决,《判例时报》768号,第3页。

第一，根据信教自由原则，教会牧师的活动受到法律保护。基督教牧师的职务之一就是从事与个人人格相关的活动以奉献社会，即牧会。牧会活动就形式而言，是拥有宗教职责的牧师履行职务；就实质而言，是《日本国宪法》第20条规定的信教自由中的礼拜自由，应当予以最大限度的尊重。然而，牧会活动是外在的宗教行为，不同于内心的信仰，前者应当受到公共福祉的制约。不过，制约的结果很可能事实上导致侵犯内心信仰自由的结果，因此对牧会活动进行制约时，应当尽最大的谨慎。

第二，关于牧师的宗教活动与国家刑事司法保护之间的关系。在形式上触犯刑罚规定的行为，因为反社会而被推定为违反公共福祉的违法行为。但是，当该行为是宗教行为，并且是具有公共福祉性质的牧会活动时，就产生了如何适用刑罚规定的问题。刑罚规定同样是以公共福祉为终极目标，但其直接目的在于保护国家法益。依据一般观点，在公共福祉的价值层面上，后者优于前者，认为前者是违反公共福祉的行为。这种观点过于草率，不应采纳。刑罚与外在力量有关，牧会活动则涉及内心的信仰，两者在社会机能方面不会相互重叠，并且有互不侵犯的各自领域，因性质完全不同而在公共福祉领域相互补充，能够同时或顺次发挥协调作用。国家政权的权威来自国民，该权力的行使应当以国民的福祉为目的，宗教活动和刑罚规范都是以此为目标的。当二者产生冲突时，应当根据具体情况决定二者的先后顺序。换言之，从社会大局的实际情况出发加以权衡，根据具体情况作出判断。宗教行为的自由是受宪法保障的基本人权之一，只要不明显超越保障的界限，国家就应当提供最大限度的保护，国家在行使保护自己法益的权力时，应当自我抑制、宽容以待，不能断言国家权力通常优于私权（私人的基本人权）。

第三，牧师的业务活动具有违法阻却性的标准。为了阻却牧师牧会活动的违法性，其业务必须是正当的，同时业务行为也必须在正当的范围之内。牧会活动是公认的基督教牧师的职务，并且因其关注个人的灵魂而对社会有所贡献，是符合社会福祉要求的，所以业务的正当性毫无疑问。另一方面，其行为是否属于正当的牧会活动的范围，应当依照社会共同生活秩序及社会正义理念，进行具体的、实质性的评价判断。根据具体情况，只要在正当的目的范围之内，方法手段适当，就可以认定为正当的业务行为，从而具有违法阻却性。

在判断具体的牧会活动是否具有适当目的时，应当考察该行为是否是基于信赖自己而来求助的个人的精神需要而实施的。判断手段方法是否具有适当性时，应当考虑以下因素：是否遵守宪法规定，是否符合科学和习惯上的各项条件以及是否超出适当的范围，并根据这些因素来比较检讨法益的均衡性、行为的紧急性以及补充性等，作出具体的、综合的判断。

本案中就被告人的行为整体而言，没有违反法秩序的理念，是正当的业务执行行为，不构成犯罪。

（2）公共教育与信教自由

 基督教徒星期日参观事件

东京都江户川公立小学每年举行一次星期日教学参观活动。该校的两名学生及其在教会任牧师和副牧师职务的父母认为，星期日和安息日对基督教徒而言是既定的圣日，学校要求学生星期日到校，侵犯了学生的信教自由，再三要求学校妥善处理，但未得到许可。1982年6月13日是该校一年一度的教学参观活动日，两名学生按照父母的要求，没有出席学校的活动，而是参加了教会学校的活动。学校因两名学生未到校上课，在指导记录上记载了"缺席"。该学生及其父母认为学校的"缺席"记录违反了《宪法》第20条，要求学校撤销记录，并赔偿损失。本案争议的焦点是，当宗教教育的自由与公共教育秩序发生冲突时，如何调整各方主体之间的利益。

《学校教育法实行规则》第47条"但书"规定，有特别需要的场合，公立学校可以开设休息日教学。在星期天实施教学参观活动对学校教育有十分重要的意义，对家庭较多的学区是必要且适当的。另外，一般情况下，宗教团体设立宗教教育场所，举行集会活动（本案中的教会学校包含在集会之内）是受宪法保障的自由，这些自由作为国民的基本自由也应当受到公共教育的尊重。但是，进行公共教育、接受公共教育也是宪法规定的国家和国民的义务，具体实施措施由《学校教育法》等相关立法委托学校校长等机构自由决定。由此可能产生公共教育的实施日期与某宗教团体的活动日相冲突的情况，并且这种冲突往往并非一次，可能是多次的。如果因为儿童参加宗教活动而允许其缺席学校的星期日教学活动，就可能违反国家公共教育对宗教中立性、平等性的原则。由于不同的宗教、教派的宗教活动日，与学校授课日的重复情况各不相同，就会产生个别儿童上课天数不一样的情况。这种情况不符合公共教育保持宗教中立性的要求，因宗教原因而对不同儿童实施不同的教育措施，违背了宗教平等性原则。同时，还会影响该儿童的公共教育的效果，也会损害公共教育作为集体教育的效果，公共教育将在很大程度上受到损失。

《教育法实行规则》等相关立法规定公立小学可以在休息日实施教学活动，并且没有特别规定不得与宗教集会日冲突，而是将自由决定权授予校长，由校长决定休息日开展教学活动是否具有必要性。所以，如果某一授课日具有公共教育必要性时,在其调整范围内,即使与宗教团体的集会相冲突,也应当解释为是有合理依据的限制。因此,原告所遭受的不利益未超出应当忍受的范围。①

 剑道实践课事件

4 名原告是神户市立高等专门学校的在校生,信仰"Yahweh 的证人",遵守该宗教的绝对和平主义的教义,没有参加体育课程的必修科目剑道实践的学习,这几位学生因而没有获得体育课程的学分,被学校处以留级及退学的处分。学生认为,神户高等专门学校应当保障学生的信教自由,针对学生因信仰原因不能参加剑道实践课程的情况,学校应当采取替代措施,而学校在没有采取替代措施的情况下,对学生做出处分决定是违法行为。因此,这几位学生以处分行为侵害了信教自由为由,以校长为被告,起诉要求撤销处分。

学校方面则认为,学生有拒绝参加剑道课程的自由,但因此而遭受的不利益应当由学生自行承担,神户高等学校没有采取替代措施的必要,因信仰上的原因而对不参加剑道实践的学生采取替代措施,违反了《教育基本法》的平等原则、禁止宗教教育原则,如果允许学生不听从教员的指导、不参加课程的学习,就无法维持学校的整体教学管理秩序,神户高等专门学校没有采取替代措施的预算,也没有多余的教员实施替代措施。

一审法院判决驳回学生的诉讼请求,其理由如下:神户高等专科学校采取学年制,学生必须学习必修的内容,并获得学校承认后,才能升级。由于这种对成绩的评价判断是具有高度技术性的教育判断,将这一判断的裁量权授予直接从事技术教育的机构是合理的。因此,除了留级处分完全没有事实根据,或者从教育的角度看,处分行为超越了裁量权的范围,明显与社会观念相悖、明显缺乏适当性以外,裁量者有自由判断的权利。在本案中,原告所主张的事实要素,即剑道是必修课程、不承认体育课程的学分、未采取替代措施、学校处分行为违法等,可以作为考察判断学校的行为是否超越了其自由裁量的范围,以及是否构成权力滥用的依据。根据指导大纲的要求,各个学校可以针对学生的特点进行适当的指导,以充实高等专门学校教育的宗旨。为了贯彻这一教育宗旨,将剑道作为体育课程的必修科目、规定该科目成绩的比例等学校行为,与原告在信教自由方面所受到的不利益相比,并不存在明显不均衡之处。综合前述的分析,虽然被告没有针对原告的信仰采取替代措施而实施了处分行为,某种程度上确实限制了原告的信教自由,但是从信教自

---

① 东京地方裁判所 1986 年年 3 月 20 日判决,《行政事件裁判例集》37 卷 3 号,第 347 页。

由的整体，尤其是从公共教育的宗教中立性的观点出发，不能认为学校的措施违法。①

二审法院的判决与此相反，认为本案争议的焦点是，因信仰问题不能参加剑道课程的学生，学校是否有必要适当地行使教育裁量权采取替代措施。本案中，采取替代措施既没有法律上的障碍，也不存在实际上的困难，而校长在没有采取替代措施的情况下，对原告等或施以留级处分，或施以退学处分，明显超越了裁量权的范围，构成违法。② 1996 年 3 月 8 日，最高法院经过再审，维持二审法院判决，学校败诉。

2. 私法领域的信教自由

根据《宪法》第 20 条有关信教自由的规定，规范的对象是国家与国民之间的关系。关于私人之间的信教自由问题，例如公司与雇员之间、工会与其成员之间、宗教团体与信徒之间以及亲属之间的信教自由问题能否适用《宪法》第 20 条的规定，存在不同的观点，有直接适用说和间接适用说。前者主张不考虑《宪法》第 20 条的规定是公法性质还是私法性质，直接适用于私人之间的信教关系。后者则主张不能直接适用《宪法》第 20 条的规定，而应当根据民法上的一般规定解决这些问题。通说③和判例④支持间接适用说的观点。最高法院在"三菱树脂事件"中确立了间接适用的原则，即"私人相互之间，存在侵害《宪法》第 20 条第 1、2 款保护的信教自由的情形时，如果侵害的形式、程度超出了社会所能容忍的范围，就根据具体情况适用限制私法自治的一般规定，即《民法》第 1、90 条⑤以及侵权行为的规定，寻求法律保护"⑥。之后，这一原则被诸多判例引用，逐渐延伸到具体的私人关系领域，例如家庭成员之间的关系、私立大学与学生的关系、公司与雇员的关系等。

---

① 神户地方裁判所 1993 年 2 月 22 日判决，《判例 TIMES》813 号，第 134 页。
② 大阪高等裁判所 1994 年 12 月 22 日判决，《判例时报》1524 号，第 8 页。
③ 宫泽俊仪：《日本国宪法》，日本评论社 1978 年版，第 188 页。小林直树：《新版宪法讲义（上）》，东京大学出版会 1980 年版，第 307 页。佐藤幸治：《宪法》，青林书院 1990 年版，第 397 页等。
④ 最高裁判所大法庭 1973 年 12 月 12 日判决，《最高裁判所民事判例集》27 卷 11 号，第 1536 页。最高裁判所 1974 年 7 月 19 日判决，《最高裁判所民事判例集》28 卷 5 号，第 790 页。最高裁判所 1981 年 3 月 24 日判决，《最高裁判所民事判例集》35 卷 2 号，第 300 页等。
⑤ 日本《民法》第 1 条第 1 款规定：私权应当符合公共福祉。第 2 款规定：权利的行使、义务的履行，应当诚实守信。第 3 款规定：禁止权利滥用。第 90 条规定：违反公共秩序和善良风俗的行为无效。
⑥ 最高裁判所大法庭 1988 年 6 月 1 日判决，《最高裁判所民事判例集》42 卷 5 号，第 277 页。

（1）医疗侵权与信教自由

 信徒拒绝输血事件

A 为某教的信徒，因宗教信仰而坚决拒绝有输血的手术。1992 年春开始，A 感觉腹部不适，经立川医院检查后发现患了肝脏恶性肿瘤。因该医院必须输血才能实施肿瘤摘除手术，所以，A 转入了具有无输血手术经验的东大医科学研究所附属医院。A 及其家属签署了免责书：不追究因无输血手术而产生的责任。在手术过程中，出血量超出了术前研讨会上预计的 1500ml，如果不采取输血措施将无法拯救 A 的生命，于是对 A 输血 2400ml。直到 A 出院时，医院才告知 A 及其家属这一输血的事实。A 及其家属（A 在诉讼过程中死亡，其家属继续诉讼）认为医院违背 A 拒绝输血的信念对其实施输血手术，构成债务不履行及侵权行为，要求支付精神损害赔偿。该案件涉及诸多法律焦点，以下仅简单说明与宗教信仰自由有关的判决内容。

一审法院认为，绝对无输血的合意违背了生命的崇高价值和拯救生命的义务，即使是基于宗教信仰而产生，因其违反公序良俗，也是无效的。①

二审法院认为，双方并没有形成绝对无输血的合意。即使形成了这样的合意，也没有必要认定其无效。这是因为，如果有人认为自己的信念具有以生命去守护的价值，并且基于这一信念而实施的行为也没有危害他人权利及公共秩序，就不应当认定是违法的。此外，人们有决定自己的生命方式乃至死亡的权利。本案中患者的恶性肿瘤不一定能治愈，因而应当尊重患者的选择权，事先说明采取输血措施的可能性。但是，医院没有履行说明义务，剥夺了 A 行使决定权的机会，给 A 造成了精神痛苦。②

最高法院（三审）认为，医师为了摘除 A 的肝脏肿瘤，采取了符合医疗水准的手术，从医师的管理生命健康的职业内容来看，是理所当然的。但是，当患者明确表示输血违背自己的信仰而拒绝输血的医疗措施时，该权利应当作为人格权而受到尊重。……本案医师在手术之前曾预测到手术之时可能会出现必须输血才能救命的情形，就应当向 A 说明，由 A 自己决定是否接受本案手术的治疗。但是，医院及医师在手术前一个月的时间里，并未向 A 说明有采取输血措施的可能，剥夺了 A 自己决定是否接受手术的权利，侵害了 A 的人格权，应承担《民法》第 715 条规定的侵权责任。③

---

① 东京地方裁判所 1997 年 3 月 12 日判决，《判例 TIMES》964 号，第 82 页。
② 东京高等裁判所 1998 年 2 月 9 日判决，《高等裁判所民事判例集》51 卷 1 号，第 1 页。
③ 最高裁判所 2000 年 2 月 29 日判决，《最高裁判所民事判例集》54 卷 2 号，第 582 页。

（2）家庭亲属关系与信教自由

 滥用亲权事件

某女大学生（19 岁）加入某教会后，与家人断绝了联系。父母去东京找到该学生，强制其回到家乡。回到家乡之后，在半监禁状态下该女生与父母共同生活在一起。某教会的传道者认为该学生的父母强迫孩子放弃自己选择的宗教信仰，并对其施以监禁，构成亲权滥用，因此根据《人身保护法》，向法院提起了对该学生进行人身保护的请求。

法院的判决要旨如下："就亲权的内容而言，是为了把未成年人培育成身心健全的社会人而在其生活中实施的监护教育的权利，同时也包含有义务性的权能。对未成年子女行使监护教育权的意义是将下一代培养成健全的市民，因而，只要不妨碍未成年子女的幸福，干涉未成年子女信仰自由的行为应当受到容忍。"就本案的事实来看，不符合滥用亲权的要件。①

除此之外，类似的判例还有不少。例如，加入某宗教团体的母亲将其未成年的女儿带到教团所在地大约两周时间，被认定为非正当行使亲权②。再如，妻子在宗教场所生活，在其监护之下的三名孩子的年龄分别为：12 岁 8 个月、8 岁和 14 岁 9 个月。法院认为，对于 12 岁和 8 岁的孩子而言，妻子的行为妨碍了其形成自由选择监护者的意思，符合《人身保护法》中"限制"的条件；14 岁 9 个月的孩子具备完全的意思能力，基于其自由意思而形成了目前的监护状态，不符合《人身保护法》中"限制"自由的要件③。

 教徒拒绝输血事件

某成年男子 A 因信仰某宗教而拒绝在医疗手术中输血。该男子的父母 B、C 申请法院准许"代替孩子委托医院实施手术及输血等医疗行为"。本案的争议点在于 A 拒绝输血是否具有违法性。法院认为，A 是具有理解和判断能力的精神正常的成年男子，清楚地知道拒绝输血会给自己的生命健康造成危险。在这种情况下 A 依然拒绝输血。本案拒绝输血行为的原因是 A 所属宗教的教义和信念，并且 A 真诚地希望能够践行这一信仰。向这样一位有强烈信仰的人强制输血的行为，相当于侵害了其信仰自由。在本案中，A 基于真诚的宗教信念而拒绝输血，该行为仅仅是一种不作为的行为。既然如

---

① 德岛地方裁判所 1983 年 12 月 12 日判决，《判例时报》1110 号，第 120 页。
② 东京地方裁判所 1996 年 1 月 17 日判决，《判例时报》1563 号，第 152 页。
③ 最高裁判所 1990 年 12 月 6 日判决，《判例时报》1374 号，第 42 页。

此,就很难认定其父母的权利和利益受到侵害。例如,未来的抚养请求权、保持幸福的家属关系的权利和利益等。换言之,很难认定B,C的利益高于A的信教自由。所以,综合考虑本案拒绝输血的行为目的、手段、形式、被侵害利益的内容、强度等因素之后,不能断定拒绝输血的行为侵害了父母的权利,不具有违法性。虽然个人的生命应当受到最大限度地尊重,社会、国家对此也倾注了非常大的关注,不能放任个人因为私人的理由随便处分自己的生命。然而,在本案中,A除了拒绝输血之外,愿意接受其他所有的治疗方法,强烈希望治愈疾病维持生命。此外,还有放射治疗法、化学治疗法等其他方法可以选择,所以,拒绝输血的行为并不是与尊重生命的理念背道而驰的自己毁坏行为。①

上述亲子关系与信教自由的判例中,父母对子女信教自由的影响,因子女是否成年而有不同的认定结果:子女成年或具备完全意思能力的情况下,父母不得干涉其信仰自由。在子女未成年或缺乏识别能力的情况下,父母行使监护教育权时干涉子女信教自由的行为,法院有两种判定结论:限制子女信仰某种宗教的行为是合理行使亲权的行为;让缺乏意思能力的子女接触某种宗教的行为则是对人身自由的"限制",构成滥用监护。可见,不同的法院对同一类型的行为的认定存在分歧。

 离婚事件

夫妻之间往往会有不同的信仰,也会有信仰与不信仰的差异,无论怎样,都属于信仰自由的范畴,应当受到法律的保护。基于宗教信仰,夫妻双方或一方可能会定期参加宗教活动。外出参加宗教活动或自己在家中实践宗教活动时,可能会与家庭生活产生矛盾。由于夫妇有相互扶助、共同经营家庭生活的义务,所以即使是在家庭内部,信教自由也不是无限制的。与持有不同信仰的人组成家庭共同生活时,各自的信仰生活、宗教活动应当受到一定限制。② 根据这一原则,法院在处理因信仰问题而产生的离婚纠纷中,往往会考虑一方的宗教活动是否影响了正常的家庭生活,以此判断是否达到了婚姻关系破裂的标准。例如,在支持离婚的判例中,妻子往往因为热衷于宗教活动而疏于做家务和照顾孩子,未尽到作为妻子的义务,超过了必要的限度,将宗教活动置于家庭生活之上,也没有停止宗教活动的意思,致使丈夫对妻子的行为非常不满。法院认定存在婚姻难以继续的重大事由,支持丈夫的离

---

① 大分地方裁判所1985年12月2日决定,《判例时报》1180号,第113页。
② 名古屋高等裁判所1991年11月27日判决,《判例TIMES》789号,第219页。

婚请求。①

当然,也有不支持离婚的判例。原告(丈夫)与被告(妻子)于1964年结婚,生有两子。原告经营美容店,被告在店中帮忙。1980年被告加入基督教会,经常参加传道会,在家里读圣经,与原告分居4年。原告提出离婚请求。法院认为"根据查清的事实,原告、被告已经分居4年多。分居的原因是原告不承认被告的宗教信仰,要求被告在信仰和家庭之间二选一,由于被告不想放弃任何一方面,于是原告将被告赶出家门,拒绝被告回家。在两人共同生活期间,被告的宗教活动一个月大约只有一至三次,并且也仅限于对工作几乎没什么影响的夜间集会,祈祷也是在就寝前小声祈祷。从教会的集会时间等因素来看,可以推论出被告的宗教活动确实对工作有一定的影响,但是并不能因此认为被告的行为达到了不顾家庭和工作的程度而超出了正常的范围。与原告分居之后,被告强烈希望与原告共同生活,经常与孩子交流,也经常给原告写信、送小礼物,希望能够回归家庭。考虑到如果原告能够接纳被告的信仰,夫妻还有共同生活的可能,因此认定原被告之间不存在《民法》第770条1款5项规定的"婚姻难以继续的重大事由"。② 此外,在另一则类似的判例中,法院认为妻子虽然经常参加集会、布教活动,但是并没有因为参加宗教活动而疏于做家务和照顾孩子,并且再三表达夫妻共同生活的愿望,如果丈夫能够尊重、宽容妻子的信仰自由,婚姻关系还有修复的可能,所以不同意丈夫的离婚请求。③

可见,法院在判断具体案件中的夫妇关系是否破裂时,往往综合考察夫妻双方在信仰和家庭生活中的各种因素,例如,妻子是否尽了扶助家庭生活的义务,是否尽了教育孩子的义务,是否有继续婚姻关系的意志;同时,还要考虑丈夫对妻子的宗教信仰和宗教活动是否给予了宽容,是否超出了忍耐的限度等问题。

(3) 雇佣关系与信教自由

 公司解雇雇员事件

某公司为了提高雇员的精神修养,将雇员甲派遣到倡导神道教义的教团进修。当时,公司知道甲是创价学会(佛教性质的宗教团体)的成员,却以讲

---

① 名古屋地方裁判所丰桥支部1975年10月31日判决,《判例TIMES》334号,第333页。大分地方裁判所1987年1月29日决定,《判例时报》1242号,第107页。仙台地方裁判所1974年10月8日判决,《判例时报》770号,第77页。
② 名古屋地方裁判所丰桥支部1987年3月27日判决,《判例时报》1259号,第92页。
③ 大阪地方裁判所判1990年5月14日判决,《判例时报》第1367号,第78页。

习活动与宗教无关为由,命令其参加该神道教团的活动。甲以讲习会的内容与自己的宗教信仰相冲突为由,没有参加进修活动。公司以毁损公司信用、无故缺席为由,解雇了甲。被解雇者甲申请法院确认其法律地位。法院认为,A 有权拒绝参加与自己的宗教信仰相冲突的宗教活动,不参加讲习会的行为不应当受到任何谴责。……公司所主张的解雇理由不成立,解雇惩戒是不合理的。① 公司的解雇行为因滥用了解雇权而被认定无效。

二、政 教 分 离

"二战"之前,日本曾经有过政教合一的历史。在政教合一的体制之下,政府扶持、保护符合自己利益的宗教,打击、压制其他宗教。同时,宗教团体也背离了宣扬教义、帮助人们解决精神烦恼的目的,而是趁机利用国家权力打压其他宗教团体,扩张教团势力。政教合一的政策剥夺了国民的信教自由,使宗教沦为国家实施专制统治的的工具,导致宗教腐败。战后日本反思了政教合一体制给国家和人民带来的苦难,在宪法中确立了政教分离的原则。

(一) 政教分离的含义

"政教分离"并不是法律术语,《日本国宪法》及其他法律文件中均未使用政教分离的概念。这一术语经常被用在学术领域和政治领域,不同的使用者往往依据各自的理解对其有不同的阐释。不过,在宪法领域使用这一术语时,应当超越人的情感和理解,将其作为规范全体国民生活的原则。作为宪法规范的"政教分离"意味着宗教(团体)与国家的分离,不是特指政权(即政治上权力)与教权(即宗教上权力)的分离。从目前采用政教分离的美国、法国等国家的立法来看,指的是"教会与国家"的分离。②

《日本国宪法》中虽然没有明确使用"政教分离"的概念,但一般认为宪法中很多条款均是政教分离原则的规定。例如,第 20 条第 1 款规定:"……任何宗教团体都不得从国家接受特权或行使政治上的权力。"同条第 3 款规定:"国家及其机关都不得进行宗教教育以及其他任何宗教活动。"第 89 条规定:"公款以及其他国家财产,不得为宗教组织或团体使用、提供方便和维持活动

---

① 名古屋地方裁判所 1963 年 4 月 26 日判决,《劳动关系民事判例集》14 卷 2 号,第 668 页。
② 阿部美哉:《政教分离》,萨伊玛卢出版会 1989 年版,第 4 页。

之用,也不得供不属于公家的慈善、教育或博爱事业支出或利用。"① 其中,第89条是根据第20条第1款的宗旨,自然产生的有关财政方面的规定。因此,政教分离原则在《宪法》条文中的表现有四个方面:(1) 禁止国家赋予宗教团体特权;(2) 禁止宗教团体行使政治上的权力;(3) 禁止国家及其机关从事宗教活动;(4) 禁止国家向任何宗教团体支付报酬、补助等。之所以规定了前述"四禁",是因为如果允许国家赋予宗教团体特权、允许宗教团体行使政治上的权力、允许国家从事宗教活动,就会产生抑制其他宗教的结果,违背信教自由原则。所以,为了保障信教自由,国家必须对宗教保持中立性。

(二) 政教分离的性质

关于政教分离原则的性质有多种观点,主要有制度保障说、人权说、客观法说。制度保障说曾经是通说,目前客观法说开始逐渐被大多数人所接受。

关于"制度保障说",最高法院在一则非常著名的判例中对政教分离的法律性质进行了说明。1965年1月14日,在三重县津市的主办之下,由4名神职司仪依照神社神道的方式,举行了市体育馆的开工仪式(地镇祭)。津市从公款中向神职人员支付了谢礼及供品的价款。该市议会的议员认为这些公款的支出违反了《宪法》第20、89条,依据《地方自治法》第242条之二向市长提出损害赔偿请求。一审法院认为本案的地镇祭应当解释为习俗仪式,而不是宗教仪式,因此驳回了原告的起诉。② 二审法院认定本案的地镇祭属宗教活动,津市的公款支出行为违反了宪法规定。③ 最高法院则认为,日本过去实际上赋予了神道国教的地位,要求国民信仰神道,并压制、迫害一部分宗教团体,《明治宪法》中的信教自由并没有完全实现。鉴于历史经验,新宪法规定无条件保障信教自由,并且为了进一步实现这一保障,设置了政教分离原则。与基督教国家、伊斯兰教国家的宗教情况不同,日本的宗教是多元化的。在这种多种宗教并存的情形下,仅仅依靠无条件保障信教自由的规定是无法完全实现信教自由的人权的。基于上述种种原因,新宪法规定了政教分离……"可见,最高法院采纳了"制度保障说"的观点。④

关于"人权说",该说认为政教分离是信教自由的内容之一,政教分离条款应当解释为是为了保障国民对有关信仰的事项不受间接压迫的权利⑤。

---

① 佐藤幸治:《宪法(新版)》,青林书院1990年版,第380页以下。宫泽俊义:《日本国宪法》,日本评论社1978年版,第188页。
② 津地方裁判所1967年3月16日判决,《行政事件裁判集》18卷3号,第246页。
③ 名古屋高等裁判所1971年5月14日判决,《行政事件裁判集》22卷5号,第680页。
④ 最高裁判所大法庭1977年7月13日判决,《最高裁判所民事判例集》31卷4号,第533页。
⑤ 浦部法穗:《全订宪法学教室》,日本评论社2000年版,第136页。

"客观法说"则认为,政教分离的规定是客观的制度,既没有采用制度保障的理论,也否定了政教分离是人权的观点。具体而言,政教分离原则是从根本上切实确保个人信教自由的制度,其内容由宪法明确规定,严格约束公权力①。该说目前为多数说。

(三) 禁止赋予特权

1. 《明治宪法》下的政教关系——宗教团体的不平等待遇

在1889年《明治宪法》中,神社神道实质上是一种国教,祭祀是国政的一部分,神宫神社是国家的公共设施,神职是国家的公职,国家给予神社以特殊的保护。此外,神道教派13派、佛教宗派135宗56派是实质上公认的宗教,这些宗教不含有国家性质,各教宗派是私的团体,宗教事务是私的事务。虽然如此,国家给予这些宗教以特别的保护,其负责人即管长等享受敕任待遇的特典。② 仅仅享受特殊待遇虽然算不上国家的公职人员,但是这样的特别待遇充分显示了国家的特殊保护。基督教等其他宗教团体不享有这样的待遇。

针对当时日本的宗教实际情况,学者们对政教关系做出了种种解释。一般社会观念认为,神道和佛教是日本的两大宗教,长期与国家、皇室、国民生活密切接触,成为国民精神生活的基础,大多数国民从中得到了精神依止。国家从历史关系和社会现实出发,给予神佛教的宗教团体与其他宗教团体不同的特别保护。虽然基督教与国家和国民生活的关系不像神佛教的历史那么久远,但经过长期的发展,也在国民的精神生活中扮演着非常重要的角色。国家认识到基督教的现实情况,给予其一定程度的保护,同时也对其进行一定程度的监督。也有观点认为,国家依据信仰的不同,对不同的个人给予不平等待遇的做法是违背信仰自由理念的;但依据宗教的不同,给予不同的宗教团体不同的待遇的做法不违背信教自由原则。例如,如果免除信仰佛教的个人的租税,就违反了信教自由;而免除佛教团体的租税则不构成违反信教自由。③

美浓部达吉博士1930年5月20—21日在《中外日报》上发表了《神社性

---

① 佐藤幸治:《日本国宪法论》,成文堂2011年版,第233页。
② 1884年8月11日太正官达第68号"管长身份的礼仪总体上以敕任官为例"。据此,管长在岁首、四时大节时,进宫拜贺,参加赏樱、赏菊宴会。管长代理人不享有管长身份的礼遇。根据惯例,管长代理人享受判任官的待遇。《明治宪法》承继了太正官达的规定。《宗教团体法》施行后,1940年11月16日宫内大臣通牒宫发第608号取消了对管长等的特殊待遇,基督教教团的统领者首次与管长享有同等待遇。
③ 佐佐木:《关于宗教团体的法律地位》,载《京都法学会杂志》13卷10号,第85、86页。

质与信教自由》一文,提出了以下观点:第一,日本的神社神道是原始的宗教,既没有教主,也没有教典,但相信神灵的存在,并礼拜、崇敬,以此为根本思想。就这一点而言,神道教既不是单纯的道德教,也不是哲学,而是具有非常明显的宗教特质的社会现象。第二,广义的信教自由除了狭义的信教自由,即信仰自由、宗教行为的自由、宗教的结社自由之外,还包括国家与宗教相分离的原则。所谓国家和宗教的分离,就是国家应当平等对待任何宗教,不应当给予某宗教特别保护,同时也意味着国家不得从事宗教活动。为了彻底贯彻信教自由的精神,国家与宗教必须完全分离。在日本,除了将神社的祭祀作为国家事务以外,行政上也将同神社神道并列的佛教各宗派与其他宗教区别对待,享受国家的特别保护,同时接受国家的特别监督。由此可见,国家并没有完全与宗教相分离。第三,《宪法》第 28 条规定了日本国民最重要的权利,只要不妨碍安宁秩序、履行作为臣民的义务,就享有信教的自由。虽然神社神道是日本的国教,但仅仅是国家将祭祀作为国家事务而运营神社,并不意味着国家可以强制国民信仰神道。信仰自由是受宪法保障的基本权利,毋庸置疑,强制国民信仰国教是违反宪法的。此外,从国家与宗教的历史关系来看,不能将第 28 条扩大解释为国家应当平等对待一切宗教。所以,虽说神社神道是日本的国教,但并不违背《宪法》第 28 条规定的信教自由。

还有学者从宗教政策平等的角度,分析了给予不同宗教团体差别待遇的合理性。宗教政策上的平等,分为量上的平等和质上的平等。量上的平等中含有对一切宗教团体平等和对一定的宗教团体平等。质的平等中含有绝对形式上的平等和相对实质上的平等。绝对形式上的平等指的是赋予复杂多样的宗教团体同样的法律地位;相对实质上的平等与此相反,不是机械的均一性的平等,而是根据各宗教团体与国家关系的历史、对社会的教化力量,以其各自不同的特性为基础,分别给予不同的待遇。给予本来不同等的事物以平等的待遇,与不平等地对待本来同等的事物,都不是真正的平等。与此相对,区别对待本来不同等的事物,与给予同等的事物平等地待遇一样,是真正的平等。也就是说,绝对形式上的平等并不是合理的平等,而相对的实质上的平等才是合理的平等。① 所以,国家特别对待与国家、国民有着密切关系的宗教符合相对实质平等的条件,是合理的平等。②

可见,当时的主流观点基本赞同明治政府给予神道教的特殊地位,并从不同的角度为这一宗教政策寻找理论依据,强调其必要性和合理性。并且,

---

① 下间空教:《宗教法概说》,载长谷川良信编:《社会政策大系》(第 10 卷),日本图书中心 2002 年版,第 32—34 页。
② 井上惠行:《宗教法人法的基础研究》,第一书房 1972 年版,第 125 页。

认为这样的宗教政策不违反信教自由的理念。这些解释虽然不符合现代的人权理念,但是,受制于当时的历史条件,学者们作出这样的解释是可以理解的。

2.《日本国宪法》下的宗教平等

(1) 宗教平等含义的转变

根据1946年《日本国宪法》,如果国家赋予某特定宗教团体特权,就会间接限制个人的信教自由。所以,如果国家要彻底保障信教自由的话,就不得差别对待不同的宗教。《宪法》第20条第1款明确规定:"……任何宗教团体都不得从国家接受特权。"并且,"国家也不得赋予任何宗教团体特权"。因为赋予宗教团体特权并非与信教自由没有任何关系,为了完全保障信教自由,禁止给予宗教团体差别待遇,信教自由精神中含有宗教团体不接受国家差别待遇的自由。新宪法抛弃了旧宪法的错误理念,在同一条款中规定了信教自由和政教分离,第20条第1款前半段规定:"保障任何人的信教自由"之后半段接着规定:"任何宗教团体不得接受来自国家的特权。"

《明治宪法》时代,普遍认为相对的实质上的平等是合理的,绝对的形式上的平等不是真正的平等,新宪法的规定颠覆了这样的观点,认为后者才是合理的平等。

(2) 特权的意义

这里的"特权"含有特别利益、权利的意味,对具体内容的理解分为不同的观点。

在《日本国宪法》颁行的早期,有少数观点认为,所谓特别利益指的是宗教团体之间相互比较,某个宗教团体从国家获得了特殊的利益。例如,《神道指令》与《日本国宪法》一样,也是以信教自由和政教分离为基础,其中第二(1)中规定:"本指令的目的在于使宗教与国家相分离,以及防止宗教被恶意用于政治目的,使所有的宗教、信仰、信条建立在完全相同的立法基础之上,给予合理的同样机会和保护。"① 井手成三认为:"仅以宗教团体和宗教活动为规范对象的法令,只要是以尊重宗教团体的宗教活动为目标,就是符合宪法规定的。非常明显,宪法禁止给予特定宗教团体利益。"② 篠原义雄认为:"宪法第20条第1款后段禁止国家给予宗教团体特权的立法宗旨是,不得给

---

① The purpose of directive is to separate from the state, to prevent misuse of religion for political ends, and to put all religions, faiths and creeds upon exactly the same basis, entitled to precisely the same opportunities and protection.

② 井手成三:《信教自由及其界限》,载《爱知学院大学论丛法学研究》创刊号,第117页。

予不同的宗教团体差别待遇,应当公平、平等地对待所有宗教团体。①

通说则认为,不但宗教团体之间应当平等,宗教团体与非宗教团体之间也应当是平等的。例如,金森德次郎认为:"根据宪法原理,国家不应当参与宗教。因此,虽然与特定宗教相分离,但基于宗教整体的考虑,给予特别的经济利益的做法也不能认为是正确的。"②此外,宫泽俊义等学者认为,特权不仅意味着与其他宗教团体相比较的特殊利益(比如明治时代),也包含与一般国民相比较的特殊利益。……不但禁止国家给予某一宗教团体超过其他宗教团体特殊的利益,也禁止给予宗教团体超过一般社会团体的利益。这是本条的立法宗旨。③ 此外,"国家给予特定宗教特殊的优惠待遇会产生压制宗教自由的结果。为了完全实现信教自由原则,必须确立国家的非宗教性。国家不但不得给以某一宗教高于其他宗教的待遇,也不能给予宗教团体高于一般社会团体的待遇……"④

然而,在税收领域,宗教法人享受"非课税"的待遇。有学者质疑:从无宗教者的角度来看,对宗教法人实施"非课税"的做法,意味着牺牲一般国民、纳税人的利益而给予宗教法人补助金,应当是公权力对无宗教者的信仰自由的侵害。⑤ 通说观点则认为,对宗教法人的税收优惠是给予包括宗教法人在内的公益法人优惠措施的一部分,因而不产生违宪的问题。⑥

总之,国家不得给予不同的宗教团体不同的待遇。例如,在神道教、佛教、基督教之间,不得仅给予神道教特别的利益。同时,在其他一般社会团体和宗教团体之间,也禁止国家给予差别待遇。例如,给予宗教团体的利益,并不给予其他世俗社会团体。

(四) 禁止宗教团体行使政治上的权力

《日本国宪法》第 20 条第 1 款后段规定:"……任何宗教团体不得行使政治上的权力。"首先需要明确本条中的"政治上的权力"和"宗教团体"的含义。

关于"政治上的权力"的含义,有少数说和通说的差异。少数说认为,"政治上的权力"指的是政治权威的机能、政治影响力。通说认为,政治上的权力指的是由国家或地方公共团体专享的统治权力,例如立法权、行政权、裁判

---

① 宗教活动研究会编:《宗教法人实务必携》,宗教活动研究会 1958 年版,第 198 页。
② 金森德次郎:《国家与宗教》,《宗教时报》22 号,第 6 页。
③ 宫泽俊义:《日本国宪法》,日本评论社 1978 年版,第 240 页。
④ 宫泽俊义:《宪法Ⅱ》,有斐阁 1971 年版,第 348、349 页。
⑤ 北野弘久:《对宗教法人的课税与政教分离原则》,《JURIST》(综合特集"现代人与宗教"),有斐阁 1981 年版。
⑥

权、课税权、公务员的任命权等①。

此处的宗教团体,即宪法上的宗教团体,不但包括《宗教法人法》中的宗教团体,而且包括所有以宗教礼拜和宗教宣传为目的的宗教团体②,或者由拥有特定信仰的人为实现其宗教目的而形成的组织体。③

从法条的规定来看,宗教团体实际地行使政治权力是受到禁止的,但是,如果某宗教团体并没有实际行使政治权力,只是对政治权力的行使施加了影响,例如其所支持、援助的政党掌握了政权时,就会产生是否违背政教分离原则的问题。政府针对该问题的意见是:宗教团体推荐或支持的候选人就任公职、掌握国政,该行为本身并不违反政教分离原则。但是,在这种情况下,掌握国家政权者有义务遵守宪法规定的政教分离原则,不得给予该宗教团体特权,也不得采取措施使其行使政治上的权力。此外,《宪法》第 20 条第 3 款禁止实施相当于宗教活动的一切行为,所以,即使宗教团体推荐或支持的人行使国家政权的情况下,也不能直接实施类似的行为。对于宗教法人实施政治活动的规制,政府认为:"宪法规定的政教分离原则是保障信教自由实质实现的措施,排除国家及其机关在行使权力时对宗教的介入、干预。但是,并不排除宗教团体或宗教团体事实上控制的团体从事政治活动。"④

(五) 禁止国家从事宗教教育及其他宗教活动

《宪法》第 20 条第 3 款禁止国家及其机关从事宗教教育及其他宗教活动。为了理解该条款的含义,需要厘清三个概念的含义,即国家机关、宗教教育、宗教活动。

第一,国家及其机关,既包括国家和地方公共团体的机关,也包括由国家或公共团体经营管理的学校、医院等。公共团体是依据法律行使一定公权力的社会团体。

第二,关于宗教教育,学界的通说一般认为,宗教教育是以宣扬宗教信仰为目的的宗教活动⑤,或者以宣扬宗教为目的或以排斥宗教为目的的教育。⑥《教育基本法》第 15 条规定,对宗教的宽容态度、与宗教相关的一般教养及宗教在社会中的地位,应当在教育上受到尊重。禁止国家及地方公共团体设置

---

① 宫泽俊义:《日本国宪法》,日本评论社 1978 年版,第 240 页;佐藤幸治:《宪法(新版)》,青林书院 1990 年版,第 445 页。
② 宫泽俊义:《日本国宪法》,日本评论社 1978 年版,第 239 页。
③ 佐藤幸治:《宪法(新版)》,青林书院 1990 年版,第 436 页。
④ 1970 年 6 月 19 日政府针对质问的答辩。
⑤ 宫泽俊义:《日本国宪法》,日本评论社 1978 年版,第 241 页。
⑥ 佐藤幸治:《日本国宪法论》,成文堂 2011 年版,第 235 页。

的学校从事为了特定宗教的宗教教育及其他宗教活动。

第二,宗教活动的界定,学界有不同的观点。一种观点认为,所谓宗教活动,是以特定宗教的布教、教化、宣传为目的的积极行为。① 另一种观点则认为,除了前述行为之外,还包括祈祷、礼拜、仪式、祝典等表现为宗教信仰的一切行为。② 最高法院在津地镇祭事件中,对宗教活动的范围和判断标准进行了界定。首先,虽然政教分离原则要求国家对宗教保持中立,但是并非完全禁止国家与宗教之间的关系。应当考虑使国家和宗教产生联系的行为的目的和效果,并参考日本的社会、文化等各种要素,如果在确保信教自由方面,二者之间的关系超过了相当的限度时,就应当受到限制。从政教分离原则的含义来看,此处的宗教活动不是指国家及其机关活动中所有与宗教有关系的行为,而是仅限于超过前述限度的相关行为,该行为的目的具有宗教意义,有援助、促进或压迫、干涉宗教的效果。其次,关于宗教活动的判断标准。在判断某种被禁止的行为是否是宗教活动时,不但应当考虑行为的实施者是否是宗教家,以及行为的程序是否符合宗教既定的方式等行为的外观形态,还应当综合考虑行为的场所、一般人的宗教评价、行为者的意图和目的、有无宗教意识、对于一般人的影响和效果等因素,根据社会的一般观念进行客观的判断。③

通过最高法院的判示可以看出,在判断国家或政府的某一行为是否是宗教行为时,应当从内在标准和外在标准两个方面进行判断。内在标准是行为的目的是否具有宗教意义以及行为的效果是否促进和干涉了宗教;外在标准是行为的实施者、仪式等是否具有宗教因素。最高法院在该判例中确立的目的效果标准,被地方法院多次引用参照,成为解决类似问题的一般判例法理。

(六)禁止向宗教团体提供国家财产

1. 立法规定及解释

《日本国宪法》第89条规定:"公款以及其他国家财产,不得为宗教组织或团体使用、提供方便和维持活动之用,也不得供不属于公家的慈善、教育或博爱事业支出或利用。"根据该条的规定,禁止向宗教团体出借国家设施、禁止在县政府的宣传报纸上登载宗教团体的广告、禁止给宗教团体提供低息借款、禁止为了维持宗教团体的存续而向其发放补助金等。该条规定是从财政

---

① 井上惠行:《宗教法人法基础研究》,第一书房1972年版,第204页。
② 佐藤幸治:《宪法(新版)》,青林书院1990年版,第313页。
③ 最高裁判所大法庭1977年7月13日判决,《最高裁判所民事判例集》31卷4号,第533页。

层面上,保障《宪法》第 20 条规定的信教自由,禁止国家从事宗教活动和赋予宗教团体特权的补充,即禁止国家给予宗教团体财政上的援助。①

关于该条的解释,存在以下两种观点:第一,宗教团体之间,如果条件相同,可以给予财政上的援助;第二,如果宗教团体与一般社会团体之间的条件相同,可以给予财政上的援助。法学协会主张:"只要是宗教组织,无论基于什么目的或事业,都不允许利用公款。如果要支出公款和利用公共财产,就应当对各类社会团体无差别地一视同仁。"② 宫泽俊义教授在《日本国宪法》一书中主张,《宪法》第 89 条并不是简单地禁止国家对各宗教的差别待遇。如果立法目的是禁止差别待遇,那么就不会妨碍国家对各种宗教平等地进行援助。从本条规定的国家与宗教相分离原则的目的来看,国家和地方政府必须与所有的宗教相分离,无论什么样的宗教,都不得获得财政援助,所以对所有的宗教平等地进行财政援助也是禁止的。③ 可见,法学协会和宫泽俊义支持第二种观点,只有宗教团体与其他社会团体条件同等的情况下,才能获得财政支持。

当然,如果公共财产的处分行为不构成对宗教团体的援助,就不受《宪法》第 89 条的规制。例如,按照《国有财产法》《会计法》的规定,以公正的价格将普通国有财产出售给宗教团体,或者以通常的借贷条件出借资产给宗教团体等,不违反《宪法》第 89 条的规定。由此可见,只要不以宗教团体为由给予其高出其他社会团体和个人的优惠,而是以公正的价格借贷、处分公共财产,或者以与其他社会主体同样的条件实施法律行为的,不发生违反宪法的问题。与此相反,如果以非常低的价格将公有财产出售给宗教法人,就会因违反《宪法》第 89 条的规定而被认定为无效。④

此外,宗教上的建筑物属于文化财产的范围,为了保护文化财产而支出公款,不违反《宪法》第 89 条的规定。也就是说,公款支出的目的是为了维持历史文化遗产,而不是向文化遗产的所有者宗教法人提供援助,也不能以文化遗产属于宗教团体组织为由认为财政援助违反了《宪法》第 89 条的规定。

2. 扶助民间教育事业的问题

《宪法》第 89 条规定:"公款以及其他国家财产,不得为宗教组织或团体使用、提供方便和维持活动之用,也不得供不属于公权力控制的慈善、教育或

---

① 宫泽俊义:《日本国宪法》,日本评论社 1978 年版,第 741 页。
② 法学协会:《注解日本国宪法》(下),有斐阁 1954 年版,第 1333 页。
③ 宫泽俊义:《日本国宪法》,日本评论社 1978 年版,第 741 页。
④ 盛冈地方裁判所 1971 年 12 月 28 日,《判例时报》655 号,第 20 页。

博爱事业支出或利用。"对于"不属于公权力控制的……事业"的解释,1949年2月11日法务调查意见官员的回答如下:"宪法第89条所谓的'不属于公权力控制的……事业'指的是国家或地方公共团体的机关没有决定性控制力的事业。换言之,'不属于公权力控制的……事业'的构成、人事、内容及财政等,公共机关不进行具体的指导和干涉,由事业者自行决定。"此外,该官员还对第89条后半段的含义进行了解释:"民间创办的慈善、教育或博爱事业,排除行政机关的干涉与制约,由民间事业者自己决定,自己承担责任,以自己的费用运营事业。这些事业有这样一个倾向,即很容易受特定宗教或社会思想的左右。……行政机关向具有这样倾向的事业提供财政援助会产生种种弊端,例如,以向这些事业提供援助为名,滥用公款;或者使行政机关产生干涉这些事业的动机;或者违反政教分离原则等。为了避免这些情形,宪法禁止向这些事业支出公款、利用公共财产。"判例①与理论②也持几乎相同观点。

在民间举办的各类事业中,私立学校与宗教的关系比较密切,私立学校可以进行宗教教育。在私立学校进行宗教教育的场合,会产生国家和地方政府能否向其提供补助金的问题。《私立学校法》第59条规定:"国家或地方政府认为有教育振兴的必要时,可以根据其他法律规定,对私立学校法人的教育进行必要的扶助。"具体的扶助措施由《私立学校振兴助成法》规定③。学术界认为,私立学校进行的宗教教育如果是一般宗教知识或情操教育,则不会发生特别的问题;如果以宣传特定宗教为目的而进行宗教教育时,向该私立学校提供财政扶助的行为,可能会成为扶助特定宗教教育而违反《宪法》第89条的规定。例如,宫泽俊义认为,即使《私立学校法》《社会福祉事业法》没有违反《宪法》第89条的规定,但向进行宗教教育及举行其他宗教活动的私立学校(《教育基本法》第9条2款禁止国立、公立学校从事这些活动)提供补助金的行为,大概不能否认其违宪性。反之,应当这样解释:接受国家或地方政府财政扶助的私立学校不得从事宗教教育。否则,国家或地方公共团体向这样的学校提供补助金,就成为向宗教组织或团体支出公款,违反了《宪法》第89条前半段的规定。④ 相反观点则认为,《私立学校振兴助成法》的立法目的是从发挥私立学校教育的作用出发,提高私立学校的教育条件,减轻私

---

① 东京高等裁判所1990年1月29日判决,《高等裁判所民事判例集》43卷1号,第1页。
② 宫泽俊义:《日本国宪法》,日本评论社1978年版,第746页。1161页等。
③ 第4条规定,国家可以向设置大学或高等专门学校的学校法人提供"经常经费"的补助,补助额度为该学校教育、研究经费的1/2以内。第9条规定,都道府县对其境内设置的幼儿园、小学、中学、高等学校、中等教育学校、特别援助学校提供教育经费补助,国家根据行政法规的规定,可以对都道府县提供部分补助。
④ 宫泽俊义:《日本国宪法》,日本评论社1978年版,第749页。

立学校学生的家庭负担,促进私立学校的运营健康发展(可以说是保障《宪法》第 26 条规定的受教育权利)。这一立法目的完全是世俗的,不含有宗教意义,也不会产生支援、扶助、促进特定宗教的结果。因此,不能认为违反了《宪法》第 89 条的规定。的确,扶助私学的结果在某些时候可能会间接有利于特定宗教的发展,但是不能因此马上断定违反宪法。其理由与文化财产保护的情况相同,只要符合辅助私立学校的宗旨,就应当认可。①

(七) 政教分离原则在司法适用中的目的效果基准

1. 目的效果基准的确立

 津地镇祭事件

津市体育馆建设开工仪式在该市的船头町的建设现场举行,市政府的职员作为司仪,与大市神社的 4 名神职人员一起举行了地镇祭的仪式。市长从公费中向大市神社支付了 7663 日元的仪式费用(其中神职人员的报酬 4000 日元,供品费用 3663 元)。津市议会议员根据《地方自治法》第 242 条之二提起诉讼,要求市长赔偿损害。

最高法院在本案中对宪法中政教分离原则从以下几个方面进行了解释:(1)虽然政教分离原则要求国家对宗教保持中立,但是并非完全禁止国家与宗教之间的关系。应当考虑使国家和宗教产生联系的行为的目的和效果,并参考日本的社会、文化等各种要素,如果在确保信教自由制度的根本目的方面,二者之间的关系超出了相当的限度时,就应当受到限制。从政教分离原则的含义来看,此处的宗教活动不是指国家及其机关活动中所有与宗教有关联的行为,而是仅限于超过前述限度的相关行为,该行为的目的具有宗教意义,有援助、促进或压迫、干涉宗教的效果。(2)关于宗教活动的判断标准。在判断某种被禁止的行为是否是宗教活动时,不但应当考虑行为的实施者是否是宗教家,以及行为的程序是否符合宗教既定的方式等行为的外观形态,还应当综合考虑行为的场所、一般人的宗教评价、行为者的意图和目的、有无宗教意识、对于一般人的影响和效果等因素,根据社会的一般观念进行客观的判断。据此,最高法院认为,虽然不能否认本案的开工仪式与宗教有关,但是其目的是在建筑开工之时祈求土地坚固平安、工事安全,按照社会一般习惯举行仪式,是一种世俗活动,并没有产生援助、助长、促进神道或压迫、干涉

---

① 井上惠行:《宗教法人法的基础研究》,第一书房 1972 年版,第 186 页。

其他宗教的效果,因此不是《宪法》第 20 条第 3 款禁止的宗教活动。①

本案中对宗教活动的判断被称为"目的效果基准",成为法院处理类似纠纷的权威标准。

2. 目的效果基准的适用

 玉串料②支出事件

爱媛县知事在神社举行祭祀之际,从公费中向神社支出玉串料、供品费等费用,于是爱媛县的市民团以该行为违反了《宪法》第 20 条第 3 款、第 89 条规定为由,提起损害赔偿诉讼。第一审法院判定:从支付玉串料的目的、效果来看,超出了合理的限度,构成违宪。③ 与此相对,二审法院则根据目的效果基准,综合考虑案件的具体情况,从社会通常观念出发,认为本案中支出玉串料的行为虽然具有宗教意义,但支出的金额较小,仅仅达到一种社会礼仪的程度,知事的行为属于对阵亡者的遗族进行行政支援的一部分,不是宗教活动,所以不违反宪法。④ 但是,最高法院撤销了二审判决中合宪部分的认定,判定知事的行为违反《宪法》第 20、89 条的规定。虽然支出的公款金额非常小,但是根据目的效果基准,这一行为符合公权力机关向宗教团体支付公款的构成要件。在神社举行的具有强烈宗教色彩的祭祀中,县知事向该特定的宗教团体支付玉串料,不同于习俗化的社会礼仪,属于国家或地方公共团体的具有宗教意义的行为,具有唤起对特定宗教的关心的危险。从我国的社会、文化诸条件来看,知事的行为超出了合理的限度,构成违法支出公款的行为。⑤ 最高法院的玉串料判决具有划时代的意义,自此以后,认定类似行为违宪的判决逐渐增多。

 忠魂碑、慰灵祭事件

大阪府箕面市为了移建该市遗族会所有的忠魂碑,购入替代地,在该土地上重新建立了忠魂碑,这一行为导致了无偿借给遗族会土地的结果。地方政府的行为被认为违反了《宪法》第 20 条第 3 款的规定。

最高法院运用目的效果基准,认定本案争议行为不是宗教活动,理由是:

---

① 最高裁判所大法庭 1977 年 7 月 13 日判决,《最高裁判所民事判例集》31 卷 4 号,第 533 页。
② 玉串是供奉神用的杨桐树小枝,缠以白纸,玉串料就是香火钱。
③ 松山地方裁判所 1989 年 3 月 17 日判决,《判例时报》1305 号,第 26 页。
④ 高松高等裁判所 1992 年 5 月 12 日判决,《行政事件裁判例集》43 卷 5 号,第 717 页。
⑤ 最高裁判所 1997 年 4 月 2 日,《最高裁判所民事判例集》51 卷 4 号,第 1673 页。

为了重建小学校舍,将公有土地上的阵亡者纪念碑移到其他地方,空出的土地作为学校用地使用,同时向纪念碑的管理者市遗族会提供移建的替代用地,按照以往的惯例,代用地无偿供遗族会使用。纪念碑的移建是一种世俗行为,并没有援助、促进特定宗教或压迫、干涉其他宗教。所以,从日本社会、文化等因素来看,本案争议的行为与宗教的关系没有超出相当的限度,不属于《宪法》第20条第3款禁止的宗教活动。

此外,本案争议的另一个涉及政教分离的问题是,箕面市的教育长参加遗族会主办的慰灵祭活动是否违反了政教分离原则。最高法院认为,教育长参加遗族会举办的神道形式或佛教形式的祭祀活动,其目的是为了向本地阵亡者的遗族尽一份社会礼仪,是一种世俗行为,也未起到对特定宗教援助、促进或对其他宗教压迫、干涉的效果,所以不违反宪法上的政教分离原则。①

 大阪地藏像事件

大阪市政府向町会②无偿出借市所有的土地设置地藏像,以祭奠本地出身的战争阵亡者及祈求本地安全,町会组织请僧侣为地藏像开光,定期请僧侣举行仪式。附近的基督教会担心影响自己的传道和会员的信仰,教会的牧师提起诉讼,认为大阪市的行为援助了地藏信仰,违反了《宪法》第20、89条的规定。

最高法院适用目的效果基准做出了如下判示:(1)在本案中,大阪市向各町会组织无偿出借市有土地,供建立、移建地藏菩萨像,是为了在建设市营住宅之际,获得当地市民的合作与理解,促进市营住宅建设工程顺利进行,不含有促进当地居民融合的宗教色彩。(2)与本案情况类似,对寺院外的地藏像的信仰,已经由佛教的地藏信仰转变为普通大众的民间信仰,经过长年的传承发展,相关仪式活动在地域居民生活中逐渐习俗化,这种地藏像的宗教性已经非常淡薄了。(3)本案的各町会,是由居住于各区域的人组成的町内会自治组织,并不是以宗教活动为目的的组织,本案中各地地藏像的维持运营行为,也是宗教色彩非常淡薄的传统习俗活动而已。因此,大阪市向各町会组织无偿出借市有土地,供地域居民建设地藏像的行为,从其目的和效果来看,虽与宗教有关,但是根据日本的社会、文化等条件,不能认定其超越了信教自由的合理限度,不构成对《宪法》第20、89条的违反。③

---

① 最高裁判所1993年2月16日判决,《最高裁判所民事判例集》47卷3号,第1687页。
② 町是日本最基层的行政区划单位,町会是由居住于该町的居民组成的自治组织。
③ 最高裁判所1992年11月16日判决,《判例时报》1441号,第57页。

3. 目的效果基准的发展现状

从前述判例可以看出,自津地镇祭事件判决以来,目的效果基准成为判断政教分离的权威标准,在类似判决中被频繁适用。但是,对于目的效果基准的批评之声也一直没有间断过。例如在"玉串料支出事件"的裁判中,尾崎行信法官认为,目的效果中有难以特定的意思内容,不容易把握其真实意思,因而适用时有导致错误判断的危险,作为合宪性的审查标准,不应当有这样的不确定性。园部逸夫法官对目的效果基准的客观性、正确性、实效性持有怀疑。近年来,学界有人主张目的效果基准的适应范围不应当扩大①,甚至有人干脆主张废弃目的效果基准②。2010年空知太神社事件的判决中没有引用目的效果基准,更进一步扩大了对目的效果基准的议论。

 空知太神社事件

砂川市将市所有的土地无偿提供给空知太神社使用,建设包括鸟居在内的各类设施。空知太神社的设施由当地的居民自治组织(町内会)所有,空知太神社不是宗教法人,由神社附近的居民组成的氏子集团具体管理运营。砂川市的居民以市长为被告提起诉讼,认为砂川市的行为违背政教分离原则。最高法院认定砂川市的行为违反政教分离原则,但是在理由陈述中没有直接引用津地镇祭事件中确立的目的效果基准,其中有两段引发学界争论的判示:(1)在判断公共财产利用与宗教之间的关系时,应当参照我国的社会、文化等条件,在确保信教自由制度的根本目的方面超出了相当的限度时,应当被禁止。(2)判断与宗教的关系是否超过相当的限度而违反《宪法》第89条时,应当考虑以下诸要素:相关宗教设施的性格、相关土地作为地基无偿供该设施使用的经过、无偿提供的形式、一般人对此的评价等,并且参照社会的一般观念综合判断。与以前的类似判决不同,最高法院在本案的判决中没有诸如以下表述:"行为的目的有宗教意义,产生了援助、助长、促进或压迫、干涉宗教的效果""行为人实施该行为时的意图、目的及有无宗教意义"以及"按照社会一般观念进行客观判断"等。于是,引发了判例学理围绕最高法院是否放弃了目的效果基准的激烈争论。部分意见认为,最高法院不再坚守目的效果基准③,部分意见则认为政教分离的判例理论有所变化,但是基本架构没

---

① 大石真:《政教分离原则的再检讨》,载《权利保障的诸相》,三省堂2014年版,第102页。
② 土屋清:《政教分离诉讼中目的效果基准的废弃》,载《寻求宪法学的新模式》,成文堂2010年版,第81页。
③ 宍户常寿:《宪法解释论的应用与展开》(第2版),日本评论社2014年版,第129页。

有变化①。关于这一问题的争论尚未尘埃落定。

三、圣俗分离

日本宗教法界一般认为,宗教团体的活动大致包含两方面:一是举行宗教活动的具有宗教性的一面;二是拥有财产,运营、维持财产等世俗性的一面。对宗教团体而言,这两方面的活动相互联系,形成手段和目的关系,很多时候无法将二者泾渭分明地截然分开。然而,宪法确立了信教自由与政教分离的原则,为了遵守这样的原则,有必要在法律层面上将宗教团体的宗教一面和世俗一面区别开来,也就是所谓的"圣俗分离"。

(一) 有关圣俗分离的理论解释

关于"圣"与"俗"相分离的问题,学界有不同的解释。一种观点认为,拥有公权力的行政机关不能介入宗教团体的"圣"的活动,但是可以规范"俗"的活动,行政机关可以在"俗"的一面发挥作用。② 还有一种观点是,宗教法人的"圣"的一面被称为"宗教性""出世间性","俗"的一面被称为"世俗性""世间性"。世俗性的事务是立法可以干预的,而宗教性的一面则受宪法保障。对世俗性的干预由法律规范,对宗教性的一面则由宪法保障,法律领域的规范不能超越界限进入宪法规范的领域。为了实现宗教法人的目的而从事的业务活动中,针对世俗的事务制定法令,依据法令进行行政管理;对于出世间的事务,不允许立法行政干预。③ 可见,这两种解释针对的均是国家公权力在管理宗教活动时的界限,强调国家行政权及立法权不得介入宗教性的事务,只能管理、调整世俗事务。

《宗教法人法》第1条规定了该法的目的:"本法律以帮助宗教团体拥有、维持运用礼拜设施和其他财产以及为达成此目的而经营的业务、事业,而赋予宗教团体在法律上的能力为目的。"该条是赋予宗教团体法人人格的立法依据。从该条款的内容可以看出,《宗教法人法》赋予宗教团体法人人格的目的是为了保障宗教团体顺利从事宗教活动。那么这一法人人格是否涵盖了宗教团体的所有活动范围呢?换言之,法人人格仅限于宗教活动的一面,还是仅限于世俗活动的一面,抑或是兼有宗教与世俗两方面呢?

---

① 清野正彦:《最高裁判所判例解说民事篇平成22年度(上)》,法曹会2014年版,第38页。
② 日本文化厅文化部宗务课宗教法人令研究会:《宗教法人的解说与运用》,第一法规1974年版,第2页。
③ 井上惠行:《宗教法人法的基础研究》,第一书房1972年版,第355页。

有学者认为,法人人格涵盖了宗教团体的全部,对宗教团体的所有行为具有约束力,但是《宗教法人法》所调整的范围应当仅限于宗教团体世俗面的活动,宗教面的活动被排除在外。因为《宗教法人法》的立法目的在于通过赋予宗教团体法人人格以确保其从事活动的物的基础,所以《宗教法人法》的着眼点是宗教团体的社会活动,规范宗教团体管理、运营及维持财产的行为,即从世俗面出发,确立宗教团体的基础。这一点是《宗教法人法》与以前的《宗教团体法》及受《宗教团体法》影响的《宗教法人令》(参见第一章)的不同之处。从后二者的立法宗旨来看,规范的范围涵盖了宗教团体的全部活动,包括世俗层面和宗教层面的全部行为。就法理而言,法的规范射程越狭窄,被规范的主体的自由活动空间也就越大。如果宗教立法的效力仅限于宗教团体活动的某一方面,那么宗教法人的行为自由就会相对大一些。宗教法人的自由行为空间越广泛,越有利于保障宗教团体的物的基础,也就越有利于宗教自由的立法目标的实现。① 此外,学者井上惠行还有如下解释:宗教法人如同浮在大海中的冰山。露出海面的部分仅仅是隐藏在海面之下部分的几分之一。同样,《宗教法人法》的"眼"所能看到的部分(世间性)也仅仅是全部冰山的几分之一而已。宗教法人的大部分(出世间性)是《宗教法人法》无法看到的,因其淹没在政教分离的"海面"以下,所以如同认为只有海面之上的冰才是冰山的误解一样,认为仅有世俗性的一面才是宗教法人的观点也是错误。既然冰山包括海面之上和海面之下的部分,那么宗教法人人格也应当涵盖宗教团体活动的出世间面和世间面,只不过《宗教法人法》的"眼"所能看到的宗教法人的行为仅限于海面之上的"世间性"的一面。②

(二) 圣俗分离理念在《宗教法人法》中的具体体现

圣俗分离理念在《宗教法人法》中的具体适用体现在以下几个方面:

第一,宗教法人在设立之际,主管行政机关应当对宗教法人章程进行认证,对提出申请的宗教团体是否具备《宗教法人法》第 2 条规定的"宗教团体"的要件进行审查。在审查之际,依据圣俗分离原则,尽量不干涉宗教上的事务,仅审查宗教团体的由来、沿革、教势等事项,根据申请文件中记载的内容,例如教义的宣扬、仪式的举行、信徒的教育、神社(寺院、教会)的位置和规模、礼拜设施的设置以及所包含的宗教团体的情况等,确认申请者的宗教团体性。这种认证审查仅是外观的、客观的、形式上的审查,而非实质审查。例如行政主管机关只需确认教义是否存在即可,而不能审查宗教教义的内容等宗

---

① 篠原义雄:《宗教法人法的解说:神社关系》,神社新报社 1951 年版,第 10 页。
② 井上惠行:《宗教法人法的基础研究》,第一书房 1972 年版,第 375。

教上的事项。① 认证是审查提出申请的团体是否具备法定条件,以及具备法定条件时,做出认可判断的行为。由此可见,如果具备宗教法人法定条件的,主管机关就必须加以认证,没有否认的自由裁量权。

第二,宗教法人的章程(详见第四章)是该宗教法人有关世俗事务的根本规范,根据《宗教法人法》第 12 条的规定,设立宗教法人时必须制作记载法定事项的宗教法人章程,不过仅记载宗教团体的财务及其他世俗事务,不涉及纯宗教事务的一面。②

第三,宗教法人的世俗事务和宗教事务由不同的人员进行管理(详见第五章)。《宗教法人法》第 18 条第 6 款规定,宗教法人的事务由责任役员的合意决定,代表役员和责任役员只拥有世俗事务的决定与执行权限,不享有任何宗教事务上的权限。宗教法人的对外权限由该法人的代表役员行使,例如与第三人之间的买卖契约、不动产借贷契约等均由代表役员代表宗教法人签订。与此相对应,宗教仪式的举行、教义的宣扬等宗教活动则由该法人的宗教活动负责人宫司、住持、牧师、司祭等主持进行,这些人员作为圣职者,具有宗教上的地位和身份,不同于代表役员。③ 代表役员通常被称为宗务总长、管长等,而宗教事务负责人则被称为法主、门主、门迹、教主、教会长等。但是实际上,在某一宗教法人中,很多时候是由宗教事务的负责人兼任代表役员的,例如在寺院的法人章程中通常会有这样的规定:宗教法人的代表役员由某某寺的住持充任。即使在这样的宗教法人中,世俗事务也是由代表役员而非具有宗教地位的住持执行。

(三) 圣俗分离理念的司法适用

日本《裁判所法》第 3 条规定,除《日本国宪法》特别规定的情形以外,法院拥有裁判一切法律上争讼的权限,并拥有其他法律上的特定权限。学术界和司法实务界对此规定均无争议。所谓"法律上的争诉",指的是当事人之间的具体权利义务以及是否存在法律关系的争议,并且能够适用法律最终解决的纷争。④ 宗教团体的纠纷既有与一般社会纠纷相同的诸如财产归属的纠纷,也有基于宗教团体的特殊性而产生的纠纷,即"圣"的纠纷和"俗"的纠纷。那么,法院能够对哪些涉及宗教团体的纠纷行使司法审查权呢?下面通过几

---

① 洗建:《法律与宗教》,载《国家与宗教(上卷)》,法藏馆 2008 年版,29 页。
② 名古屋地方裁判所 1976 年 4 月 16 日判决,《判例时报》841 号,第 70 页。
③ 桐谷章:《围绕宗教法人法修改的问题点:对宗教团体管理要素的导入与评价》,载《创价法学》1997 年 26 号,第 19 页。
④ 最高裁判所 1981 年 4 月 7 日判决,《判例时报》1001 号,第 196 页。福冈地方裁判所 2000 年 11 月 7 日判决,《判例时报》1750 号,第 11 页。

个具体的司法判例对该问题加以说明分析。

1. 不属于法律争讼的案件

(1) 慈照寺事件——寺院住持地位的确认

宗教法人慈照寺(通称银阁寺)的住持某甲(根据该寺院的法人章程,住持兼任代表役员、责任役员)向其上级宗教组织临济宗的管长表达了辞去慈照寺住持的意思,于是该管长发布了下任住持的任命令。之后,甲以意思表示不真实为由,主张任命无效,要求确认自己的住持、代表役员、责任役员的地位。最高法院认为,宗教上地位的确认欠缺确认之诉的构成要件,不属于适格的请求。"该寺住持是主持宗教仪式、宣传教义等宗教活动的负责人,不具有作为该寺管理机关的法律地位。赋予住持代表役员及责任役员法律地位及其他权利(例如报酬请求权、寺院建筑物的使用权等)意味着,在请求确认权利义务关系的诉讼中,提出确认代表役员、责任役员法律地位请求的同时,也提起了确认住持地位的请求。这样的诉讼归根到底是宗教上地位的确认,而非法律关系的确认,欠缺适格的诉讼条件,故驳回起诉请求。"①

最高法院在另外一则判例中也采用了类似的观点,形成了解决宗教法人代表役员及责任役员确认之诉的基本原则:宗教法人的代表役员、责任役员地位的确认请求,是合法的法律关系确认之诉;而寺院住持地位的确认对象是宗教事实关系,并非具体的法律关系,欠缺法律上确认之诉的适格条件。②

(2) 板曼荼罗事件——捐款行为效力的确认

创价学会的会员向创价学会捐款,用以建设和安置创价学会本尊(板曼荼罗)的大殿。之后,学员提起诉讼,以捐献行为的重要因素有错误为由,主张捐款行为无效,请求返还捐献的金钱。最高法院在判决中认定:在本案中,创价学会的会员们主张的错误内容有二:① 被告声称要建设大殿安置本尊(板曼荼罗)而向学员募捐,而被告在大殿安置的本尊并非日莲宗《日莲弘安2年10月12日建立的本尊》所规定的本尊。② 被告称大殿建成时即广宣流布。然而,大殿完工后,被告却称一期弘法的戒坛还未完工,尚无法广宣流布。关于①中争议的板曼荼罗的性质,实际上是对信仰对象的宗教价值的判断;而②中的"戒坛的完成""广宣流布"等则涉及宗教上教义的判断。所以,关于①和②的认定,都是通过法律适用无法解决的问题。本案中,虽然原告的请求涉及具体权利义务关系,但在判断其请求是否合理时,必须以信仰对象的宗教价值或宗教上教义的判断结果为前提,这些前提是解决本案诉讼必

---

① 最高裁判所 1969 年 7 月 16 日判决,《最高裁判所民事判例集》23 卷 8 号,第 1423 页。
② 最高裁判所 1980 年 1 月 11 日判决,《最高裁判所民事判例集》34 卷 1 号,第 1 页。

不可少的条件。此外,从本诉讼的过程记录来看,本诉讼的争议点及当事人的主张均以对①和②项内容的判断为核心。然而,该核心问题无法通过法律的适用解决。根据《裁判所法》第 3 条的规定,本诉讼不属于法律上的争讼。①

2. 司法审查介入的案件

(1) 本门寺事件——寺院代表役员地位的确认

宗教法人本门寺的住持死亡后,在法缘会和檀信徒总会上,原告甲当选为住持。被告乙在原住持死亡之时是大学头②,按照大学头当然继任住持的惯例,乙成为候任住持,并作为该寺的代表役员进行了登记。于是原告甲起诉要求确认自己的代表役员地位。最高法院做了如下判示:"……宗教法人是以宗教活动为目的的团体,有关团体内部的事项原则上属于该团体自治权范围之内,应当受到尊重。作为国家机关的法院不应该介入由自治权决定的事项,尤其是类似宗教教义这样的事项,无权对实体问题做出判断。反之,只要不干涉宗教活动自由及宗教团体自治,就可以对前述问题进行审理判断。本案中,合法有效的寺院住持的选任是拥有代表役员地位的前提,而双方对住持的选任存在争议。对住持选任的效力进行判断时,应当考虑选任过程是否遵守了寺院的选任程序、选任程序的内容是否合理等。这些问题不涉及宗教教义的解释,因而法院可以进行审查判断。"③ 在本案中,是否拥有住持地位是判断是否拥有代表役员地位的前提,在这种情况下,只要不介入宗教活动的自由及自治,就可以对住持地位的有无进行审理判断,而住持选任程序的审查并没有介入宗教活动自由及自治的范围。本案确立了司法审查宗教上地位有无的界限。

(2) 近松别院事件——宗教团体内部惩戒决定的效力

某宗派以擅自处分寺院财产为由,依据惩戒规程,给予末寺的住持甲以 5 年重戒的处分。重戒期间,禁止参加自己所属寺院以外的寺院的法会、布教活动,停止教导师或教师资格,丧失住持、主管者的职务,以及禁止使用色衣、七条及五条袈裟。受惩戒的甲起诉要求停止处分行为。

京都地方法院认为,根据一般理论,有自治规范的社会团体内部的纷争应当根据自治规范加以解决,而不适合司法裁判。然而,虽是团体内部的自律问题,但是如果惩戒处分颠覆了被惩戒者的生活基础,对其生活产生了重

---

① 最高裁判所 1981 年 4 月 7 日判决,《最高裁判所民事判例集》35 卷 3 号,第 443 页。
② 佛教团体内部的职位,负责管理僧伽教育等事务。
③ 最高裁判所 1980 年 4 月 10 日判决,《判例时报》973 号,第 85 页。

大影响,成为与市民法秩序有重要关联的问题时,就不得不由司法权介入加以解决,从而成为司法审判的对象。……内部处分行为的程序明显与正义相悖,或者处分完全没有事实根据,或者虽然遵循了内部自治规则,但处分行为明显缺乏社会观念的正当性,除这些情形之外,惩戒权者有自由裁量的权利。……本案中,作为惩戒机关的监正局审事部的决定程序与正义不悖,决定的事实依据充分,从社会通常观念来看,没有明显不妥之处,所以处分决定是有效的。①

本决定列举了3种情形下,依据宗教法人内部自治规则做出的惩戒决定须接受司法审查:① 惩戒处分程序明显缺乏正义;② 惩戒处分完全没有事实根据;③ 惩戒处分的内容违反社会通常观念,明显缺乏妥当性。京都地方法院在其他判例中也遵循上述三个原则,将宗教团体的内部惩戒行为列为司法审查的对象。②

四、小　　结

(一) 信教自由的保护措施及限制的原则

在日本,信教自由理念的确立及在法律上获得充分保护,并非一蹴而就,而是经历了《明治宪法》(1889年)、《宗教团体法》(1939年)、《日本国宪法》(1946年)、《宗教法人法》(1951年)的制定与修改:从明治政府强制国民信仰神道的神道国教化政策,到以服务战争为目的宗教教化的国家政策,再到战后联合国干预下的政教分离原则,然后通过《宗教法人法》的一系列具体规定保障信教自由基本人权的实现。正是基于对信教自由发展历史的反思,以及根据其所具有的精神自由的本质特性,除了滥用权利、损害公共福祉以外,日本的宪法及相关立法给予信教自由充分保护,即使对信教自由进行限制,也要考量多种要素,秉持最大的谨慎原则。

1. 对信教自由提供广泛而充分的保护

(1) 保护信教自由的法律体系完备。《日本国宪法》和《宗教法人法》是与宗教信仰自由直接相关的两个法律文件,除此之外,还涉及各类税收立法、公益法人法、登记法等相关立法,构成了从宪法、法律、行政法规到各类规章、地方自治立法的层次完备的立法体系,将信教自由的基本人权细化为诸多具

---

① 京都地方裁判所1977年5月20日决定,《下级裁判所民事判例集》28卷5号,第547页。
② 京都地方裁判所1986年7月31日判决,《判例TIMES》第621号,第199页。

体的权利加以保护。

（2）信教自由的保护对象与内容广泛。首先，由于历史背景、宗教实践传统、社会经济水平等因素的差别，宗教自由的内涵在不同国家、地区有多种理解。日本法律界根据日本的宗教传统与宗教文化对"宗教"的解释，囊括了在日本出现的各类宗教现象，明确了宗教活动的保护范围。其次，信教自由的内容与国际公约的要求一致，包括内心的信教自由和行为的信教自由。虽然宪法没有明确规定信教自由的内容，但是学界与实务界对信教自由的理解已达成共识，例如在"奥姆真理教解散事件""牧会活动事件""因信教自由离婚事件"中，法院的判决中均出现了"宗教活动自由"或"宗教行为自由"等表述。最后，信教自由中的结社自由的保护对象非常广泛，只要是宗教团体，无论是否登记，无论是否取得法人资格，均受宪法上信教自由的保护，都可以开展宗教活动，只是登记的宗教团体能享受税收方面的优惠。

（3）严格限制国家公权力对宗教事务的干涉。宪法所保障的"信教自由"意味着个人相信和不相信宗教的自由免受来自国家的妨害、强制（国家通过立法权、行政权、司法权而施加的迫害与限制），即个人对于自己的宗教生活享有请求国家不作为的权利。日本的圣俗分离理念是对这一精神的直接体现与反映，而《宗教法人法》就是以圣俗分离原则为基础设计与制定的，该法仅对宗教团体的世俗事项进行调整，同时也明确限定了行政权与司法权的界限。例如，第85条规定："本法律的所有规定，都不能解释为是赋予文部大臣、都、道、府、县知事及法院对宗教团体的信仰、规章、习惯等宗教方面的事项进行任何形式的调停或者干涉权限，或者劝告、引导及干涉宗教方面的负责人员的任免和进退的权限。"从信教自由的观点来看第85条的规定，意味着不得利用调停、和解的自由裁量方法干涉宗教团体的信仰、自治规则、习惯等宗教事务以及负责人的任免，宗教团体内部纠纷仅限于法律上的纠纷才能依据法律加以判断解决。可见，《宗教法人法》具体、细化了宪法的原则性规定。

（4）宪法规定的司法适用对信教自由提供直接救济。通过众多判例可以看出，在解决涉及信教自由的纠纷时，法院的法律依据均是宪法的相关规定；在国家与私人的关系中，直接适用宪法的规定；在私人之间的关系中，间接适用宪法的规定。将宪法中的规定适用于司法实践，能够防止信教自由的精神流于文本形式，直接实现对信教自由的保护与救济。

2. 对信教自由进行限制的原则与运用

毋庸置疑，信教自由与其他权利一样，基于权利保障、秩序维护、行为规范等法理,也应当受到一定的限制,这已成为世界各国的共识。《日本国宪法》明确规定了信仰自由,但是并没有直接规定对信仰自由的限制,而是通过司法实践,根据具体纠纷的不同情况,由法院在保护与限制之间进行裁量,由此形成了一套限制信教自由的规则与方法。

(1) 限制信教自由的界限

由于宪法没有直接对信教自由进行限制,所以宪法颁布之初,曾经引发过应否对其进行限制的争论,最终形成一致观点:信教自由应当有一定的界限。例如,有人认为《宪法》第 20 条没有规定任何限制,无条件地对所有人的信教自由进行保护,但是不能因此认为宪法对任何宗教行为都不进行限制。滥用基本人权受到了普遍限制,所以信教自由也应当遵守禁止滥用的限制,这一限制与第 20 条并不矛盾。对于某些以宗教名义鼓吹迷信、扰乱公共秩序的行为,国家必须进行适当的限制以维护公共秩序,这是一个国家的正当任务。不能认为这样的限制是对信教自由的否定。[①] 也有观点认为,实践中存在一些所谓的宗教行为。例如,没有依据地胡乱预测祸福吉凶惑乱人心、给予他人神符神水而妨碍病人接受正常的医疗治疗、宣扬扰乱公序良俗等,这些行为都是违反公共福祉的,从维护公共治安秩序、公共健康的角度,应当允许法律取缔这样的行为。[②]

日本宪法对基本人权的限制有两种情形:禁止滥用和公共福祉。《宪法》第 12 条规定,受本宪法保障的国民的自由与权利,国民必须以不断的努力保持之。国民不得滥用此种自由与权利,而应当经常负起用以增进公共福利的责任。在其他条款中,虽然没有类似第 12 条的规定,但是通说和判例也都承认公共福祉对基本人权的限制。所以,信教自由作为天赋的宪法权利,也应受到来自公共福祉的制约和禁止权利滥用的制约。制约的形式与对基本人权的一般限制没有什么不同之处。例如,在前述的"奥姆真理教解散事件""牧会活动事件""基督教徒星期日参观事件""拒绝输血事件"中,法院均以是否损害公共福祉、是否违背公序良俗为标准,判定主体的宗教行为是否构成滥用信教自由。

此外,由于宗教活动也是社会活动的一种,所以,宗教团体还应当遵守一般法律规范,例如宣扬教义、举行仪式时,应当遵守某些行政管理法,如果不履行相关义务,就有可能成为行政执法的对象。此外,宗教法人的境内建筑物应当适用《建筑基本法》,如果根据《文化财产保护法》被指定为重要文化财

---

① 美浓部达吉:《新宪法逐条解说》,日本评论社 1956 年版,第 57、58 页。
② 大石义雄:《日本国宪法的法理》,有信堂 1957 年版,第 127、128 页。

产,还必须接受相关规定的限制。① 由此可见,虽然《日本国宪法》没有直接对信教自由进行限制,但实际上宗教活动是有界限的,实践及理论界公认的界限是禁止滥用自由、尊重公共福祉、遵守法律,这些构成宗教活动概括而抽象的界限。

(2) 谨慎限制信教自由,确保限制的合理性

总之,信教自由与其他人权一样也是有一定限度的,并非绝对,当信仰以积极的或消极的方式表现于外部时,如果损害了其他主体的权利与利益的,就需要对信教自由进行限制,即维护公共利益。由于"公共利益""社会福祉"等内涵模糊、不确定,极易导致侵犯信教自由的后果。所以,在对信教自由进行限制时,不能机械地将公共利益凌驾于信教自由之上,应当秉持最大谨慎的态度严格审查公共利益,以确定因限制信教自由而获得的公共利益和信徒因此而丧失的信仰利益,孰轻孰重,根据法律对两种利益保护的立法目的、重要性、限制的程度等因素比较考虑,最终决定对信教自由的限制是否合理。此外,就信教自由的历史沿革、权利本质来看,也应当比其他基本人权得到更大的尊重,对其限制也应当秉持最大谨慎的原则。

透过前述判例可以看出,法院做出限制或不限制信教自由的判定非常困难,大部分纠纷经过二审甚至三审,往往上下级法院针对同一事实会做出不同的判决结果。而且,法院在判决书中都会将判决理由阐释得非常详细,法理依据、法律依据、事实依据陈述得很透彻,可见,法院在审理与信教自由有关的纠纷时非常谨慎,尽量保护个人与宗教团体的信教自由的基本人权。只有在宗教活动确实影响了公共利益或其他利益,超出了社会所能容忍的限度时,才会做出限制信教自由的决定。例如在"基督教徒星期日参观事件"中,个人的宗教集会活动自由与公立学校的公共教育发生冲突,法院基于公共教育对宗教的中立、平等原则,认为只要学校的教学安排对宗教活动的影响不超出合理的范围,学生及家长就应当遵守。反之,如果信教行为没有超出社会所能容忍的限度,公共利益或其他权益就应当退而居次。在"牧会活动事件"中,法院认为宗教活动具有社会公共福祉性,当与国家的利益发生冲突时,只要宗教行为"不明显超越保障的界限,国家就应当提供最大限度的保护,国家在行使保护自己法益的权力时,应当自我抑制、宽容以待,不能断言国家权力通常优于私人的基本人权"。在"拒绝输血事件""因信教自由离婚事件""公司解雇事件"等私法领域中,法院根据限制私法自治的法理,将宪法上的信教自由间接适用于私人关系之中,作为一项人格权,与对方的权益(婚

---

① 井手成三:《信教自由及其界限》,载《爱知学院大学论丛·法学研究》1958 年创刊号,第 116 页。

姻家庭关系中的权益、劳动关系中的权益等）相比较，只要行为人的信教行为没有超出社会所能容忍的必要限度，就应当给予尊重。

此外，法院在权衡信教自由的利益与社会公共利益或其他权益的优劣时，并非机械、简单地比较，而是综合考量各种要素：个人的精神需要、手段方法的适当性、是否遵守宪法规定、是否符合科学和习惯上的各项条件、是否超出适当的范围等，根据这些因素比较检讨法益的均衡性、行为的紧急性以及补充性等，最终作出具体的、综合的判断。

总而言之，当信教自由是人的内心领域的权利时，必须受到绝对的保护，即具有绝对自由的性质。与此相对，宗教行为自由、结社自由等权利的行使结果，可能会与第三人的自由权相冲突，因而需要在两者之间进行调整。通过本文中的典型判例可以看出，即使在这种情况下，从精神自由绝对优先的角度出发，也应当最大限度地尊重信教自由，对信教自由的制约应当仅限于依据权利性质可以进行制约的情况，并且还必须基于合理的目的，采取合理的方式进行最小程度的限制。

（二）政教分离的理想状态与现实状况

政教分离原则在宗教法理论界与实务界有非常多的争议，很多问题目前仍然在讨论之中。透过前面的论述可以看出，虽然围绕政教分离的争议不断，但法院在处理相关纠纷的过程中，基本形成了比较一致的解决思路。

1. 政教分离的理想是国家与宗教的完全分离

在津地镇祭判决中，最高法院认为日本在明治维新以后，国家与神道密切结合，产生了各种各样的社会危害，因而对信教自由进行无条件的保护。日本是一个各种宗教多元发展、并存的社会，单纯规定无条件地保障信教自由是无法充分实现信教自由的，为了防止国家与任何宗教的结合，必须设置政教分离的规定。就此点而言，宪法在设置政教分离的规定时，是以国家与宗教的完全分离为理想，确保国家的非宗教性乃至宗教的中立性。[①] 从宪法的相关条款可以看出，政教分离原则虽然是一项抽象的原则，但是又包含有四项具体的内容：(1) 禁止国家赋予宗教团体特权；(2) 禁止宗教团体行使政治上的权力；(3) 禁止国家及其机关从事宗教活动；(4) 禁止国家向任何宗教团体支付报酬、补助等。

---

① 最高裁判所大法庭 1977 年 7 月 13 日判决，《最高裁判所民事判例集》31 卷 4 号，第 533 页。

2. 现实中国家与宗教有一定的关联

就立法层面而言,试图从以上4个方面确保国家与宗教的分离。然而,由于社会现象种类繁多、错综复杂,国家与宗教的完全分离在现实中不太可能实现。正因为如此,为了避免因政教完全分离而导致社会生活中不合理的事态的发生,在贯彻政教分离原则时,应当根据具体情况参照社会、文化等各种条件,承认国家与宗教有某种程度的关系。以此为前提,参照确保信教自由的根本目的,判断国家与宗教之间的关系的必要限度,禁止超出一定限度的关系。由此而确立了司法实践中的"目的效果基准",作为处理政教分离纠纷的判断标准,即从行为的目的和效果出发,判断是否具有宗教性。由此可见,司法实务对政教分离的态度是原则上承认国家与宗教之间有一定的关系,例外情况下禁止。然而,理论界则认为政教分离除了有确保信教自由的目的之外,还有防止宗教堕落、宗教教义影响政治领域等目的。① 因此,仅以确保信教自由的目的为标准,衡量国家与宗教之间的关系是否超越了必要的限度,有失偏颇。并且,国家与宗教之间的关系在何种情形下不得超过何种限度的判断也存在一定的困难。虽然对司法实践的处理方式存在不少反对意见,但是国家与宗教的关系在诸多领域都有表现。例如,援助设有宗教教育的私立学校、向被认定为文化财产的神社和寺院的建筑物提供维护补助金、举办监狱里的宗教教化活动等,一般观点认为这些行为不违反政教分离原则。

(三) 圣俗分离原则对宗教团体自治权的保障

宗教团体做为自治团体,有排除他人干涉、自己决定宗教活动的权利。宗教团体的自治权是信仰自由的核心要素,从集体的角度体现了宗教自由人权的本质,尊重宗教团体的自治与尊重个人的宗教自由同等重要。宗教团体的自治权一旦受到侵犯,必然会危及信仰自由的人权,所以国家立法、行政、司法不得无端干预宗教团体的自治,应当为宗教团体自治权的实现提供充分的制度保障。同时,宗教团体自治与其他自由一样,也不是绝对的。国家有责任维护社会公共秩序、社会福利,为了防止宗教团体滥用自治权损害内部成员及其他社会主体的权益,国家可以对宗教团体的自治加以限制,以维护社会生活的正常与和平发展。基于这样的思路,日本根据本国的宗教特点,形成了一套保障和限制宗教团体自治权的法律体系与理论体系。从前文的

---

① 安西文雄:《政教分离与最高法院判例展望》,载《JURIST》1399号,第56页。

叙述可以清楚地看出,日本宗教立法和司法实践围绕圣俗分离理念对宗教团体自治权的保护具有以下两个特色:

1. 以圣俗分离为基础的全面保障宗教团体自治权的法律体系

首先,通过《宪法》和《宗教法人法》,确立了宗教团体的自治权。根据宪法保障宗教活动自由和政教分离原则,《宗教法人法》第1条第2款、第85条明确规定宗教团体对宗教组织的运营拥有自治权。为了保障宗教团体实现自治权,《宗教法人法》赋予符合法定条件的宗教团体以法人资格。宗教法人根据《宗教法人法》的规定,以宣扬教义、举行仪式、教育培养信徒等为目的而进行宗教活动时,需要保持教义和仪式的统一性,这需要团体内部教职人员、信徒等成员的承诺与支持,所以应当尊重其在必要的合理限度内保持教义和仪式统一性的做法,即自治性。

其次,确立了行政管理与司法审查的界限。根据圣俗分离的理念,将复杂的宗教团体事务分为宗教事务与世俗事务,分别由不同的规范加以调整,即约束世俗事项的"章程"和调整宗教事务的"教宪、宗宪"。前者是宗教法人法的调整对象,接受行政主管机关的认证,具有自治法特性的同时,与国家法(世俗法)相关,因解释和适用产生的纠纷,法院有最终的裁判权。而规范宗教事务的"教宪、宗宪"即所谓的狭义的宗教法,其解释及适用由该宗教团体自行决定,这一领域的纷争的解决应当尊重宗教团体的自治权。虽然宗教法人与其他民事法人一样有团体自治规则,但与民法上的其他法人不同,从最大限度尊重宗教活动自由的角度出发,行政主管机关应当尽量减少干预,不能像民法法人的行政管理机关一样,行使一般的监督权、调查权,仅享有《宗教法人法》规定的个别权限。此外,通过"慈照寺事件""板曼荼罗事件"等大量司法判例确认了司法审查的界限:原则上,宗教教义的解释、信仰的价值、宗教地位有无(教祖、教主、住持等)的判断等问题,不属于"法律上的争讼",法院没有司法审查权。

2. 以公序良俗标准防止宗教团体滥用自治权

宗教团体为了保障团体活动能够顺利进行,从确保成员一体性的角度出发,可以对成员的活动发出指示、命令、变更或停止其活动,成员对此有服从的义务,否则将被处以除名等处分。对成员的这一统治权是宗教团体作为团体有序活动的本质。① 当宗教团体行使自治权,实施种种处分行为时,从保

---

① 东京地方裁判所1994年4月13日判决,《判例时报》1312号,第104页。

障信教自由、圣俗分离的角度,原则上应当作为宗教团体内部问题加以对待,不允许司法权的介入,不能作为司法审查的对象。但是,从前述的"本门寺事件""近松别院事件"的判决结果可以看出,当宗教团体的自治行为不涉及宗教教义的解释、信仰的价值、宗教地位的有无等问题时,国家可以介入宗教团体的自治。尤其是宗教团体内部惩戒的效力问题,因宗教团体内部的惩戒处分而遭受不利益者提出救济请求时,在特殊情况下可以由司法介入。宗教团体的内部惩戒形式一般有剥夺资格、名誉等,类似于除名等处分会对被处分者的社会生活产生重大影响,此时的内部处分就成为司法审查的对象。即使惩戒行为成为司法审查的对象,也仅限于惩戒行为违反了公序良俗以及存在滥用等情形,如前述"近松别院事件"中确立的司法审查标准。

(四) 政教分离、圣俗分离与信教自由的关系

一般认为,《宗教法人法》是根据圣俗分离原则制定的,仅规范宗教法人的世俗领域的事务,而该原则源于宪法中的政教分离原则。然而,圣俗分离与政教分离的关系却非常模糊。政教分离原则适用于与国家有关的事项,国家可以干预宗教法人的"俗"的活动领域(世俗层面),但是不能介入"圣"的领域(宗教层面)。与此相对,司法实务以"目的效果基准"判断是否违反政教分离原则,与圣俗分离原则没有直接关系。依据"目的效果基准"原则,并不禁止国家与宗教的所有关系,只有当国家的宗教行为的目的、效果超过了必要限度时才会被禁止。由此可见,在司法实务中,并不严格区别宗教层面的事项和非宗教层面的事项。这是司法实务对政教分离原则的理解,与圣俗分离原则有很大的差异性。

此外,虽然《宗教法人法》是在圣俗分离原则的基础上成立的,但宗教法人的活动实际上能否严格区别为"圣"与"俗",存在很大疑问。如果无法清晰地区别,那么国家对宗教法人的世俗层面的干预行为将被视为介入了宗教领域,按照政教分离原则,这样的干预是禁止的。在这种情况下,圣俗分离的原则将无法发挥作用。

可见,圣俗分离与政教分离的关系在理论上是清晰的,但是在实际适用中因具体情况的复杂而难以清晰界定。不过无论怎样,二者都是信教自由精神的具体反映与实现,从众多的与圣俗分离和政教分离相关的判例中也可以看出,法院在处理此类案件时,最终都会归结于是否违背了信教自由的精神。

第三章　宗教法人的公益性

宗教法人在从事宗教活动的同时，也开展道德教育、慈善、社会教育等公益活动。根据"代偿理论"的观点，如果宗教团体不向社会提供这些公益服务，国家就必须以税收负担这部分支出，这意味着宗教团体减轻了国家的负担，因而应当享受税收优惠。不过有观点认为代偿理论中有不合理之处：宗教的公益性意味着国家应当提供由宗教团体提供的服务，但是，宪法禁止国家从事宗教活动。之所以会产生这样的问题，关键在于公益的内涵与判断标准不清晰。所以，有学者从宗教的本质出发解释了宗教的公益性：宗教能够安稳人心、安定社会，通过向人们提供多元的价值观而维持社会的多元化、多样性[1]。宗教的这一社会价值被多数观点接受，成为宗教具有公益性的重要理由。

一、宗教与公益的关系

日本理论界从宗教的本质及社会机能出发，从两个方面论述了宗教的公益性。[2]

（一）宗教具有维持、统和社会的功能

宗教是向人类传输世界观的最古老的文化。人类具有强烈的自我意识，一直在探寻"为了什么而生存"和"如何生活"的问题，如果失去了生活方向，将无法顺利地生存于世。正因为人类具有这样的性格，所以必然会努力探求能够指导人幸福生活的世界观。宗教向人类揭示世界秩序，阐明人类生存的意义，传输以善恶为中心的价值观，提供顺利生存的规范。宗教不需要被体系化和语言化，而是一种自我存在的感觉与情感，所以，宗教与语言一样成为社会、文化的形成基础，向人们提供一种思考模式，支撑起社会的中心价值观，发挥维持社会稳定的作用。

---

[1] 田近肇：《宗教的公益性和宪法》，佐藤幸治先生古稀纪念《国民主权与法的支配权（下卷）》，成文堂 2008 年版，第 352—354 页。
[2] 洗健：《宗教与公益》，载《宗教法》2011 年第 30 卷，第 53—61 页。

宗教向人们解释人生旅途中困难、烦恼、痛苦产生的原因,教授解决问题的对策。例如,佛教宣扬大慈大悲的精神,大乘佛教者践行菩萨道,实施各种有利于他人的行为。基督教则倡导神的爱的思想,实践博爱的理念。宗教在对人类的精神困苦施以救济的同时,也从事慈善、福利、教育等公益活动。佛教、基督教等宗教团体都从事广泛的公益活动。目前国家所实施的公益政策即源自宗教的公益活动。

但是,宗教组织从事公益活动并不是宗教的根本目的。针对人类所面临的困难,公益活动改变的只是外部原因,而宗教的根本目的在于通过改变人的内心,帮助人类解脱烦恼。宗教对医学上不能救治的病人施以救济,阐明得病的原因,使病人接受对治的方法,并明白事情的本质。通过这样的救赎,即使无法治愈身体的疾病,也能抚平病人心中的不安,消除其大部分烦恼。可见,宗教实施救赎与治疗活动的本质在于,通过改变人的内心世界,帮助人们解脱烦恼。所以,通过改变外部条件对人施以救济的公益活动,仅是宗教根本救赎活动中的副产品而已。

(二) 宗教具有挑战、变革社会的机能

各类宗教均是在宗教者的体验的基础上而形成的,这些体验不同于世俗社会的日常体验。所以,初期的宗教往往被视为脱离社会常识的、危险的异端。虽然不为当时的社会所接受,但是却向世俗社会揭示了一种新的生活方式和价值观,对既存社会提出了挑战,推动社会变革。这往往被视为宗教的反社会性。例如,在原始佛教中,修行者以解脱、涅槃为目标而出家修行。释迦摩尼佛舍弃妻儿出家修道的行为,在当时可能被认为是违反社会常理的。实际上即使在现在的印度,这样的修行者也并不少见。一般社会观念认为,不结婚、放弃生产活动,会使社会面临崩溃的危险。此外,佛教所倡导的平等思想在现代社会是理所当然的理念,但是,在实施种姓制度的印度社会,这种思想无异于鼓动人们扰乱社会秩序。又如,继承犹太教的一神信仰、禁止偶像礼拜的基督教,在以皇帝崇拜为国家统治基础的古罗马,被认为是破坏社会秩序的宗教而受到严厉的镇压。同样,在由天皇统治的近代日本也有类似经历,基督教虽然获得认可,但依然被认为与国体不相称,会受到监控。总之,佛教、犹太教、基督教、伊斯兰教在发展过程中,因其宗教思想与世俗权威、权力的冲突而推动了人类社会文化思想的发展。

此外,现代社会以个人尊严为中心的社会观念,在中世纪的欧洲社会被视为异端思想,个人主义在当时的欧洲受到强烈排斥。当时的基督教社会是一个非常牢固而又紧密的有机体,强调"全体的善"优先,普通教徒不能与神

直接交流,神通过教皇传达意旨,是一种"教会之外无救赎"的全体主义的社会。这种状况从马丁·路德的宗教改革开始发生变化。路德主张只依靠信仰而拯救人,否定教皇存在的意义。信仰是人精神世界的东西,因而个人应当有机会与神直接交流,这种主张中蕴含有个人中心的思想。但是,一般观点认为路德及当时的宗教改革领袖人物不具有这种个人主义的自觉。宗教改革时期,最早主张个人主义的是再洗礼派。洗礼是基督教的皈依仪式,接受洗礼之前夭折的人将得不到救赎,所以天主教徒和几乎所有的新教徒都在出生后不久举行婴儿洗礼仪式。与此相对应,如果按照路德的"只依靠信仰拯救"的主张,那么接受洗礼也应当依据本人的信仰进行,所以应当实施"成人洗礼"。当时,由于人们在婴儿时就已经接受过一次洗礼,所以主张二次洗礼的被称为"再洗礼派"。

以现代的观点来看,很难理解成人洗礼具有危险性,但是这一主张在当时却被视为是非常危险的思想,天主教徒、新教徒受到武力攻击,被迫逃往东欧。之所以被认为是危险的,是因为他们的主张中被认为含有个人主义的思想。按照当时的观点,如果个人随便提出各自的主张,社会就会解体,所以个人主义被视为是危险的异端思想。从他们的主张中可以看到信教自由、政教分离的思想萌芽。历史走过一百多年之后,这种主张被自然法思想、个人尊严的哲学所继承,成为近代民主主义的发端。

由此可见,宗教所具有的挑战既存社会、变革社会的机能,从特定社会时代的世俗价值观来看,既可以说是公益的,也可以说是反社会的,其对人类历史发展的贡献,只有在之后的历史发展中才能够进行客观评价。当然,不是所有的宗教对人类历史都做出过同样的贡献。在宗教史上,也曾存在过很多宗教对后世没有任何贡献的宗教或教派。宗教对社会是否具有积极的价值,往往在当时的社会情势下很难作出客观的评判。

二、宗教法人是公益法人

(一) 宗教法人是《民法》上的公益法人

宗教团体依据《宗教法人法》第 2 条的规定,能够取得法人资格,成为宗教法人。实际上《宗教法人法》(1951 年)制定之前,《民法》(1898 年)就已经规定了公益法人:以不特定多数人的利益为目的的社团、财团,经主管大臣的许可,可以取得法人资格。通常观点认为,《民法》赋予公益团体法人人格有两个目的:一是社会中除了营利法人之外,还存在具有很强公益性的社会组织,为了保障这些组织能够顺利开展活动,需要赋予它们法人人格;另一方面,通过适当的监督,防止这些组织滥用法人人格危害社会。①《民法》第34条对公益法人做了一般规定,公益法人是"与祭祀、宗教、慈善、学术、技艺及其他公益有关的社团或财团,不以营利为目的"。宗教具有安定人心、发展精神文化的作用,宗教团体与每一个国民的生活有着密不可分的关系,《民法》第34条也将宗教列为公益的范畴,所以宗教法人是公益法人。② 此外,因为宗教活动对国民有着非常重要的意义,同时又必须最大限度地尊重宪法上的信教自由、政教分离原则,保障宗教团体自由从事活动,所以,在《民法》第34条的一般规定之外,又制定了《宗教法人法》,特别设置了宗教法人制度。

日本于2006年改革公益法人制度,颁布了与一般公益法人有关的统一立法③。《民法》也在同一年做了相应修改,第33条第2款规定,以学术、技艺、慈善、祭祀、宗教及其他公益为目的的法人……依本法及其他法律的规定而成立。该条基本承袭了旧《民法》第34条的精神。日本的公益法人分一般公益法人和特别法上的公益法人,宗教法人与学校法人、医疗法人、社会福祉法人等属特别法上的公益法人。2006年的公益法人制度改革,仅涉及一般公益法人,宗教法人等特别法上的公益法人不在改革之列。

(二) 宗教法人适用《民法》的问题

1. 宗教团体能否依《民法》规定取得法人资格

关于宗教团体能否依《民法》规定取得法人资格的问题,曾经有过激烈的争论。肯定的观点认为,2006年《民法》修改前的第34条规定:"祭祀、宗教、慈善、学术、技艺及其他公益社团或财团,不以营利为目的者,可以经主管行政机关许可,成为法人。"而且,1951年《宗教法人法》施行时,《民法实施法》第28条被废止,该条规定:"民法中有关法人的规定,暂时不适用神社、寺院、祠宇及佛堂。"所以,从《民法施行法》第28条被废止来看,宗教团体根据民法的规定,可以成为民法上的法人。④ 反对观点则认为,应当尊重宗教团体的目的、组织、机能等特点,制定与宗教团体相适应的特殊立法,遵循法律体系纯一化的理念,以宗教活动为主要目的的团体必须依据《宗教法人法》才能取

---

① 1995年12月1日,参议院宗教法人等特别委员会、法务省政府委员会答辩。
② 同上。
③ 涉及的法律有《关于一般社团法人及一般财团法人的法律》《关于公益社团法人及公益财团法人认定等法律》以及与这两部法律相关的其他法律的完善立法。
④ 篠原义雄:《宗教法人法的解说》,中央法规出版社1951年版,45页。

得法人资格。① 也有学者认为:"《宗教法人法》第 2 条中界定的宗教团体,只能依据该法才能成为法人。护持会、维持会、奉赞会等能够依据(旧)《民法》第 34 条的规定成为社团或财团法人,但宗教团体不能成为民法法人。"②

　　有学者从宗教行政机关职权范围的角度,详细论述了对该问题的观点。宗教事务本来由内务省主管,1913 年 6 月变更为文部省,并设立宗教局,但是该机构没有许可宗教团体设立民法法人的职权。1898 年《民法》第 34 条规定,与祭祀、宗教有关的财团或社团,不以营利为目的者,可以经主管机关许可成为法人。并且,旧《民法施行法》第 19 条规定,《民法》施行前就拥有独立财产的社团或财团,具有《民法》第 34 条列举的目的者,视为法人。第 28 条规定,民法中有关法人的规定,暂时不适用神社、寺院、祠宇。从这些规定可以推论出,神社、寺院、祠宇不能成为《民法》法人,除此之外的宗教团体,例如神道和佛教的教会所、基督教的教会、教派、宗派等能够成为民法法人。但是,如果允许这种情况存在,就会在两类不同的宗教团体之间产生不公平的结果,所以,主管机关文部省不向宗教团体颁发民法法人的许可。对于这一解释,依然存在诸多疑问:第一,神道、佛教的教会所是否达到了独立权利义务主体的程度;第二,基督教在民法施行之际,还没有被正式承认;第三,教派、宗派等与神社、寺院是不同的概念,它们是否能够取得法人资格,属于个别的政策判断问题。③

　　关于主管机关无权许可宗教团体依《民法》设立法人的理由,以及旧《民法施行法》第 28 条的立法宗旨,一般的解释是:神社、寺院等本来就是具有法人人格的独立主体,有自己独立的组织、宗风,所以没有归入《民法》的社团法人或《民法》法人中的任何一类,而是打算由《民法》特别法调整。1898 年日本《民法》施行后不久,议会就开始着手制定宗教法律,草案经过多次修订,最后出台《宗教团体法》,后又被《宗教法人令》代替,目前施行的是在前二者基础上修改制定的《宗教法人法》(1951 年),该法依据宗教团体的特点,赋予其法人人格。这几次宗教立法,是在整理、总结自明治初期以来的布告、布达、省令、训令等三百个文件的基础上,汇总为一部宗教法规,明确了宗教团体的法人性。神社、寺院等宗教团体,以大殿、本堂等礼拜设施为物的要素,以神职、宗教教师、僧侣、崇拜者、檀徒等为人的要素,通过两者的结合实现法人的目的。由于宗教团体具有这种特殊的性质和组织形式,所以不属于民法上的社团法人或财团法人的类型。但是,因《民法》第 34 条规定了以"祭祀、宗教

---

① 井上惠行:《宗教法人法的基础研究》,第一书房 1972 版,401 页。
② 宗教法人法令研究会:《宗教法人法的解说与运用》,第一法规 1974 年版,第 6 页。
③ 渡部蓊:《逐条解说宗教法人法》,行政出版公司 2009 版,第 70 页。

为目的的法人",所以,宗教团体似乎也可以成为民法法人。不过,从宗教立法的经过、宗教团体的本质来看,只能依据宗教法人制度赋予其法人资格。由于宗教法人与民法法人在设立、监督等方面有很大差异,如果宗教团体能够依据民法成为民法法人,那么就有可能产生如何平等对待宗教团体的问题。还有,既然可以依据《民法》取得法人资格,那么《宗教法人法》就失去了存在的价值①。

2. 宗教法人的特殊之处

从前述通说的观点来看,宗教团体不能依照《民法》规定取得法人资格。不但如此,在其他具体制度的适用方面,宗教管理实务和司法实务也认为二者存在差异,明确了宗教法人作为社会团体的特殊之处。

例如,1963 年 1 月 23 日,宗教行政管理机关在回答有关宗教法人组织机关事项的质询时说:"在日本法律制度中,一般认为依据《宗教法人法》设立的宗教法人,既不是《民法》上的社团法人,也不是财团法人,而是兼具二者要素的特殊法人。在社团法人中,社员总会是最高的决议机关,但在宗教法中,总会不具有最高决议机关的性质。即使宗教法人章程赋予总会有决定法人事务的最高权限,总会做出的意思决定也必须经责任役员决定才能生效。"

再如,代表议员是宗教法人的对外代表机构。《宗教法人法》第 21 条规定,当代表役员与宗教法人的利益相反时,应当选任临时代表役员。第 12 条第 1 款规定临时代表役员的选任是宗教法人章程的必要记载事项。如果依据宗教法人章程无法选任临时代表役员时,不能依据《民法》第 57 条规定选任特别代理人。这是因为《民法》中的法人规定与《宗教法人法》的相关规定不是一般法与特别法的关系,当依据《宗教法人法》及依该法制定的宗教法人章程无法选任临时代表议员时,不能当然适用《民法》第 57 条的规定。宗教法人临时代表役员的选任,应当尊重各宗教法人的自主性,尽量抑制国家机关的干预,即使暂时依据宗教法人章程难以选任临时代表役员,也不能单纯以利益相反关系为由,主张适用或准用《民法》的规定,请求法院予以选定。在这种情况下,应当尽量考虑前述规定的宗旨,依据该宗教团体的习惯自主解决。②

从宗教团体取得法人资格的法律依据,以及其他具体事项的法律适用可以看出,宗教法人虽属日本《民法》规定的公益法人的范畴,但是,由于宗教法人目的的特殊性,涉及信教自由的基本人权的实现,而且此类法人兼具社团

---

① 渡部蓊:《逐条解说宗教法人法》,行政出版公司 2009 版,71 页。
② 高松高等裁判所 1988 年 4 月 27 日判决,《判例时报》1293 号,第 98 页。

法人和财团法人的双重属性,所以不能简单地套用"一般法"与"特别法"的适用规则,应依据宗教团体的特殊性具体分析。

三、小　　结

虽然宗教团体的公益的内容比较模糊,判断标准也难以清晰地界定,但是日本主流观点依然从宗教的本质与机能出发,阐述了宗教能够安抚个人内心、维持社会稳定、推动思想文化进步重要作用,说明宗教对社会具有积极的价值,据此主张宗教具有公益性。相应地,《民法》也将宗教法人作为一类民事主体而归入公益法人的范畴,并且在税收法上给予免税优惠。由于宗教法人在宗教目的、组织机构等方面,与其他公益法人有明显的区别,所以制定《宗教法人法》对其进行特别调整,以区别于民法上的其他公益法人。

第四章 宗教法人的设立

就宪法层面而言,任何宗教团体进行宗教活动时,均受信教自由原则的保护。然而,宗教团体作为一类社会组织从事实践活动时,既可能以法人组织的形式从事宗教活动,也可能表现为非法人组织。相关立法对非法人的宗教团体没有特别规定,但是宗教团体要以法人的身份开展宗教活动,就必须符合《宗教法人法》规定的实质要件和形式要件。由此可见,《宪法》上的宗教团体与《宗教法人法》上的宗教团体存在广义与狭义的不同:前者是从信教自由的立场出发,以布教、礼拜等宗教活动为目的的广义的宗教团体,后者则是狭义层面上的符合法定具体条件的宗教团体。

一、宗教法人的成立

(一) 实 质 要 件

《宗教法人法》第 4 条规定,宗教法人是根据本法成为法人的宗教团体。可见,"宗教团体性"是宗教法人的必要条件,只要某一社会组织具备宗教团体的要件,就有可能成为《宗教法人法》上的宗教法人。换言之,具备了宗教团体的要件,同时也就具备了成为宗教法人的实质要件。《宗教法人法》第 2 条对宗教团体进行了界定:"宗教团体是以宣扬宗教教义、举行宗教仪式及教化培育信众为主要目的的下列团体:(1) 拥有礼拜设施的神社、寺院、教会、修道院以及与此相类似的团体。(2) 包括了前项所列团体的教派、宗派、教团、教会、修道会、司教区①以及与此相类似的团体。"具体而言,宗教团体包括两类:(1) 拥有礼拜设施的神社、寺院和教会等(单位宗教团体);(2) 包括

---

① (1) 单位宗教团体中的教会,不同于包括宗教团体中的教会,前者是被称为教会堂的以礼拜设施为中心的物和人的综合团体,后者是将前者作为构成要素的具有组织一体性的包括宗教团体。(2) 关于"教派、宗派、教团、教会、修道会、司教区"的含义。"教派"指的是教派神道的包括宗教团体(例如神道教派 13 派)。"宗派"是佛教的各宗各派。"教团"是基督教、佛教、神道及其他包括宗教团体。"教会"指的也是与基督教有关的包括宗教团体。"修道会"是与天主教有关的进行修道生活的团体的总称。"司教区"是天主教教会组织的教区。

单位宗教团体的教派、教团等(包括宗教团体)。从立法规定来看,能够成为宗教法人的只有这两类宗教团体,没有第三类的中间团体。之所以这样划分,其理由是各个宗教团体在组织、机能以及活动的地域范围等方面存在现实差异。① 有学者认为,这种分类虽然避免了法律关系的复杂化,但是并不符合实践情况。②

从《宗教法人法》第 2 条的规定可以看出,无论是单位宗教团体还是包括宗教团体,必须同时具备三个要件:宣扬宗教教义、举行宗教仪式、教化培养信众。此外,每一类宗教团体还必须具备各自的其他要件:单位宗教团体须有礼拜设施,包括宗教团体须有包括关系。

1. 宗教团体须宣扬宗教教义

(1) 宗教的含义。虽然《宗教法人法》在宗教团体的定义中使用了"宗教"的概念,但却没有给出明确的定义。之所以不对宗教进行定义,是因为宗教是一种复杂的社会现象,难以在法律上界定其外延。③ 日本社会中的宗教类型繁多,如果由国家等公权机关对宗教进行明确的界定,可能会导致不符合该定义的宗教被排除在外,与符合该定义的宗教团体相比,其活动会受到抑制,这不符合信教自由、宗教平等的理念。

除此之外,立法没有定义宗教的另一个重要原因是,宗教学领域也没有给宗教一个统一的界定。根据文部省的调查,有关宗教定义的观点有 104 例④,数量非常多,大多数是哲学学者、宗教学者提出的观点。这些观点大致可以划分为 3 类⑤:第一类是以神的观念为中心来定义宗教。例如,宗教是神和人的关系。第二类是在神圣感、清净感、畏惧感等情绪经验的基础上定义宗教。第三类是以最终解决人的问题为中心来定义宗教。例如,宗教是明确人类生活的终极意义,最终解决人类问题和以人们的信仰行为为中心的文化现象。不过,这一信仰行为很多时候伴有神的观念和神圣性。

哲学和宗教学领域对宗教的界定启发了宗教法界,理论和司法实务都对宗教的含义进行了解释。有学者认为:"所谓宗教,就客观层面而言,是神与人的结合;从主观层面而言,是人类的信仰。"⑥这个定义并没有明确神的概念,如果将神界定为基督教中那样的神,那么那些没有确立神的宗教,例如佛

---

① 篠原义雄:《宗教法人法的解说》,中央法规 1951 年版,第 31 页。
② 渡部蓊:《逐条解说宗教法人法》,行政出版 2009 年版,第 49 页。
③ 篠原义雄:《宗教法人法的解说》,中央法规 1951 年版,第 29 页。
④ 文部省调查局宗务课:《宗教定义的诸问题》,1961 年版。
⑤ 岸本英夫:《宗教学》,大明堂 1961 年版,第 13 页。
⑥ 大宫莊策:《宗教法研究》,八千代 1974 年版,第 136 页。

教,就会被排除在定义的范围之外,这种界定明显是不合理的。也有学者认为:"所谓宗教,指的是确信存在超越人间世界的终极绝对者,并对这一绝对者的崇拜感情依照一定的方法进行实践。"①这一学说比前一观点中的宗教范围更为广泛,但是,是否包含了所有的宗教现象,也有继续探讨的余地。

司法实践中也有对宗教进行界定的判例。名古屋高等法院在一则判例中认为,即使用一句话来概括宗教的含义,也会有很多种定义,因此对其进行定义是非常困难的。《宪法》第 20 条规定了信教自由、政教分离原则,宗教的范围与该条款的规定多少有些差异……根据该条的立法宗旨及目的,应当尽量对宗教进行广义解释。所以,如果要对宗教进行定义,那么《宪法》上的宗教指的是确信、畏惧、崇拜超自然、超人类本质的存在(即绝对者、造物主、至高存在等神、佛、灵)的心情和行为,不论是个人的宗教还是集体的宗教,或者,不论是自然产生的宗教还是创立的宗教,均包含在内。所以,不应当对其进行限定解释,认为宗教仅包括个人的宗教,或是以特定的教祖、教义、教典、教义的宣传、信众的教育为目的而成立的宗教。

此外,为了更清晰地解释宗教的含义,名古屋高等法院还特别区别了宗教与习俗,解释了习俗的意义(采用民俗学上的通说,即三代说)以及宗教习俗化的现象。这里所谓的习俗,指的是具有纵向的世俗传承性、带有很强的规范性及拘束性的共同体的传统意识的表现,即生活模式以及支撑这一生活模式的思维模式,一般指的是具有普遍性的民间日常生活。习俗在民俗学上被称为民俗,应当区别于单纯的风俗、风习。并且,习俗至少是经过三代以上在民间传承的定型化的惯行,是不受国家干涉的行为。宗教仪式的社会风俗化现象在日本比较常见,日本的农耕活动中有一个明显的现实情况:农耕仪式中的宗教因素随着时代的推移,逐渐淡化、消失,最终成为农村传统的仪式而习俗化。另外,本来是起源于宗教的仪式,例如正月门松、撒豆驱邪、圣诞节等的宗教意义已经非常淡化,广泛地流传于民间而几乎不带有任何宗教意义的行为,现在一般将这些行为视为习俗仪式和季节仪式。……由此可见,习俗并不是固定的,而是随着时代和环境的推移而不断变化的现象。褪去了宗教意义和色彩的习俗仪式当然与政教分离原则没有关系。还有,宗教行为与习俗行为的区别标准有三:该行为的主持者是否是宗教家;该行为的仪式程序是否是宗教界规定的;该行为是否具有普遍性。②

(2) 宗教教义的含义。关于宗教教义的含义,有学者解释为:"教义是某

---

① 渡边一雄:《宗教法人法例解》,第一法规 1978 年版,第 11 页。
② 名古屋高等裁判所 1971 年 5 月 14 日判决,《行政事件裁判例集》22 卷 5 号,第 680 页。

一宗教、宗派（教派）在成立之时的教说、信仰理念的体系化,一般以神观、信条、戒律等为内容,但不必采取教典、经典等形式。"① 另有学者解释为:"宗教教义,是某一宗教成立的基本理念,通常含有神的概念、信条、戒律等种种要素,并且大多数要素是以所谓教典的形式汇集。《宗教法人法》并没有规定宗教教义与教典之间必须具有关联性,所以教典并非界定宗教教义的必然要素,教理的体系性也不是必要条件。只要有信仰、信条、皈依的对象,并且与神德、神观等相结合,现实中存在超越人类的对象就足够了。所以,虽然关于宗教教义的解释各种各样,但最终应当从宗教团体自身出发,做广义的理解。"② 总之,"教义"指的是某一宗教信仰的基本理念、信条的体系,是宗教团体进行宗教活动的根本,不必采取教典的形式。

2. 宗教团体须举行宗教仪式

仪式活动是宗教团体组织的对内宗教活动,是向礼拜对象进行祈祷、感恩的仪式。因社会生活方式的严肃性不同和活动规模的大小不同,宗教仪式也随之有所差异。但是,法律不对仪式的具体形式加以区别,均视为宗教仪式。

3. 宗教团体须教化培养信众

教化培养信众是宗教团体强化组织的团结、提高信众的信仰心的基本宗教活动。教化培养的方法只要不违反公序良俗和法律规定,就不受任何干涉。此处的信众应作广义解释,除了宫司、住持、司祭和牧师等圣职者外,还包括氏子、檀徒、信徒和崇拜者等③。（详见本章"宗教法人的成员"的内容）

因宗教团体的传统与特色各异,所以,上述三个要件在不同的宗教团体中侧重点也有所相同,不能等同对待,应当尽量综合加以判断。④

4. 单位宗教法人必须拥有礼拜设施,包括宗教法人必须包括2个以上的单位宗教法人

如前所述,日本的宗教法人依组织形式的不同,可以划分为单位宗教团体和包括宗教团体两类。不同类型的宗教团体的法律成立要件不同。

---

① 渡部蓊:《逐条解说宗教法人法》,行政出版2009年版,第47页。
② 篠原义雄:《宗教法人法的解说》,中央法规1951年版,第32页。文化厅文化部宗务课宗教法人令研究会:《宗教法人法的解说和运用》,第一法规1974年版,第2页。
③ 同上书,第3页。
④ 篠原义雄:《宗教法人法的解说》,中央法规1951年版,第31页。井上惠行:《宗教法人法的基础研究》,第一书房1972年版,第314页。

(1) 神社、寺院、教会、修道院等单位宗教团体,须有礼拜设施。

此处的"礼拜设施"不但包括神社的本殿、拜殿,寺院的本堂、佛堂和教会的会堂、圣堂、天主堂等,还包括安置或表征信仰对象的必要设施、进行礼拜的必要设施,而不考虑这些设施的形态、规模如何。

(2) 教派、宗派、教团、教会、修道会、司教区等包括宗教团体中,须有包括与被包括关系。

有学者认为包括关系有两层含义:一是将神社、寺院、教会等单位宗教团体作为组织体的构成部分;二是在这些单位宗教团体的组合、从属、所属关系中,具有统一、总括作用的宗教团体。[1] 还有学者将包括宗教团体解释为"将具有共同目的的复数单位宗教团体作为构成要素的统一组织体"[2],包括宗教团体中的包括与被包括的关系,不是控制与被控制的关系,也不是命令监督与被命令监督的关系[3]。作为构成要素的单位宗教团体的教义是统一的。

由于历史原因,日本宗教界的不同宗教团体之间,具有控制、协作、援助关系的情况比较多见。例如,佛教界有总本山与末寺之间的本末关系、本支关系、法类关系和组寺关系等。这些都是宗教界的等级、相互扶助等宗教组织上的关系,仅是历史事实上的关系而已,是与法律关系不同的个别概念。[4] 所以,《宗教法人法》不区别总本山和末寺,原则上作为单位教团对待。换言之,不会因为总本山统领着几十乃至几百个寺庙,就必然是法律上的包括宗教团体。这意味着,总本山可能仅是宗派的一个构成分子。

(二) 形 式 要 件

除了具备作为宗教团体的实质要件之外,某一宗教团体要成为宗教法人,还必须满足一定的形式要件。概括而言,设立发起人应当召开会议,对以下事项作出决议:决定设立宗教法人;制定宗教法人章程;决定章程认证的申请人;选任设立时代表役员和责任役员;获得包括宗教团体的承认(仅限于设立被包括关系的情况)。除此之外,还必须履行法定程序,例如公告、申请、认证和登记等。履行各类法定程序时,必须提交宗教法人章程,可见,宗教法人章程在诸形式要件中,处于核心位置。本部分主要介绍宗教法人章程的相关法律规定,公告、申请登记等法定程序在其他章节中有详细介绍。

---

[1] 篠原义雄:《宗教法人法的解说》,中央法规1951年版,第35页。
[2] 井上惠行:《宗教法人法的基础研究》,第一书房1972年版,第316、317页。
[3] 东京地方裁判所1973年1月17日判决,《判例时报》695号,第21页。
[4] 京都地方裁判所1950年8月17日判决,《下级裁判所民事判例集》1卷8号,第1288页。

1. 宗教法人章程

宗教法人章程是宗教法人管理运营世俗事务的最高规范和根本规范,是宗教团体的自律性规定,涉及宗教法人的组织及运营事项,属于法人的内部法规,仅对宗教法人的成员具有约束力,不对第三人产生任何效力[①]。宗教法人在制定章程时,应当避免因内容之间的矛盾及不明确而产生纠纷,至于以何种方式避免纠纷的产生,由宗教法人自行决定,可以采取简单的方式,也可以采取详细而具体的方式。

宗教法人章程不同于宗教团体的教宪(宗宪)。教宪(宗宪)是规范宗教团体的宗教行为的规则。宗教法人可以自由地制定教宪,法律对其没有特别限制。法人章程规范的对象是宗教团体世俗面上的行为,例如目的、名称、办事机构所在地、被包括关系、组织机构、财产处分等。所以,教宪和法人章程是宗教团体在不同领域的规范,原则上不会发生冲突矛盾。如果二者的内容中涉及世俗面的规定有冲突,一般按照法人章程优先的原则处理,但法人章程必须经过主管行政机关认证,才具有约束力。[②] 宗教法人章程的内容中包括必要记载事项和任意记载事项。

(1) 必要记载事项。《宗教法人法》第 12 条明确列举了应当记载的事项,即必要记载事项,其中任何一项欠缺的,宗教法人章程无效,将导致宗教法人的设立无效、认证无效。

第一,目的。宗教法人章程中应当明确记载宗教法人的目的。《宗教法人法》第 10 条规定,宗教法人在目的范围之内享有权利能力和行为能力。为了明确宗教法人的权利能力和行为能力,有必要结合宗教团体的传统、宗风等记载宗教法人的主要目的。

第二,名称。原则上,只要不违反法律的禁用性规定,宗教法人可以自由选择使用何种名称。由于名称是宗教法人的外在表现,所以宗教法人使用的名称通常要与其实际情况相符。实践中,包括宗教法人的名称中,佛教一般使用"宗",神道(神道神社除外)使用"教",其他宗教使用"教团""教会"。单位宗教法人的名称中,佛教使用"寺""院",神社神道使用"神社",其他宗教使用"教会"。宗教法人的名称具有区别于其他宗教法人及社会主体的功能,是宗教法人的外部表征,所以应当避免使用使人误认为其他宗教法人或团体的名称。[③] 同时,宗教法人对自己的名称拥有名称权,有权禁止其他社会主体

[①] 鹿儿岛地方裁判所 1954 年 11 月 30 日判决,《行政事件裁判例集》5 卷 11 号,第 2816 页。
[②] 京都地方裁判所 1978 年 12 月 14 日判决,《判例时报》920 号,第 208 页。
[③] 松江地方裁判所 1976 年 7 月 20 日判决,《判例时报》847 号,第 81 页。

擅自使用与自己名称相同或类似的名称。①

第三，办事机构所在地。办事机构是宗教法人执行世俗业务的场所，通常是社务所、寺务所等，是确定裁判管辖、行政管辖及其他法律关系的标准。当办事机构有数个时，应当确定主要办事机构与附属办事机构相区别，主要办事机构和附属办事机构的住所均应记载于法人章程中。办事机构的所在地与礼拜设施的所在地既可以是同一的，也可以是不同的。当二者一致时，礼拜设施所在地就不需要记载了。

第四，被包括宗教法人。如果宗教团体包含其他宗教法人的，应当记载其名称以及宗教法人、非宗教法人的区别。

第五，代表役员、责任役员等。章程中应当记载宗教团体的管理人员的相关信息，例如代表役员、责任役员、职务代行者、临时代表役员及临时责任役员的称呼、任职资格、任免事项；代表役员的任期与权限事项；责任役员的人数、任期、职务权限事项；职务代行者的职务权限事项。

宗教法人必须设置代表役员和责任役员，作为法人的执行机关和决议机关。《宗教法人法》第18条第1款规定，责任役员的人数为3人以上。宗教法人可以根据自身的规模、历史沿革等因素，设立适当人数的责任役员，但必须在法人章程中记载确定的人数。

宗教法人可以在法人章程中赋予代表役员、责任役员一定的称呼，例如馆长、会长等。宗教法人章程可以规定由住持等拥有宗教职务者担任代表役员，也可以规定由宗教法人的特定机关同意或推荐代表役员等。《宗教法人法》第18条第2款规定，宗教法人章程没有特别规定的，由责任役员互相选任。

如果宗教法人章程中没有规定解任役员的相关事项，事后往往会因此而产生纠纷。所以，虽然役员的解任事项不是必要记载事项，但是有必要成为宗教法人章程的重要内容之一。宗教法人可以在章程中规定役员的任期。

第六，决议、咨询、监查及其他机关。宗教法人在代表役员、责任役员等机关之外，还设立决议、咨询、监查和其他组织机关的，应当记载此类机关的权限、成员、人数、任期等事项。这些机关均为任意机关，由宗教团体根据自身情况自由决定设置与否。这些任意机关的名称因宗教团体的不同而有所差异，例如，决议机关有总代、宗议会、总会等，咨询机关有宗务顾问会、参与会等。此外，为了保证宗教团体的财务管理行为符合法律规定，还可以设置监事、监查会、会计监查院等监查机构。为了维持宗教法人的正常活动秩序，

---

① 东京地方裁判所1988年11月11日判决，《判例时报》1297号，第81页。

也可以设置审查会、监正局、惩戒委员会及审问院之类的审查机关。

第七，公益事业及其他事业。从事公益事业及公益事业以外的其他事业时，应当记载该事业的种类、管理运营等事项，如果从事公益事业之外的事业时，收益的处分方法等事项也应记载。

宗教法人可以从事公益事业，以及不违反法人目的的公益事业之外的其他事业，如果宗教法人确实从事这些事业，就应当在法人章程中具体记载，例如，幼儿园、停车场的经营等，而不是概括、抽象地记为诸如教育事业、福利事业、营利事业等。从事收益性事业的，必须承担纳税义务，应当与公益事业分别管理，分别记载。

第八，关于财务的事项。基本财产、宝物及其他财产的设定、管理、处分、预算、决算和会计等财务事项，简称为财务事项。文部省认为这些事项是宗教法人章程中的必要记载事项。①

宗教法人的财产是宗教活动的物质基础，必须进行适当管理，区别各类财产的不同性质与作用，分别设定及管理。基本财产是宗教法人从事业务、维持运营的基础，宝物通常是该宗教团体的祖师或开创者的遗物、字画等，在该宗教团体的起源、发展沿革及信仰方面，具有非常重要的地位；基本财产和宝物之外的是普通财产。

第九，宗教法人章程的变更事项。宗教法人章程是宗教团体管理运营中的基本规范，一旦制定，就应当保持一定的稳定性，不得随意变动。宗教法人的实际运营情况应当与章程中的记载相一致。如果实际情况发生了变化，确实需要变更的，应当遵循一定的程序。宗教法人章程中应当记载章程变更的程序。

第十，解散的事项。解散的事由、清算人的选任和剩余财产的归属等事项。

第十一，公告的方法。宗教法人实施合并、解散、财产处分及被包括关系的设定与废止等重大行为时，应当采取使信众及其他利害关系人知悉的适当的方法，公告周知。

第十二，相互规定。第五项至第十一项规定的事项，如果是制约其他宗教团体或者是受其他宗教团体制约的规定时，那么相关的制约规定应当在双方的章程中明确记载。该规定的立法目的是限制教派、宗派和教团等对单位宗教法人的控制，保障单位宗教法人的自主性。例如，应当由包括宗教法人的代表役员任命被包括宗教法人的代表役员、同意其财产处分、章程变更等，

---

① 文部科学省 2005 年 5 月 16 日裁决。

有类似这种制约被包括宗教团体的事项时,应当在两者的法人章程中明确记载,仅在包括宗教团体的章程中记载的,不发生对抗被包括宗教法人的效力。

关于"互相规定"的立法目的,判例认为:"宗教法人在信教自由原则下,拥有独立自主性,不应当制约其他宗教法人或被其他宗教法人制约。鉴于此,为了在双方之间建立这种制约和被制约的关系,就应当在各自的宗教法人章程中做出相应规定。"① 有学者认为,宗教法人因其所属的宗教团体的历史、传统等因素,往往与所属宗教团体之间形成控制与被控制及协作支援的关系。这一现象非常普遍,并且也被社会所接受。但是,由于宗教法人具有独立的法律人格,应当相互尊重,一般不允许相互控制与被控制。所以,有必要在法律层面上明确规定这种控制与被控制的关系,只要相关的宗教法人章程中没有规定相互之间存在控制关系,各自就不受任何约束。② 换言之,宗教层面上的控制与被控制关系虽然被社会普遍认可,但是,要使这种控制关系成为法律上的关系而具有法律约束力,就必须在相关宗教法人的章程中明确记载。

(2) 任意记载事项。必要记载事项之外的任意记载事项由宗教法人自行决定,但不能违反公序良俗、法律的强制规定及宗教法人的本质。任意记载事项的规定在《宗教法人法》的许多条款中有所反映,例如,第 18 条中的宗教法人事务的决定,第 23 条的财产处分公告,第 34 条的合并程序和第 50 条的剩余财产的处分等。任意事项一旦被记入章程,就与必要记载事项有同等的效力,变更时也应当遵守必要的变更程序。

2. 宗教法人的设立公告

《宗教法人法》第 12 条 3 款规定,提出宗教法人章程认证申请之前至少 1 个月,应当向信众及利害关系人公布宗教法人章程方案的要旨。

3. 宗教法人章程的认证申请

《宗教法人法》第 13 条规定,宗教法人章程中规定的宗教法人的代表人,应当向主管行政机关提出认证申请,提交认证申请书及其他法定文件。

4. 主管行政机关的认证

《宗教法人法》第 14 条规定,主管行政机关应当审查申请者提交的各类文件,符合法定条件的,做出认证决定,向申请人交付认证书、经过认证的宗

---

① 东京高等裁判所 1964 年 3 月 30 日判决,《东高民时报》15 卷 3 号,第 65 页。
② 篠原义雄:《宗教法人法的解说》,中央法规 1951 年版,第 61 页。

教法人章程及其副本。

5. 宗教法人的设立登记

《宗教法人法》第 52 条规定,收到宗教法人章程认证书之日起 2 周之内,向主要办事机构所在地的登记机关申请登记。第 15 条规定,宗教法人因登记而成立。仅有主管行政机关的认证,宗教法人不能成立。

二、宗教法人的财产

(一) 近现代宗教法人财产制度的历史沿革

1. 宗教团体财产的国有化

到明治时期为止,神社、寺院均拥有大量的土地。明治政府认为神社、寺院的领域属于公有领域,所以,在"明治四年太正官布告四号"中规定,除为了祭礼、法事所必要的境内地之外,其余的均返还政府,被称为"上知"或"上地"。随后,明治政府又发布"明治六年太正官布告二七二号",据此修改了众多法令,根据《地租改正条例》等法令,区分土地官有、民有时,除有私有证明的之外,其余均编入官有土地。明治政府从保护神社、寺院的立场出发,又将"上地"无偿借给他们使用,但是,寺院方面一直呼吁返还土地。

2. 宗教团体财产的返还

1939 年制定了《宗教团体法》,同时又制定了《关于无偿借贷给社寺等的国有财产处分的法律》。这些法律开启了以转让方式处理国有财产的大门,为将寺院等占有的国有财产转让给寺院奠定了基础。

"二战"之后,由于采取了严格的政教分离政策,以及要求修改法律运动的影响,1945 年 4 月修订通过了《关于无偿借贷给社寺等的国有财产处分的法律》,还修改了 1939 年的相关立法。根据规定,该法施行后 1 年之内,如果有人提出申请,那么在上知、地租改革时被国有化的土地中,对宗教活动必要的部分,可以无偿转让,除此之外的超出宗教团体目的范围使用的土地,按照时价受让或有偿租借。关于地方政府所有的财产,1945 年 4 月 2 日内务省、文部省通知地方官员,参照国有财产的处理方式进行处理。

1946 年 2 月,修改了《宗教法人令》,以前的有关神社关系的法令被废止,为伊势神宫、靖国神社等大约 101000 家神社成为法人奠定了立法基础。1946 年 4 月,日本公布"宪法草案",明确了信教自由和政教分离的原则,规定公款以及其他国家财产不得为宗教组织或团体使用、提供方便和维持活动之用,也不得供不属于公家的慈善、教育或博爱事业支出或利用。

神社、寺院领域范围内的树林中,曾经有相当一部分被编入国有林,由农林省管辖,但是却以非常有利的条件委托给神社、寺院管理,收入几乎全部归神社、寺院所有。同样,该制度随着《日本国宪法》的颁行,也失去了合法存续的理由而被废止,参照境内地的处理方式,通过无偿转让等方式进行处理。当然,这些改革措施当时并不适用于靖国神社、招魂社等军国主义神社,直到1951年才解除对这些军国主义神社的限制。

3. "国有财产返还宗教团体"的合宪性问题

《关于无偿借贷给社寺等的国有财产处分的法律》中规定:"将寺院等境内的国有土地无偿或以时价的半价转让给该寺院等。"而1946年的"宪法草案"则规定,公款以及其他国家财产,不得为宗教组织或团体使用、提供方便和维持活动之用,也不得供不属于公家的慈善、教育或博爱事业支出或利用。针对前者的规定是否合宪的问题,曾经有过激烈的争论。最高法院和地方法院均认定其不违反《宪法》,理由是:"新《宪法》施行之前,就曾采取措施将明治初年政府从寺院无偿取得的财产返还给寺院,所以,从相关立法沿革的角度来看,不能认为国有财产的处理措施违反宪法规定。"①

此外,在国有财产处理中,针对《关于无偿借贷给社寺等的国有财产处分的法律》中"神社、寺院等举行宗教活动所必要的财产"的规定,司法实践的解释是:"不仅仅是宗教活动上必要的、不可或缺的,而是包含更广范围内的为了实现固有宗教目的而使用的土地及定着物。"②可见,司法判例将符合该法规定的对象财产进行了扩大解释。

4. 农地的特殊处理措施

战后,虽然日本政府采取措施推进农地解放,但是相关措施当时并不适用于寺院等宗教团体的农地。并且,农林省③和文部省宗务课④于1945年分别发出《关于收购社寺教会等宗教团体所有的农地的通知》,两份通知的内容基本一致:神社、寺院等宗教团体所有的农地,不区分自耕地和租耕地,原则上由政府收购。政府收购的农地中,区别两种情况进行处理:一是由神职、僧

---

① 最高裁判所大法庭1958年12月24日判决,《最高裁判所民事判例集》12卷16号,第2452页。
② 名古屋高等裁判所1967年7月19日判决,《判例时报》488号,第22页。
③ 1947年11月26日《22农政2470号都道府县知事宛农林次官通告》。
④ 1947年12月10日《官宗12号宗派教团主管者、都道府县宗教主管部长宛宗务课长通告》。

侣、牧师租种的土地，如果这些人作为自耕农，希望成为致力于农业生产者，就将农地出售给这些人；如果不希望成为致力于农业生产者，就按照《自耕农创设特别措施法》处理，但不能马上剥夺这些人的耕作权。二是宗教团体的自耕地，根据粮食情况，宗教团体维持经营所必需的农地，暂时租赁给宗教团体使用。此外，神社、寺院所有的神选田、佛供田也是上述两份通知的收购对象，不过实际上并没有征收，因为神选田、佛供田是神社、寺院当时运营主要业务必不可少的条件。

（二）宗教法人财产的范围

《宗教法人法》在不同的条款中，分别规定了宗教团体所有的财产：礼拜设施、境内建筑物、境内地、基本财产和宝物。

1. 礼拜设施

根据《宗教法人法》第 2 条 1 款规定，具备礼拜设施是宗教团体的要件之一，这里的"礼拜设施"一般认为是安置或表征信仰对象，以及为了举行仪式、礼拜而必要的宗教活动中心设施、场所①；或者，为了实现宗教团体的主要目的而专用的客观存在的建筑物、土地。② 关于"礼拜设施"这一术语，法案起草者有如下解释："由于宗教的共同性是以礼拜为中心，因而使用了'礼拜'这一术语，如果宗教团体有专门为礼拜活动而使用的设施，就将这种设施称为'礼拜设施'……使用'礼拜设施'的术语，在宗教界一般会被理解为宗教团体的中心建筑物。"③

宗教活动的中心设施、场所的名称因宗教团体的不同而有所差异，例如神社的本殿（拜殿）、寺院的大殿（佛堂）和教会的天主堂（会堂）等。礼拜设施中，大多时候安置神体、佛像和十字架等礼拜对象，当然也有不安置礼拜对象的宗教，所以，礼拜对象并不是礼拜设施的必要条件。④ 基于临时目的或者为了实现多种目的而设置的礼拜设施，有学者认为不是这里所说的礼拜设施。⑤ 但是，也有学者持相反意见，认为没有必要排除临时设施。⑥ 此外，对

---

① 渡部蓊：《逐条解说宗教法人法》，行政出版 2009 年版，第 26 页。
② 篠原义雄：《宗教法人法的解说》，中央法规 1951 年版，第 27 页。礼拜设施是"为了实现宗教团体的主要目的而专用的客观存在的建筑物、土地"，这里强调是专用及与此相类似的使用形态。
③ 1951 年 3 月 14 日众议院文部委员会政府委员答辩。
④ 文化厅文化部宗务课宗教法人令研究会：《宗教法人法的解说和运用》，第一法规 1974 年版，第 3 页。
⑤ 篠原义雄：《宗教法人法的解说》，中央法规 1951 年版，第 27 页。
⑥ 渡部蓊：《逐条解说宗教法人法》，行政出版 2009 年版，第 27 页。

于宗教设施是否必须具备信众能够自由出入的公开性的问题,有不同的意见。一种观点认为,在考虑宗教团体的传统、教义的特殊性等因素的前提之下,礼拜设施应当具有公开性。① 但是,也有观点认为,礼拜设施需要具备公开性的条件过于严苛,可能会影响宗教活动。② 后一种观点被普遍接受,即某种设施不论是否公开,只要在性质上是用作礼拜的,均属于这里的"礼拜设施"。还有,单位宗教团体对礼拜设施不一定必须拥有所有权,有地上权、租赁权等权利均可。③

由于礼拜设施是宗教团体的存续要件,所以根据《宗教法人法》第 81 条的规定,礼拜设施的灭失就成为法院解散宗教团体的事由之一;根据第 83 条的规定,禁止查封扣押登记的礼拜设施。

2. 境内建筑物、境内地

境内建筑物、境内地的含义比礼拜设施更为广泛。《宗教法人法》第 3 条对境内建筑物、境内地进行了定义。境内建筑物、境内地是决定宗教法人存续的重要物质因素,在财产管理和赋税方面也有非常重要的意义,立法明确了境内建筑物和境内地的性质与范围。判断某一财产是否属于境内建筑物、境内地时,应当遵循两个标准:

第一,某项财产是实现宗教法人主要目的的必要条件。所谓"主要目的",指的是《宗教法人法》第 2 条规定的"宣扬宗教教义、举行宗教仪式、教化培育信众"。有学者对此做出了解释:宣扬宗教教义、举行宗教仪式是宗教团体之所以成为宗教团体的根本活动,这些是宗教团体的第一目的。宗教团体中,除了基于基本目的的活动之外,还从事公益事业及公益事业之外的其他事业,与宗教团体所谓的基本特性相比,这些只是因附随目的而从事的各种活动。所以,鉴于宗教团体也存在附随目的这一现象,在《宗教法人法》中将第一目的规定为"主要目的",使宗教团体的目的明确化。实践中,常常存在具备宗教团体形式的社会组织,这些组织实际上脱离宗教团体的主要目的,或将主要目的变为从属目的而将营利、收益作为主要目的。《宗教法人法》旨在赋予实际举行宗教活动的、真正的宗教团体法人资格,从纯理论的角度和宗教界的一般期望来看,将营利、收益作为主要目的的宗教团体,或将宗教目

---

① 井上惠行:《宗教法人法的基础研究》,第一书房 1972 年版,第 316 页。
② 渡部蓊:《逐条解说宗教法人法》,行政出版 2009 年版,第 27 页。
③ 井上惠行:《宗教法人法的基础研究》,第一书房 1972 年版,第 315、316 页。文化厅文化部宗务课宗教法人令研究会:《宗教法人法的解说和运用》,第一法规 1974 年版,第 3 页。

的作为附随目的的宗教团体不是《宗教法人法》的规范对象。①

第二，某项财产对该宗教法人而言，是固有的财产，即固有性要件。所谓固有，指的是宗教团体本来具有的意思，对实现宗教团体的宗教目的是必不可少的。所以，境内建筑物、境内地并不意味着必须是该宗教法人所有的财产，借用的土地建筑物也可以②。由此可见，判断宗教法人使用的建筑物、土地是否属于《宗教法人法》第3条规定的境内建筑物、境内地时，不从主观的、形式的角度进行判断，而是从社会通常观念出发，进行客观的、实质的判断。③ 换言之，第3条所列举的财产中，有的属于宗教团体，有的属于住持个人或其他人所有，究竟哪一类财产是境内建筑物、境内地，应当具体情况具体判断。

(1) 境内建筑物。境内建筑物的范围包括下述为了实现《宗教法人法》第2条规定的主要目的而必要的固有建筑物及工作物：本殿、拜殿、本堂、会堂、僧堂、僧院、信众修行所、社务所、库里、教职舍、宗务所、教务院、教团事务所及其他为了宣扬教义、举行仪式以及教化信众而使用的建筑物和工作物（包括附属建筑物和周围附属建筑物）。本殿是神道教安奉神灵的建筑；拜殿是神社中用于礼拜的前殿；本堂是寺院供奉本尊的建筑；会堂是基督教的教会堂；僧堂是佛教中用于坐禅、斋食的建筑；僧院是天主教中专门用于礼拜、修道的建筑；信徒修行所是信徒集会、加深信仰和修行的设施；教职舍通常称为牧师馆、司教馆、司祭馆等，是为了管理教会、举行宗教活动而由宗教师常住、教化信徒、自我修行的建筑；寺院的库里相当于神社的社务所；宗务所、教务院、教团事务所分别是佛教、神道教、基督教的办事机构。④

(2) 境内地。为了实现《宗教法人法》第2条规定的主要目的而必要的土地属于境内地，包括：

第一，境内建筑物和工作物附着的整块土地（包括树木、竹林及其他建筑物和工作物以外的定着物）。普通建筑物或工作物所附着的土地往往包括该建筑物或工作物周边一带的土地，因而应当从建筑物和土地相互之间一体性的关系出发，根据具体情况确定土地的范围。⑤

第二，参拜道路附着的土地。

第三，为举行宗教仪式而使用的土地（包括神选田、佛供田、修道耕牧地

---

① 篠原义雄：《宗教法人法的解说》，中央法规1951年版，第33页。1951年3月20日众议院文部委员会政府委员答辩中也表达了同样的意思。
② 1951年3月20日众议院文部委员会政府委员答辩。
③ 中根孝司：《新宗教法人法——背景及解说》，第一法规1996年版，第244页。
④ 渡部蓊：《逐条解说宗教法人法》，行政出版2009年版，第65页。
⑤ 篠原义雄：《宗教法人法的解说》，中央法规1951年版，第39页。

等)。神选田、佛供田是神社或寺院中,专门用于生产祭神、供佛用农作物的田地。① 为宫司、住持个人或家族目的而使用的土地排除在外。修道耕牧地,是天主教的修道者为了修行方便,在远离城市的地方自给自足的农耕用地②。关于墓地的性质,该条款没有明确规定。有学者认为,境内地是宗教法人为实现宗教目的的必要财产,由宗教法人按照这一特性自行设定。墓地通常是举行宗教仪式而使用的土地,可以视为境内地。③

第四,庭园、山林及其他为保持神圣庄严或景观而使用的土地。"为保持神圣……而使用的土地",指的是从宗教团体的特性出发,该建筑物、土地本身是一个宗教的中心地或保持信仰情感的土地④。

第五,与历史、古代记载等有着密切关系的土地。这类土地指的是在历史上,直接或间接与该神社、寺院有密切关系的土地。例如:降临地、教祖的修行地、布教基地等对该宗教法人而言,是宗教上、历史上的重大事件发生场所。

第六,为了防止上述所列的各类建筑物、工作物或土地免受灾害而使用的土地。

在境内建筑物、境内地中,不包括用于公益事业、营利事业的建筑物和土地,与宗教无关的陵园、共同墓地也不属于境内地的范围。但是,境内建筑物、境内地的一部分用于公益事业时,不会因为公益使用而丧失境内建筑物、境内地的性质。⑤

由此可见,即使宗教团体单方面将其使用的建筑物、土地设定为境内建筑物、境内地,也不意味着这些物就是法律上的境内建筑物和境内地。这些物要成为法律上的境内建筑物和境内地,必须是从宗教团体的特有属性出发而被通常使用的物。所以,应当根据各宗教法人的教义、宗风、传统、规模、风格等,对建筑物、土地的范围及必要性进行具体的判定。⑥ 通常由宗教法人自己决定何物是境内地、境内建筑物⑦。但是在实践中,宗教法人的判断决定可能会与其他社会主体的认知产生矛盾。例如,在处理与宗教法人有关的

---

① 文化厅文化部宗务课宗教法人令研究会:《宗教法人法的解说和运用》,第一法规1974年版,第5页。渡部蓊:《逐条解说宗教法人法》,行政出版2009年版,第65页。
② 篠原义雄:《宗教法人法的解说》,中央法规1951年版,第40页。
③ 渡部蓊:《逐条解说宗教法人法》,行政出版2009年版,第64页。
④ 1951年3月8日众议院文部委员会政府委员答辩。
⑤ 文化厅文化部宗务课宗教法人令研究会:《宗教法人法的解说和运用》,第一法规1974年版,第5页。
⑥ 篠原义雄:《宗教法人法的解说》,中央法规1951年版,第37页。
⑦ 文化厅文化部宗务课宗教法人令研究会:《宗教法人法的解说和运用》,第一法规1974年版,第5页。

不动产的征税问题时,税务机关的认定结果很可能与宗教法人的判断之间存在差异,从而产生纠纷。这类纠纷最终应当由司法机关解决。

《宗教法人法》第23、24条规定,境内建筑物、境内地的处分、担保、新增改建和用途变更等事项必须履行公告程序,违反该规定的,原则上无效。此外,第53条规定,如果宗教法人章程中对境内建筑物、境内地的处分有规定的,该规定事项应当进行登记。第84条规定,国家以及公共团体①的机关在制定、修改或废除与宗教法人有关的捐税和杂费的法令时,或者决定涉及该税收的境内建筑物、境内地及其他宗教法人的财产范围时,或者对宗教法人进行调查以及其他的根据法令规定的正当权限对宗教法人进行调查、检查和实施其他行为时,应当尊重宗教法人在宗教方面的特性及习惯,特别注意不得妨碍信教自由。

3. 基本财产

基本财产是为了维持和运营宗教法人的业务、事业的基础性财产,具体包括土地、建筑物、有价证券和存款。就理论而言,土地、建筑物应当包括境内地、境内建筑物在内的所有不动产,其外延大于境内建筑物和境内地,因为境内建筑物和境内地是宗教法人从事活动的基本而重要的财产,但实际上这里的土地、建筑物几乎和境内地、境内建筑物的范围一致。有价证券、存款(例如国债、公司债、定期存款等)具有确定性,能够作为基本财产,而投机性比较强的有价证券(例如股票),则不属于基本财产的范畴。基本财产的具体范围最终由宗教法人自己决定。通常情况下,作为事业活动基础的物质设施和能产生收益的财产处于中心地位,被宗教法人设定为基本财产,记载于财产目录中。

基本财产在宗教团体的对内和对外关系中具有重要地位,所以,《宗教法人法》第12条第1款第8项规定,基本财产的设定、管理、处分事项必须记入宗教法人章程中,属于章程的必要记载事项。并且,第52条第2款第5项规定,宗教法人设立时,应当进行基本财产的总额登记;第53条规定,基本财产变更的,应当进行变更登记。

4. 宝物

宝物是教祖或开山者的遗留物、书画及与该宗教法人的历史、信仰等有关的重要财产。基本财产主要考虑其经济价值,宝物则是以宗教上、信仰上

---

① 根据日本法令,由政府成立的、以从事一定行政为目的的公法人,包括地方政府、公共组合、营造物法人、独立行政法人。

的价值为重点。至于什么是宝物,则由该宗教法人自行判断决定。与基本财产相同,《宗教法人法》第12条第1款第8项规定,宝物的设定、处分等属于宗教法人章程的必要记载事项。宝物通常作为"特别财产"在财产目录中列出。第23条第1款第1项、第24条规定,处分宝物或以宝物提供担保的,应当履行法定的公告手续,违反该法定程序的处分行为原则上无效。

三、宗教法人的成员

在日本法律制度中,宗教法人是兼具社团法人和财团法人性质的特殊法人,除了拥有财产之外,还应当具备成员的条件。并且,《宗教法人法》第2条规定,宗教团体须以宣扬宗教教义、举行宗教仪式及教化培育信众为主要目的,所以,人(成员)也是宗教团体必不可缺的构成要素。宗教法人的成员主要包括圣职者和信众两类。

(一) 宗教法人的圣职者

1. 圣职者立法规范的演变

宗教法人的圣职者也被称为宗教教师,包括宫司、住持、司祭等。圣职者是宗教团体举行活动时的主要承担者,是宗教法人中不可或缺的人的因素。日本近现代宗教立法对圣职者的规范,随着信教自由理念的发展发生了很大的变化。

1940年颁行的《宗教团体法》规定,教派、宗派、教团的自治章程(即教规、宗制、教团章程)中必须记载宗教方面的事项。宗教事项包括教义的概要;教义的宣扬;仪式的执行;管长、教团统领者等机构的任免、职务权限;住持、教会主管者、教师等资格、名称;僧侣、信众的地位等。教规等自治章程是设立宗教团体的必要条件之一,行政主管机关审查设立条件时,理所当然要审查宗教事项的内容,而不是仅仅进行形式审查。此外,行政主管机关的权限中还有干涉宗教事务的权力,例如,取消、停止、禁止违反法规和章程的行为,限制或禁止妨碍安宁秩序和违背臣民义务的宗教活动,停止教师的业务活动等。此外,第7条第2款中的"住持"作为寺院的主管者、代表者,在举行仪式、宣扬教义等宗教事务中处于中枢地位,同时又对外代表寺院,管理运营寺院的礼拜设施和其他财产,以及总管寺院业务乃至与事业运营有关的事务。也就是说,住持拥有宗教地位和世俗地位,宗教团体的宗教上的地位、权限和世俗上的地位、权限集中于住持一身。从这一点可以看出,国家对宗教团体及其活动施行严格的监督与管理,教职人员的任免、权限、活动等宗教层面的事项均在世俗的国家立法的管辖范围之内。此点与现行《宗教法人法》有很大的差异。

1945年,在联合国的干预之下日本制定的《宗教法人令》根据信教自由的原则,要求宗教团体制定的自治章程仅记载世俗事项,教义、圣职者等宗教事务由宗教团体自行管理。

1951年颁行的现行《宗教法人法》彻底贯彻圣俗分离原则,仅规定宗教团体的世俗事务,不规范宗教事项。宗教事项属于宗教法人的自治范畴。自治规范的名称因宗教法人不同而有所差异,往往被冠以教宪、宗宪、宗制、教规、规约和规程等名称。关于宗宪等自治规范的意义,有司法判例认为:"宗宪是规定宗门信仰基础的教义、仪式、宗教团体的职能、圣者的身份、信徒地位的宗派的基本规范。"[1]所以,有关圣职者的事项不在规范世俗事项的《宗教法人法》中规定。例如,寺院住持只是举行仪式、宣扬教义等宗教活动的主持者而已,不具有寺院管理机关的组织法上的地位。换言之,寺院住持仅具有宗教上的地位。[2]

可见,日本近现代宗教立法对宗教团体的圣职人员的任免、职权等事项的态度发生了很大变化:从《宗教团体法》时代的全面规范,到《宗教法人法》的不进行规范,这一变迁过程反映了信教自由、圣俗分离等理念的确立与发展。

2. 圣职者的法律地位

(1)原则上不是司法审查的对象。圣职者仅具有宗教上的地位,不同时具有世俗法律——《宗教法人法》规定的管理者的地位。圣职者不会因为具有宗教上的地位,就当然具有代表役员、责任役员等世俗管理机构的权限。是否拥有世俗上的地位,由该宗教法人的章程决定,涉及宗教上地位的争议属于社会团体的内部纷争,法院在众多判例中坚持这一理念,认定这类纠纷应当根据法人内部自治规则解决,往往以不属于"法律上的争讼"而驳回起诉。此处例举法院的判示加以说明。

第一,某宗教组织的圣职者称"甘露台","甘露台"只是宗教上的地位而已,什么人成为甘露台是宗教上的问题,应当在宗教团体内部从信仰层面上解决,涉及宗教教义的内容,不属于法律上的争议。[3]

---

[1] 京都地方裁判所1978年12月14日判决,《判例时报》920号,第208页。
[2] 大阪高等裁判所1966年4月8日判决,《高等裁判所民事判例集》19卷3号,第226页。
[3] 大阪高等裁判所1965年7月12日判决,《高等裁判所民事判例集》18卷4号,第364页。

第二，高等法院认为："曹洞宗的寺院住持只是宗教及信仰方面的地位，即使兼有住持地位和代表役员地位，两者也是个别的、独自的，住持地位不是法律规范的对象。"①最高法院判定：单纯请求确认宗教地位的请求，欠缺确认之诉的适格要件。②

第三，教会的教师、主任教师是圣职，仅具有作为宗教活动主持者的宗教上的地位，即使主任教师兼任代表役员，两者的地位也各自独立，确认主任教师地位的诉讼欠缺确认之诉的适格条件。③

从前述判例可以看出，确认住持宗教活动的圣职者身份的纠纷不属于司法审查的对象。进一步而言，宗教团体对圣职者的处分行为，例如，限制被处分者的宗教活动，或因剥夺资格、荣誉等使其在宗教上遭受不利益时，围绕这种处分行为的效力而产生的纠纷，不属于具体的法律权利义务纠纷，不能请求法院确认该类处分行为的效力。④ 但是，代表役员、责任役员是宗教法人世俗事务的管理机关，确认其地位、权限的争议是世俗纠纷，具备法律争讼的条件，法院可以对其进行审查。

(2) 司法审查的例外。原则上，与圣职者地位有关的纠纷不是司法审查的对象，但是在特殊情况下，法院也可以一定程度地介入此类纠纷进行审查。关于法院介入此类纠纷的标准，立法没有明确规定。司法机关通过众多判例，形成了一套类型化的处理标准（参见第二章）。

第一，惩戒处分使被处分者的生活基础发生颠覆性的重大变化的，或者惩戒处分给被惩戒者的市民法上的地位带来影响的。

第二，惩戒处分的程序明显违背公平正义的，惩戒处分完全没有事实根据的，处分内容明显违背社会观念的，或者处分的内容及程序不被公序良俗认可的。

第三，圣职者地位存在与否的判断是确定其他法律关系的前提时，可以作为例外情形进行司法审查，但是，审查的内容不能涉及宗教教义的解释。换言之，作为司法审查的例外，当审查判断某一特定的人是否具有宗教法人代表役员地位，必须以该人是否拥有宗教上的地位为前提时，如果该地位的选任、剥夺不涉及宗教上的教义、信仰的，法院就可以对其进行审理判断。但是，如果既要审查选任、剥夺事实的有无，还要审查与宗教教义、信仰有关的

---

① 东京高裁判所 1976 年 4 月 28 日判决，《下级裁判所民事判例集》1—4 卷合并号，第 240 页。
② 最高裁判所 1980 年 1 月 11 日判决，《最高裁判所民事判例集》34 卷 1 号，第 1 页。
③ 大阪高等裁判所 1982 年 7 月 27 日判决，《判例时报》1062 号，第 94 页。
④ 最高裁判所 1992 年 1 月 23 日判决，《最高裁判所民事判例集》46 卷 1 号，第 1 页。

事项,法院就不能对这样的请求进行审查。①

例如,宗教法人对寺院住持施以剥夺僧籍的处罚,该住持随之丧失代表役员与责任役员的地位,丧失寺庙建筑物的占有权。寺院作为所有权人要求该住持返还占有的建筑物。被处罚者认为做出处罚的主体不具有处罚权,故处罚行为无效,并且要求确认代表役员及责任役员的地位。在确定本案处罚行为是否有效之前,必须首先判断处罚权的有无及处分理由的适当性,而这些事项的判断,必然会涉及以下事项的判断:住持的言行是否违背了宗派的教义、信仰;血脉相承的含义及存在与否;信仰的内容等。这些事项不属于"法律上的争讼",法院无权审查。② 此外,大阪地方法院在一则判例中认定,剥夺违反教义、提倡异说的住持的僧籍不构成滥用惩戒权。但在上诉审中,大阪高等法院认为宗教教义、信仰问题的争议不属于"法律上的争讼"。撤销原判决,驳回请求。日本最高法院也持相同意见。③

(二) 宗教法人的信众

1. 信众的范围

法律上没有统一界定"信众"的含义。篠原义雄认为,《宗教法人法》中的信众指的是信仰某一宗教的人,具体而言,指的是神职、僧侣、牧师、宗教教师等圣职者,还有氏子④、崇敬者⑤、檀徒、信徒⑥、教徒。信众的性质、种类、名称等因所属宗教团体的不同而多种多样,将来可能还会出现新的名称,所以只能列举特定宗教团体的信众的名称⑦。

---

① 最高裁判所 1980 年 4 月 10 日判决,《判例时报》973 号,第 85 页。最高裁判所 1989 年 9 月 8 日判决,《最高裁判所民事判例集》43 卷 9 号,第 889 页。千叶地方裁判所 1990 年 3 月 26 日判决,《判例时报》1365 号,第 105 页。
② 最高裁判所 1980 年 1 月 11 日判决,《最高裁判所民事判例集》34 卷 1 号,1 页。最高裁判所 1980 年 4 月 10 日判决,《判例时报》973 号,第 85 页。神户地方裁判所 1990 年 9 月 7 日判决,《判例时报》1385 号,第 111 页。东京高裁判所 1993 年 2 月 27 日判决,《判例 TIMES》795 号,第 249 页等。
③ 大阪地方裁判所 1984 年 9 月 28 日判决,《判例时报》1145 号,第 81 页。大阪高等裁判所 1986 年 5 月 6 日判决,《判例时报》1207 号,第 61 页。最高裁判所 1989 年 9 月 8 日判决,《最高裁判所民事判例集》43 卷 8 号,第 889 页。
④ 大阪高等裁判所 1979 年 8 月 11 日决定,《判例时报》948 号,第 64 页。氏子,指的是依据一直以来的习惯,居住在同一个氏子居住区,崇敬氏神,负有维持神社义务的人。
⑤ 与氏子居住区没有任何关系,因某些信仰的缘故,持续崇敬该地域神社的人。
⑥ 神户地方裁判所 1976 年 9 月 13 日判决,《判例时报》853 号,第 76 页。佛教寺院的檀徒指的是信仰寺院的教义,将自己的丧祭长期委托给寺院主持,负担寺院经费的人。信徒指的是信仰寺院的教义,将自己的丧葬暂时委托给寺院主持,在此限度内分担寺院经费的人。檀徒和信徒的区别标准是与寺院的密切程度。
⑦ 篠原义雄:《宗教法人法的解说》,中央法规 1951 年版,第 32 页。

《宗教法人法》上的"信众"有广义和狭义的用法。广义的信众包括氏子、檀徒、信徒、崇敬者、教徒以及圣职者(宗教教师),而狭义的信众不包括圣职者。《宗教法人法》第 2 条"教化培育信众"中的"信众"指的是广义的信众,《宗教法人法》第 12 条第 3 款、第 23 条、第 26 条第 2 款、第 34 条第 1 款、第 25 条第 3 款、第 36 条、第 44 条第 2 款规定,宗教法人的设立、章程的变更、任意解散、合并、财产处分等重要事项,应当向"信众及其他利害关系人"公告,这里的"信众"一般是指狭义的信众。

2. 信众的地位

信众的地位包括宗教上的地位和法律上的地位(世俗上的地位)两种。①

(1) 宗教上的地位。就宗教上的地位而言,信众既是宗教活动的参与者,又是护持宗教团体的主体。信众违反宗教上的各种义务时,其所属宗教团体可以依据该宗教团体的自治规范对其施以制裁或处分。信众宗教上的地位由宗教团体的内部规程加以规定,而宗教团体的内部规程不需要接受主管机关的审查,完全由宗教团体自行决定。现以部分宗教团体的教规说明信众的宗教地位。②

第一,檀徒、信徒的含义。一般而言,佛教信众分为檀徒和信徒两类。黄檗宗的檀徒是信奉宗派教义,帮助维持、经营寺院,将家族历代的丧葬法会委托给寺院,并记载于檀徒名册上的人。信徒是信奉宗派教义,帮助维持、经营寺院,将临时法会委托给寺院,并记载于信徒名册上的人③。曹洞宗的檀徒是指除了信奉曹洞宗的宗旨、归属于寺院、遵守寺院住持的教化外,因承担曹洞宗及寺院的护持责任而被记录在寺院檀徒名册上的人,或被记录在信徒名册上的人。④

第二,檀信徒的权利与义务。檀信徒当然要接受教化,可以成为檀信总代⑤;能够参与宗门的运营⑥,能够针对有关宗派·寺院的护持事项请愿、建言⑦。大多数宗教团体的檀信徒有这种权利。此外,也有不少宗教团的内部规程规定,檀徒对寺院的合并、解散、离檀、住持任免等事项可以行使同意权,有的宗教团体规定需得到檀信徒的三分之一人数同意⑧。曹洞宗规定檀徒

---

① 名古屋地方裁判所 1976 年 4 月 16 日判决,《判例时报》841 号,第 70 页。
② 高松高等裁判所 1968 年 2 月 22 日判决,《高等裁判所民事判例集》21 卷 1 号,第 67 页。
③ 《黄檗宗宗则》第 34、35 条。
④ 《曹洞宗宗宪》第 33 条。
⑤ 《真言宗灵云寺派宗制》第 76 条第 1 项。
⑥ 《真言宗本院寺门徒规程》第 5 条。
⑦ 《临济宗建长寺宗制》第 204 条。
⑧ 《真宗大谷派寺院教会条例》第 10 条。

能够参加寺院主持的檀信徒总会,针对曹洞宗大本山及各寺院的护持、宗门布教、教育、福祉事业的发展及财政的确立等,推荐出席每年定期召开的檀信徒教区集会的代表[1]。

檀信徒对宗派·寺院的义务主要有:遵守宗制[2]、致力于宗派兴隆[3]、永代护持寺院[4]及分担法会等经费等[5]。当然,对于违反义务的檀信徒通常会采取离檀的处分,使其丧失檀徒地位,例如违反教义、懈怠维持寺院、妨碍住持执行职务、违背馆长的命令等[6]。

除宗派·寺院规程之外,檀信徒与寺院之间的权利义务关系,还应当依据习惯确认。例如,檀徒可以要求寺院举行一定的仪式、利用礼拜设施以及对寺院的运营发表意见,同时具有负担寺院经费的义务。但是,通说认为该义务并不是法律上的义务[7]。

第三,檀信徒总代的权利义务。虽然是否设置总代是宗教团体的自由,但是大多数宗派·寺院均设置檀信徒总代,而且通常规定从有威望的檀信徒中推举三人以上组成总代。很多宗教团体规定了不得成为总代的限制条件:未成年人、(准)禁止产者、破产者、受到刑事处罚的人等[8]。关于总代的职责,一般规定为:代表檀信徒,致力于寺门的兴盛,辅助住持执行职务[9];同意或决定住持的任免[10];对重要财产的处分、寺院合并、解散等事项,提出意见乃至同意[11];接受寺院的咨询,成为咨询机构[12];同意责任役员的选任[13]。并且,很多宗教团体规定拥有总代地位就能够成为责任役员。

(2) 法律上的地位。 信众的范围比较广泛,与宗教团体的关系也有亲疏的不同,比如檀徒与寺院的关系比较紧密、稳定,而信徒与寺院的关系则相对松散、短暂。不论怎样,信众在宗教层面上,通常负有分担宗教团体经费的义务,同时也享有宗教上的权利。但是,宗教上的权利义务关系与信众的法律地位并没有必然的联系。信众在法律上的权利义务关系应当依据《宗教法人

---

[1] 《曹洞宗檀信徒集会规程》第1—7条。
[2] 《真言宗善通寺派规程》第199条。
[3] 《法华宗(真门流)宗宪》第36条。
[4] 《真言宗丰山派规程》第176条。
[5] 《天台真盛宗檀徒、信徒及总代规程》第46条。
[6] 《真言宗灵云寺派宗制》第75条。
[7] 板桥郁夫:《宗教判例百选》(第1版),有斐阁1972年版,第51页。大宫荘策:《宗教法研究》,八千代1974年版,第885页。
[8] 《律宗宗制》第97条第2款。
[9] 《净土宗檀信徒规程》第6条。
[10] 《高野山真言宗宗规》第124条之2之2。
[11] 《真言宗御室派宗则》第34条,《日莲宗寺院教会结社规程》第3条。
[12] 《净土宗本院寺派寺院规则》第27条。
[13] 《真言宗大谷派规则》第39条。

法》和各个宗教团体的法人章程确定。

《宗教法人法》的很多条款规定了信众的权利。《宗教法人法》第12、22、26、34、44条规定,宗教法人在处分财产、变更宗教法人章程、合并、解散时,应当向信众及利害关系人公告相关事项。未公告财产处分事项而实施处分行为的,该处分行为无效;变更章程、合并、解散时,应当向主管行政机关申请认证,如果没有履行公告义务,将不能获得主管机关的认证,从而无法办理登记;解散事项公告后,信众及利害关系人提出异议的,宗教法人应当重新检讨解散计划,做出是否继续解散的决定。从这些规定来看,檀徒等信众是宗教法人的构成成员,具有法律上的地位,围绕其法律地位而产生的纠纷属于法律纠纷。① 除寺院的檀徒以外,基督教会的教徒也被确认具有法律上的地位。② 除此之外,宗教法人章程一般也会规定信众的具体权利义务。所以,如果信众有妨碍宗教法人运营的行为或不负担会费的行为时,可以依据宗教法人章程所规定的程序对行为人施以除名等惩戒处分。③ 概而言之,涉及信众法律地位的领域主要有以下几个方面:

第一,宗教法人的财产处分。《宗教法人法》第23、24条规定,宗教法人的重大财产处分行为,应当向信众及利害关系人公告。但是,信众的意见对宗教法人的决定没有法律上的效力。所以,信众对宗教团体的财产没有直接的法律权利。从前述信众的宗教地位可以看出,虽然信众在宗教层面上应当参与宗教财产的维持与运营,但是,司法判例认为,除了法律有特别规定,或寺院章程承认信众对某些财产具有财产权之外,信众无权提起"确认财产处分无效之诉"④。

其实,早在《宗教法人令》时代的判例就已经有了类似的认定。"寺院未经檀徒全体代表的同意而出售寺院不动产的行为,虽然违反了《宗教法人令》第11条的规定,属于无效行为,但檀徒全体代表对处分行为无效之诉不享有诉讼上的利益,除非法律有特别规定,不享有请求撤销登记的权限。"⑤理由是:檀徒总代并不是寺院(宗教法人)的机关,未经其同意的财产处分行为是寺院与第三人之间的法律行为。

第二,账簿、文件的阅览请求。《宗教法人法》第25条第2款规定,宗教法人应当制作、备置宗教法人章程及认证书、役员名册、财产目录、收支预决

---

① 高松高等裁判所1963年2月22日判决,《高等裁判所民事判例集》21卷1号,第67页。
② 东京高等裁判所1993年6月29日判决,《判例时报》1500号,第171页。
③ 大阪高等裁判所1990年12月18日判决,《判例TIMES》748号,第217页。
④ 大津地方裁判所1958年1月24日判决,《下级裁判所民事判例集》9卷1号,第75页。京都地方裁判所1972年2月8日判决,《判例时报》702号,第93页。
⑤ 东京高等裁判所1954年9月9日裁决,《高等裁判所民事判例集》7卷10号,第767页。

算书、资产负债表、境内建筑物的文件、责任役员及其他机关的议事文件等。第 3 款规定,信众及其他利害关系人对前述文件、账簿的查阅有正当利益,且查阅请求没有不正当目的时,宗教法人应当允许其查阅。这一规定是 1995 年《宗教法人法》修改时增加的,其立法目的在于,通过赋予信众及利害关系人查阅请求权,提高宗教法人运营的民主性、透明性。

  1995 年《宗教法人法》修改之前,法律仅规定宗教法人有备置各种文件、账簿的义务,并没有规定信众有查阅的权利,所以,法院在处理此类纠纷时有两种截然相反的意见。例如,东京地方法院在一则判例中认为,《宗教法人法》在诸多条款中设计了公告制度。例如第 12 条第 3 款、第 26 条第 2 款、第 34 条第 1 款、第 44 条第 2 款、第 22 条规定,宗教法人在制作章程、变更法人章程、合并、解散以及处分财产时,应当向包括檀徒在内的信众及其他利害关系人公告相关事项,目的在于保障宗教法人管理运营的公开透明、民主,反映了檀徒等信众在法律上的特殊地位。基于同样的立法目的,第 25 条第 2 款规定宗教法人有置备账簿、文件的义务。与之相对应,檀徒、信徒应当享有查阅请求权,以实现宗教法人管理运营的民主化、透明化[①]。但是,东京高等法院却做出了相反的认定。《宗教法人法》及本案的寺院章程中,均没有规定信众有查阅第 25 条规定的文件、账簿的阅览权。阅览权不是结果性的权利,而是监督宗教法人执行业务、追究相关机构责任的手段性的权利。宗教法人的大多数财产来自檀徒等信众的捐赠,所以信众对宗教法人的运营并非漠不关心。宗教法人不同于追求利润的公司,而是以教化信众、举行仪式等宗教活动为目的,将管理运营业务委托给代表役员、责任役员等法人机构执行。本案的寺院章程对檀徒参与寺院的经营管理进行了限制:既不是责任役员,也不是檀徒总代的一般檀徒,不享有监督寺院执行业务及追究相关机关责任的法律上的权利,因而也就不享有手段性的账簿查阅请求权。[②]

  第三,请求确认役员地位无效及不存在的权利。役员是宗教团体的世俗事务的法定管理机关,包括代表役员和责任役员。《宗教法人法》没有明确规定信众对宗教法人的役员的权利义务问题,司法实践一般认为,有权提起代表役员地位不存在的确认之诉的主体,应当是对宗教法人的组织、管理等有一定权限的人。所以,原则上是责任役员或是檀徒、信徒的总代,其他有着类似地位的主体也可能会被认定为适格的诉讼主体。换言之,不具有类似地位

[①] 东京地方裁判所 1987 年 2 月 12 日判决,《判例时报》1227 号,88 页。
[②] 东京高等裁判所 1988 年 9 月 26 日判决,《判例时报》1293 号,96 页。

的主体,即使是信众,对宗教法人的组织管理机关也没有直接的权利义务。例如,不是檀徒总代、责任役员的一般氏子,对神社不享有如同信众一样的法律地位,氏子通过总代间接干预神社的管理与运营,不享有独自参与神社管理的权利义务。所以,对于代表役员执行职务的行为没有法律上的利益,无权请求追究代表役员的责任和停止其职务执行①。(详见"信众否认役员地位纠纷"判例)

实践中,宗教团体的世俗事务的组织机关和宗教事务的管理者往往由同一人兼任,例如寺院的代表役员兼任住持。根据通行的观点,信众对两者地位的确认具有法律上的权利。例如,寺院的檀徒信奉寺院的教义,将丧葬事项委托给寺院,负担寺院经费,与寺院之间的关系比较紧密,属于寺院的人的构成要素之一,故而檀徒对何人成为寺院住持一事具有直接利害关系,有权请求确认选任行为无效。并且,檀徒总代有协助寺院住持运营寺院的职责,在物质与精神两方面形成僧俗一体的格局,在防止寺院经营出现差错方面,比一般的檀徒有更大的利害关系。② 另外,在寺院住持兼任代表役员的情况下,其所归依的寺院的住持即代表役员是何人,就与其有着直接的利害关系,并且这一利害关系应当是法律上的利害关系,所以,檀徒在确认代表役员兼任住持选任的效力的争议中,具有法律上的利益,有权提起确认之诉。③

第四,申请法院发布解散命令。《宗教法人法》第81条规定,宗教法人符合法定事由时,法院可以根据主管行政机关、利害关系人等申请,命令解散宗教法人。这里的"利害关系人"与公告制度中的利害关系人相同,是与宗教法人的存续有利害关系的主体,该宗教法人的信众、债权人、债务人等都与宗教法人的存续有直接利害关系。④

第五,章程变更认证的效力。变更章程废止被包括关系时,会影响被包括法人的人的构成要素——檀徒的法律地位及利益,而不仅仅限于宗教上的地位和利益,所以檀徒有权对认证的效力提起诉讼。⑤

---

① 大阪高等裁判所1979年8月11日决定,《判例时报》948号,第64页。
② 东京高等裁判所1952年4月30日判决,《下级裁判所民事判例集》3卷4号,第594页。原审东京地方裁判所1950年9月16日判决,《下级裁判所民事判例集》1卷9号,第1454页。
③ 神户地方裁判所昭和51年9月13日判决,《判例时报》853号,第76页。
④ 大阪高等裁判所1963年6月10日决定,《下级裁判所民事判例集》14卷6号,第1127页。
⑤ 仙台地方裁判所1982年5月31日判决,《讼务月报》28卷12号,第2294页。

典型判例

信众否认役员地位纠纷

事由：申请人才由忠美等4人是宗教法人善光寺的信众，被申请人龟尾融照等4人是该寺的责任役员。被申请人不顾信众的反对，计划与本案的案外人广岛川崎观光会（财团法人）签订合同，转让善光寺的部分境内土地和建筑物，允许该观光会实施相关建筑行为，并且，观光会也开始铺设地基、建设本堂及参拜的道路。申请人认为被申请人不是按照善光寺的法人章程选任的责任役员，无权执行相关职务及处分寺院的土地等基本财产。被申请人则认为申请人虽然是善光寺的信众，但不是信众总代的成员，所以无权请求法院否认寺院役员的地位及停止执行职务。

判决及理由：广岛地方法院认为，信众虽然不是《宗教法人法》上的宗教法人的机关，但是宗教团体的人的构成要素。《宗教法人法》第23条、第34条第1款、第35条第3款、第44条第2款规定，对宗教法人的管理运营有重要意义的事项，应当向信众公告，并且善光寺的宗教法人章程第7条、第17条规定，责任役员中3人应当从信众总代中选任，而信众总代是从信众中选任产生的，所以信众的地位不仅仅是宗教上的事实，还是一种法律上的地位，对宗教法人的役员地位的争议，具有法律上的利害关系。① 所以，申请人具有合法的申请资格。法院经过审理后，确认被申请人中3人具有合法的役员资格，其中1人不具有役员地位，并且命令停止该人的责任役员职务。

四、宗教法人的能力

宗教团体依据《宗教法人法》第4条可以取得法人资格，成为宗教法人。第10条规定："宗教法人根据法令的规定，在规定的目的范围内拥有法人的权利，同时也要承担法人应尽的义务。"从该条的规定来看，宗教法人作为一个独立的权利主体而存在，能够以宗教法人的名义买卖、登记土地、建筑物等不动产，从事各种交易、消费借贷等行为。此外，宗教法人与圣职者、信众等构成成员各自具有独立的法律人格，以各自的财产对各自所负的债务负责。具体而言，宗教法人的圣职者、信众不能偿还其欠付的个人债务时，其债权人

---

① 广岛地方裁判所1974年4月18日判决，《判例时报》758号，第94页。

不得申请扣押宗教法人的财产；反之，宗教法人的债权人在债权不能得到满足时，也无权扣押圣职者、信众个人的财产。可见，第 10 条规定了宗教法人拥有独立的法律能力，同时又规定了宗教法人的权利能力和行为能力的范围。①

（一）权 利 能 力

宗教法人具有法人的一般权利能力，但是作为一类特殊的法人，又受到性质、法律、目的范围的限制。

1. 性质上的限制

宗教法人作为社会组织，与自然人不同，不享有基于年龄、亲属关系、身体健康、生命等而产生的权利义务，但享有姓名权、名誉权②、精神自由权③和财产权等。由于宗教团体是社会公益组织，所享有的权利也与营利性社会组织有所不同。比如在判断宗教团体之间使用类似名称是否违法的问题时，司法实务主张不但要考虑名称本身的类似性，还需要综合考虑宗教团体所在地的远近、代表人的差异、宗派的异同等因素，从社会一般人的识别能力出发，判断是否相似，而不能仅仅着眼于名称自身的类似性。（参见"宗教法人名称权纠纷"判例）

2. 目的上的限制

《宗教法人法》第 2 条规定，宗教团体是以宣扬教义、举行仪式、教化信众为主要目的团体。第 4 条规定，宗教团体依据法律规定可以成为宗教法人。第 6 条规定，宗教法人可以从事公益事业。在不违反其目的的前提下，可以从事文化、教育、福祉等社会公益事业。此项事业如果有经济收益，该收益必须用于宗教法人及社会公益事业。从《宗教法人法》第 2、6 条的规定来看，宗教法人的活动范围有主要目的和附随目的的区别。《宗教法人法》中将宗教目的规定为"主要目的"，使宗教团体的目的明确化。实践中，经常会有脱离宗教团体的主要目的，或将主要目的变为附随目的，而将营利、收益作为主要目的，看起来像宗教团体的组织。《宗教法人法》的目的在于，使实际举行宗

---

① 渡部蓊：《逐条解说宗教法人法》，行政出版 2009 年版，第 99 页。
② 东京地方裁判所 1978 年 6 月 29 日判决，《判例时报》798 号，第 132 页；东京高等裁判所 1979 年 12 月 12 日判决，《判例时报》978 号，第 130 页；东京地方裁判所 1983 年 6 月 10 日判决，《判例时报》1084 号，第 37 页；东京高等裁判所 1984 年 7 月 18 日判决，《判例时报》1128 号，第 32 页。
③ 静冈地方裁判所富士支部 1992 年 7 月 15 日决定，《判例 TIMES》796 号，第 227 页。

教活动的真正的宗教团体获得法人资格。所以,将营利、收益作为主要目的宗教团体,或将宗教目的作为附随目的的宗教团体,不是《宗教法人法》的规范对象。换言之,第2、4、6条综合限定了宗教法人的目的范围,是宗教法人可以从事的业务活动范围,也就是权利能力的范围。从这些规定可以看出,宗教法人可以从事的业务活动有以下几类:

第一类是宗教活动。宗教团体的"主要目的"是宣扬教义、举行仪式、教化培育信众,也是宗教团体的根本的、第一目的。宗教活动的目的在于解决人的生老病死、精神烦恼等问题,其所涉及的对象包罗万象。

第二类是公益事业。就一般社会观念而言,宗教团体不仅仅宣扬教义、举行仪式、教化培育信众,往往还从事难民、孤儿的救济活动,社会净化活动等公益事业、慈善事业。所以,《宗教法人法》第2条将狭义的宗教活动作为宗教团体的主要目的,在第6条第1款又规定了公益事业。宗教法人可以从事主要目的以外的,为了公共利益的,不以营利为目的的事业。

第三类是公益事业以外的事业。第6条第2款规定,为了维持、发展宗教活动,允许宗教法人从事公益事业以外的事业,所获收益应当用于:(1)该宗教法人;(2)包括该宗教法人的宗教团体;(3)该宗教团体援助的宗教法人或公益事业。《宗教法人法》第29条第1款规定,一旦宗教法人有违反该规定使用收益的情形时,主管行政机关可以命令停止活动1年,但不得命令永久停止相关事业。给宗教法人一定期限的反省机会,或者改善经营管理,或者进行重组,采取相应的措施。

公益事业以外的事业,通常包括私塾、茶道(花道、书道、音乐、舞蹈教室)、结婚仪式场所、土地或建筑物的租赁、物品的制造或销售、出版、旅馆等。某一具体的事业如何进行定性,究竟是宗教法人的宗教活动,还是公益事业或公益事业以外的事业,《宗教法人法》对此并没有明确规定,需要通过《宗教法人法》的解释加以明确。例如,以机关报、布教书的印刷、发行为主的出版业,很多时候被视为是宗教活动或公益事业,而出版其他书籍、杂志的出版业则被认为是公益事业以外的事业。有一部分宗教法人在从事宗教法人的事业之外,还组建股份公司从事出版业。1958年12月20日,调查局长针对《宗教法人法》第6条中"公益事业以外的事业"曾做过如下解释:为了方便信徒参与活动而经营的旅馆,是具有宗教活动性质的业务,所以,即使此类住宿业应当适用旅馆业法的规范,也不能因此而改变该类事业的性质,将其界定为收益事业。不过,宗教法人经营的事业中,也有某些事业根据其具体经营状况及其他情形,应当作为公益事业之外的事业对待。

宗教法人所从事的公益事业以外的事业不能违背宗教法人的目的。违反宗教法人目的的事业,通常是指妨碍宗教法人主要目的实现的事业,或者与实现主要目的的事业相矛盾的事业。例如,具有投机性的游乐行业,以及与宗教法人的本来状态相比较,规模过大或不适当的事业,以宗教的名义,让信众从事无偿劳动的事业等,均属于违反宗教法人目的的事业。①

此外,对于宗教法人将收益用于政治献金,是否违反《宗教法人法》第6条第2款的问题,政府方面持否定态度。1970年4月28日,政府针对众议院议员的质询,做出了如下答复:政党及其他政治团体的政治活动具有公共利益的性质,《宗教法人法》第6条第2款规定"用于该宗教法人援助的……公益事业",所以,为了促进该宗教法人支持的政党及其他政治团体的活动而使用收益的行为,即政治献金行为,不违反第6条第2款的规定。不过,也有反对观点。因为从政党的规模、活动的实际效果来看,很难断定政党的活动就一定是服务于公共利益的。所以,将收益直接用于政党的政治活动是违背《宗教法人法》第6条第2款的立法宗旨的。

(二) 行 为 能 力

根据法人实在说的观点,法人有团体意思,并能依据该团体意思实施行为。宗教法人与其他法人一样,权利能力范围与行为能力范围是一致的。

1. 行为的范围

如前所述,《宗教法人法》第4、6条中规定了宗教法人的事业的目的范围:宗教活动、公益事业以及不违反其目的的公益事业之外的事业。目的范围应当在宗教法人章程中记载,并接受主管行政机关的认证,办理登记。第10条规定,在宗教法人章程的目的范围之内实施的行为,对宗教法人发生权利义务关系。前述事业目的范围就是宗教法人的行为范围。当然,和这些事业目的有关的行为,也应当属于该目的范围之内,例如,提起诉讼、提出主张、提供证据等。

2. 行为主体

《宗教法人法》第18条第3款规定,宗教法人的行为通常由代表役员实施。代表役员有权代表宗教法人实施一切为了实现宗教法人目的的对内及对外行为。除此之外,代表役员发生第20条、第21条第3款、第49条规定的特殊情形时,可以由其他主体实施:代表役员因死亡等原因缺员时,则为代

---

① 文化厅文化部宗务课宗教法人令研究会:《宗教法人法的解说和运用》,第一法规1974年版,第10页。

行代表役员职务的人;与宗教法人进行利益相反交易时,则为临时代表役员;宗教法人进入清算程序的,则为清算人。责任役员、普通职员等只要宗教法人章程没有特别规定,也没有个别授权的,就不能代表宗教法人实施一定的行为。

3. 行为的形式

法律法规、宗教法人章程没有特别限制的,宗教法人代表机关的行为形式原则上不受限制,既可以是法律行为或事实行为,也可以是作为或不作为,还可以实施裁判上的行为或裁判外的行为。

代表役员在实施法律行为时,没有表明是为了宗教法人而实施该行为的,原则上属于代表役员个人的行为,只要宗教法人不追认,该行为的后果不归属于宗教法人。

代表役员的法律行为有瑕疵时,与其进行交易的对方当事人有正当理由相信代表役员是代表宗教法人从事交易的,即成立《民法》第110、112条规定的表见代理(越权的表见代理、代理权消灭后的表见代理)。此时,宗教法人即使不追认,也应当承担因该法律行为而产生的责任。根据《民法》第116条的规定,如果不构成表见代理,而是构成《民法》第113条的狭义无权代理的情形下,宗教法人追认的,在不损害第三人利益的前提下,行为的效力可以追溯到成立之时。此外,由于代表役员违反《宗教法人法》第23条的规定,未向信众及利害关系人公告而处分境内地、境内建筑物的,该处分行为无效。但是,不能向善意的、无过失的交易对方、第三人主张处分行为无效。然而,根据《民法》第119条①的规定,宗教法人的追认构成新的行为,从追认之时具有法律效力,即追认行为不具有溯及力。这种场合的追认属于处分宗教法人财产的行为,因而必须履行《宗教法人法》第23条规定的法定程序。②

(三) 责 任 能 力

1. 宗教法人对代表役员等执行职务的行为承担法人责任

《宗教法人法》第11条1款规定,代表役员及其他代表法人的主体在执行职务之际,给第三人造成损害时,宗教法人对此损害承担赔偿责任。宗教法人承担损害赔偿责任的要件如下:

---

① 《日本民法》第119条规定,无效行为即使追认,也不产生效力。但是,当事人知道该行为无效而进行追认的,视为产生新的行为。
② 1969年2月18日宗务课长针对关于《宗教法人法》的疑义的回答(44地文宗)。

(1) 代表役员及其他代表法人的主体（代替代表役员执行职务者、临时代表役员、清算人）的加害行为。

(2) 执行职务之时，给第三人造成损害。根据《宗教法人法》第11条及《民法》第44条第1款的规定，宗教法人为其代表人的行为承担责任的前提之一是，代表人的行为须在"执行职务之时"所为。判断代表机关的行为是否属于执行职务时，通说及判例采用了外观主义的理论，即认为"执行职务"须具备两个要件：该行为属于代表人的抽象职务权限范畴，以及行为的外观符合该宗教法人的目的。① 换言之，不考虑代表人的行为实质上是否属于目的范围之内，只要行为人的行为属于抽象的职权范围，并且从外观上看，在该法人目的范围之内，就构成"执行职务"。

(3) 加害者的行为具备《民法》第709条的侵权行为要件。《民法》第709条规定，故意或过失侵害他人权利或受法律保护的利益，造成损失的，行为人负有赔偿义务。

此外，当宗教法人的代表者实施目的范围之外的交易行为时，例如签订合同等，除了可以适用《宗教法人法》第11条第1款要求宗教法人承担侵权行为责任之外，也可以适用《民法》第110条表见代理的规定，认定交易行为有效。关于这两个条款的适用顺序问题，应当从重视交易安全的立场出发，认定法律关系有效，优先适用表见代理的规定；如果不构成表见代理，就依据侵权行为的规定追究宗教法人的责任。

2. 宗教法人对被使用人的行为承担使用人责任

根据《民法》第715条的规定，代表役员及其他代表人之外的被使用人在执行职务之际，给第三人造成损害的，宗教法人作为使用人，应当对此承当损害赔偿责任。之所以这样规定，是因为使用他人伴随收益的同时，也会增加发生风险的可能，使其负担因此而产生的损害，符合公平正义的理念。宗教法人承担使用者责任须具备以下四个要件：

(1) 宗教法人与被使用人之间具有使用关系。被使用人通常是与宗教法人之间具有雇佣关系的职员，也包括具有委任关系的主体。那么，在认定行为人与宗教法人之间存在雇佣关系或委任关系时，是否必须以存在雇佣合同或委任合同为前提呢？例如，宗教团体的信众是宗教法人的构成成员，与宗教法人之间不一定具有雇佣关系，因其宗教活动给第三人造成损害时，就产生了能否追究该宗教法人的使用人责任的问题。对此，有判例认定宗教法

---

① 京都地方裁判所1974年9月20日判决，《讼务月报》20卷12号，第8页。

人应当承担使用者责任。"非营利团体的宗教法人的信众给第三人造成损害时,该信众是宗教法人的被使用人,如果其加害行为是在执行宗教法人的宗教活动等业务时实施的,那么宗教法人应当按照《民法》第715条的规定承担使用者责任。因为没有排除宗教法人适用《民法》第715条规定的理由,并且也不能依据《宗教法人法》第11条的规定排除宗教法人对《民法》第715条的适用。"①

由此可见,通说和判例所谓的使用关系,指的是使用人与被使用人之间存在实质上的指挥监督关系,所以不但包括雇佣关系、委任合同关系,还包括事实上使行为人实施工作的情形。

(2) 被使用人在"执行业务之时"造成损害。此时的"业务"不考虑营利或非营利,也不管是否是持续的,还是一时的。所以,不但法律上的交易行为,而且事实行为也属于"执行业务"。在判断是否属于"执行业务之时"时,只要某一行为属于被使用者的抽象职务,以及外观上属于法人的目的范围之内就足够了。至于实质上是否在法人目的范围之内,并不是判断的依据。具体而言,被使用人的行为是否是在执行宗教法人业务之际实施的,应当从该行为的外观进行客观的观察,须满足以下两个条件:一是在该宗教法人事业范围之内;二是在被使用者的职务范围之内。在一则判例中,宗教法人的财务部长利用自己保管印章的便利,伪造票据,法院依据这两个要件,认定该宗教法人承担使用人责任。理由如下:第一,宗教法人虽是公益法人,但可以从事收益事业、实施借贷或保证行为。有证据显示该宗教法人在从事图书出版事业,并且多次向银行借贷,相关的经济行为属于前述目的范围之内。既然相关经济行为未超出目的范围,那么为了实现该目的而实施的行为,例如发行票据的行为,应当归入法人事业范围之内。第二,宗教法人的财务部长"没有签发票据的权限,但事实上一直从事制作票据的业务,从行为的外观来看,属被使用人的职务范围之内的行为。"②

(3) 被使用人的行为造成第三人损害。被使用人的行为满足《民法》第709条规定的侵权行为要件。

(4) 没有免责事由。根据《民法》第715条"但书"的规定,如果宗教法人能够证明自己对使用人的选任及其执行业务的监督尽了相当注意义务的,或者即使尽了相当注意义务仍不能避免损害发生的,可以免除责任。

---

① 福冈地方裁判所1994年5月27日判决,《判例时报》1526号,第121页。
② 东京地方裁判所1959年2月13日判决,《金融法务》202号,第224页。

宗教法人名称权纠纷[①]

案件事由：原告真宗大谷派是由本山及所属寺院、僧侣、门徒构成的宗派，是以宣扬教法、举行仪式及从事其他宗教活动为目的的包括宗教法人，其下属有寺院 8870 个、别院 52 个，为被包括宗教法人。位于京都市内的东本愿寺是独立的寺院及宗教法人，系原告的大本山。1987 年，本山与原告合并后，并未从实体上消失，依然作为原告的本山而成为本宗的信仰中心，被称为"东本愿寺"。原告及其所属寺院一直使用"真宗东本愿寺派""东本愿寺派""东本愿寺"等名称。

被告大谷光绍是原告的门首（宗教上的最高地位）的长子，曾经是门首的继任者及原告的别院东京本愿寺（被包括宗教法人）的住持兼代表役员。1979 年，东京本愿寺变更宗教法人章程，废止了与原告的被包括关系，并于 1981 年获得东京知事的认证而成为独立的寺院。对此，原告废止了与被告及其僧侣的组织上的所有关系。被告认为原告不奉行东本愿寺的教义已经很多年了，而且实施的宗本一体化的措施从宗教上消灭了作为本山的东本愿寺。1988 年，被告对外宣称继承东本愿寺的教义，在东京东本愿寺复兴传统意义上的东本愿寺，结成名为"净土真宗东本愿寺派"的宗教团体，自称"东本愿寺第二十五世法主"，制定宗宪，开展宗教活动。于是，原告提起诉讼，要求被告停止使用"东本愿寺派"的名称。

判决结果及理由：只要不违反公序良俗，自然人有自由决定姓名的权利，但是，由于构成姓名的语言的有限性，可能无法避免自己选用的姓名与他人已经存在的姓名的全部或一部分相同或相似。在这种情况下，即使造成他人的误认或混同，只要不存在给他人带来不利益的意图等特殊事由，就应当是合法行为，他人无权请求停止使用相关姓名或损害赔偿。这一基本法理也适用于法人选用名称的情形。

虽然自然人、法人有自由决定姓名或名称的权利，但为了发挥名称的识别功能，防止社会生活的混乱，尤其是在商业活动领域，为了防止不正当竞争及消费者利益受损，需要对相同或类似的名称的使用施加一定的限制。

宗教团体选用名称时，几乎与自然人一样具有高度的自由，不应当像限

[①] 东京地方裁判所 1988 年 11 月 11 日决定，《判例时报》1297 号，第 81 页；东京高等裁判所 1990 年 5 月 9 日决定，《东高民时报》41 卷 5 号，第 25 页。

制以营利为目的的公司一样,严格限制宗教团体对名称的选择。因历史原因,采用同一或类似名称的宗教团体不在少数,不但如此,名称本身还与宗教教义有着密切的关系,担负表征宗教教义任务的名称也很多。因此,赋予先使用某一名称的宗教团体以使用权,而限制后使用者使用同一名称的自由,很可能对宗教团体的宗教活动造成不当的限制。然而,如果不对宗教团体选择名称的行为进行一定的限制,就会使宗教活动的相对一方对宗教团体产生误认和混同,或者即使在宗教团体之间,也会将教义不同的其他宗教团体的行为误认为是自己团体的行为,由此而产生法律上无法忽视的混乱,因此应当尽量避免使用同一或类似的名称。

综上所述,关于宗教团体选择名称的问题,选用的名称与其他宗教团体已经使用的名称相同或类似,对社会而言,不具有识别性或很难区别这两个宗教团体时,法律应当限制后一宗教团体自由选择名称的权利。除此之外,只要后成立的宗教团体没有不当利用其他宗教团体的成果的意图,或具有使用同一或类似名称的适当理由的,原则上可以自由使用。此外,某些宗教团体同时也从事陵园、转让墓地、贩卖佛檀、佛具、出版书籍以及其他经济活动,因其他宗教团体在这些经济领域使用同一或类似名称而蒙受损失的,应当依据商标法、反不正当竞争法、侵权行为法等解决问题。不能以这些经济活动领域中存在名称使用问题,而全面禁止其他宗教团体使用相同或类似名称,因为这种做法会对宗教活动造成不适当的限制。所以,即使使用同一名称或非常类似的名称,但依据宗派、所在地、代表者等因素能够识别不同的宗教团体或不存在识别困难的,应当认定使用同一名称或类似名称不构成违法。

关于"净土真宗东本愿寺派"这一名称的使用问题。根据公知的事实和查明的事实,"东本愿寺"是原告的通称,作为宗教法人的正式名称在社会中通用,应当受到法律保护。"净土真宗"是固有名词,被告与原告属于同一"宗",所以,在"东本愿寺"之前冠以"净土真宗"时,被告结成的宗教团体就与原告的通称几乎没有差异,具有极高的相似性。就一般人而言,仅从名称上很难区别两者的宗教团体。

虽然如此,只要被告使用"净土真宗东本愿寺派"的名称没有以下应当禁止的特殊事由的,就不能认定违法。第一,"净土真宗东本愿寺派"与东京东本愿寺在同一地点,代表人是被告,与原告有明显的差异,是能够识别的。此外,根据查明的事实,原告内部存在矛盾纷争。原告是规模巨大的宗教团体,其内部的矛盾纷争是众所周知的事实,所以,不但与原告、被告有宗派关系的人,即使是多少关心宗教问题的一般人,识别二者也是没有困难的。第二,被告宣称继承东本愿寺的法统以及东本愿寺在宗教上已经形骸化。根据被告的出身、履历、身份，看不出被告有利用"净土真宗东本愿寺派"之名的借口。所以，被告结成的宗教团体使用"净土真宗东本愿寺派"的名称，就其宗教主张而言，具有宗教上的正当性。同时，也没有证据证明被告具有利用原告的社会活动成果的目的。

综上所述，没有理由禁止被告结成的宗教团体使用"净土真宗东本愿寺派"的名称。

五、小　结

《日本国宪法》第 20 条规定，对任何人的信教自由都给予保障。信教自由通常包括思想上的信教自由和行为上的信教自由两个方面，行为上的信教自由往往表现为礼拜、结社、举行仪式、教化信众等宗教活动。就理论意义而言，宗教团体属于社团组织，其财产关系可以适用民法规范。但是，宗教法人毕竟与其他社会主体不同，要经常开展宗教活动。所以，为了保障行为上信教自由的实现，《宗教法人法》及相关立法特别规定了宗教法人的成立条件，包括宗教团体性、物质基础、人的因素、自治规则的制定等实体要件和程序要件。

（一）成立宗教法人的前提条件是"宗教性"

宗教法人虽然属于社会组织，但是又不同于一般的社会组织，要获得法律的特殊保护，必须是符合《宗教法人法》第 2 条规定的以"宣扬宗教教义、举行宗教仪式、教化培养信众"为目的的社会团体，也就是其目的的宗教性，这也是宗教法人与其他法人的本质区别。宗教性的目的也为宗教团体的权利能力和行为能力划定了范围，享有宗教目的范围之内的权利能力，开展宗教活动，以及从事与宗教活动有关的公益事业和为了发展宗教活动的其他事业，在此范围之内对管理人员及雇佣人员的行为承担法律责任。

（二）确立清晰的宗教财产法律关系

1. 宗教财产制度的立法目的是保障信教自由和防止国家权力的过度干涉

《宗教法人法》第 1 条明确规定了该法的立法目的：为了确保宗教团体的财产基础而赋予其法人人格；国家权力应当尊重信教自由，禁止干涉宗教活动。信教自由很多时候是通过宗教活动实现的，而宗教活动的顺利进行必须具备一定的物质基础,并且,物质因素往往是宗教活动的重要保障之一。因此,《宗教法人法》在财产制度方面,紧紧围绕信教自由原则设计各项具体规定,防止国家在管理宗教的过程中过度干涉宗教活动。例如,赋予宗教团体法人地位,使其拥有独立的财产权,能够自由管理、处分所拥有的财产,排除包括国家在内的社会主体的非法干涉。

2. 明确的宗教财产权属关系是构筑宗教财产制度的基础

在日本宗教团体财产制度发展历史上,从明治早期到"二战"结束之前这段时期,宗教一直是国家专政的工具,国家将宗教团体的财产视为国家财产,实施国有化政策,宗教团体的独立法律地位无法确立,宗教财产关系比较模糊、混乱。"二战"之后,随着信教自由和政教分离原则的确立,宗教团体的独立法律地位得到确认。宗教团体可以依据《宗教法人法》的规定,成为宗教法人,拥有独立的财产权,能够依据独立的意思,使用、管理、运营自己的财产,排除其他社会主体,尤其是国家行政机关的干涉。为了保障宗教活动有充实的物质基础,《宗教法人法》围绕财产的管理运营建立了一系列制度。在这些规定中,财产权的归属是前提和基础。只有明确了宗教团体对财产的独立法律地位,才能发挥宗教团体管理、运营财产的积极作用,同时排除其他社会主体对宗教团体财产的侵害及其他干涉行为,保障宗教活动有稳定而坚实的物质基础。所以,明确财产的归属关系,是建立宗教财产制度的前提条件。

3. 明确的宗教财产范围是宗教活动的现实保障

《宗教法人法》使用了"礼拜设施、境内建筑物、境内地、基本财产、宝物"等概念表述宗教财产。虽然各类财产在范围上可能有所重叠,但基本上厘清了宗教财产的范围,使宗教法人财产权的范围清晰可辨,也便于立法设置各种具体的管理措施。

(三) 区别成员在法律上的地位和宗教上的地位

宗教法人被认为兼具社团法人和财团法人的性质,所以除了物质基础之外,人的因素也是不可缺少的构成要件。圣职者和信众是宗教法人的主要成员,因宗教法人从事宗教活动的特殊性,其成员的地位也就具有了"圣"与"俗"的两面性:宗教上的权利义务和法律上的权利义务。《宗教法人法》及相关法律只调整法律上的关系,宗教上的权利义务由宗教法人的内部规则规范,国家法律原则上不介入宗教上的权利义务关系。司法审查也严格遵守

"圣俗分离"的原则,不对圣职者的宗教上的地位进行确认,不参与宗教团体内部惩戒的审查。同时,由于宗教法人的财产主要来自信众的捐赠,为了使宗教团体的运营符合信众的目的,《宗教法人法》赋予信众诸多权利,如账簿查阅权、请求确认管理人员地位的权利、申请解散宗教法人的权利等。这些权利都是间接参与宗教团体监督管理的权利。

第五章　宗教法人的组织机构

为了实现宗教法人的目的,宗教团体需要管理运营所拥有的财产,参与社会活动。在实施相关行为时,宗教法人与学校、医院、学校等其他社会团体组织一样,由自然人组成的法人机关作出意思表示,并执行意思表示。《宗教法人法》仿照《公司法》的治理结构,设置了执行机关、决议机关,即代表役员、责任役员(会)。为了保证做出意思表示的行为和执行行为符合宗教法人的目的和利益,有必要对这些行为进行监督,《宗教法人法》允许宗教团体根据自身的具体情况,自由设置监督机关。相关组织机构的产生、权限、运营、解任等事项由《宗教法人法》及宗教法人章程加以规定。

一、宗教法人组织机构概述

(一) 组织机构的设置概况

《宗教法人法》的立法目的在于通过赋予宗教团体法人人格,规范法人的管理运营等世俗事务,保障宗教活动顺利进行。《宗教法人法》第18条的规定,代表役员、责任役员、代行职务者,以及其他决议、咨询、监查机关等管理运营宗教法人的事务。在这些机关中,代表役员、责任役员是法律规定必须设置的机关,其他机关是任意机关。

宗教法人应当依据《宗教法人法》第18条第1款的规定,设置3人以上的责任役员,其中1人为代表役员。第6款规定,代表役员及责任役员对宗教法人的事务的权限,不包括该役员对宗教机能的任何控制权和其他权限。从该条款的规定来看,宗教团体的世俗事务的管理者和宗教事务的负责人,并不是同一个法律概念。因此,寺院的住持等宗教团体的宗教事务的统领者,不会因为宗教上的地位而当然成为该宗教法人的代表役员、责任役员。住持等能否成为代表役员、责任役员,由该宗教法人的章程决定,所以即使是住持,也有可能不是代表役员、责任议员。① 然而在实践中,拥有宗教上地位

---

① 大阪高等裁判所1966年4月8日判决,《高等裁判所民事判例集》19卷3号,第226页。

的住持、馆长等宗教事务的圣职者,大多时候同时兼任宗教法人的代表役员。可见,很多宗教团体的组织机构在形式上并未完全实现圣俗分离。

代表役员、责任役员与宗教法人之间的法律关系,一般视为委任或准委任的关系。由宗教法人向被选任者发出任命邀约,一旦被选任者接受,就在宗教法人与役员之间成立了委任法律关系。根据任用合同的约定,为了实现宗教法人的目的,役员有权处理一定的内部及外部事务。宗教法人和役员之间的委任关系适用《民法》中委任的规定。

代表役员是宗教法人的执行机关,责任役员(会)是宗教法人的意思决定机关。换言之,一般的信众(会)并不是决议机关,原则上不参与宗教法人的管理运营活动。《宗教法人法》中的宗教法人是社团和财团的混合,而现实中的宗教法人的财团色彩比较浓厚,一般的信众不参与宗教法人的世俗事务。

(二) 组织机构的运营原则

《宗教法人法》第 18 条第 5、6 款及第 21 条规定了代表役员、责任役员处理宗教法人的世俗事务时应当遵守的一般原则。除了代表役员、责任役员等法定机构之外,如果宗教法人设置了任意机构的,任意机构也应当遵守这些一般原则。

1. 役员的善管注意义务及遵守法律的义务

《宗教法人法》第 18 条第 5 款规定,代表役员和责任役员须遵守法令、法人章程以及该宗教法人与包括该宗教法人的宗教团体协商决定的规程,并且在不违反法律、章程或者规程的基础上,充分考虑宗教方面的规约、规律、习惯及传统,规划该宗教法人的业务及事业的运营,不能将自己保护和管理的宗教法人的财产,随意用于其他目的或滥用。这一条款规定了代表役员和责任役员的善管注意义务及遵守法令的义务。

如前所述,相对于社团而言,日本的宗教法人的财团色彩更浓一些。在社团法人中,全体成员组成类似总会的决议机关,对团体的重大事项做出意思表示,执行机关依据决议机关的意思决定从事各种活动。与此相对,财团法人没有全体成员组成的类似总会的决议机关。所以,在财团性质较强的宗教法人中,很难通过全体信众的意思,检验代表役员和责任役员是否依据法人章程等实施了经营管理活动。

由于役员与宗教法人之间的关系被视为委任关系,所以,役员在执行职务时,适用《民法》第 644 条有关委任的规定,作为受托人,应当按照委任的意思,尽善良管理者的注意义务。《宗教法人法》第 18 条第 5 款规定了役员遵守法律义务的同时,也确认了职务上的善管注意义务。还有,役员违反委任契约,滥用宗教法人的财产,给宗教法人造成损失的,应当根据《民法》第415条的规定,承担损害赔偿责任。并且,《宗教法人法》第11条规定,宗教法人的代表人因执行职务给第三人造成损失的,宗教法人自身应当承担赔偿责任。

2. 遵守圣俗分离的原则

如本书在第一章中所述,国家与宗教团体之间的关系应当遵循圣俗分离的原则。例如,《宗教法人法》第1条第2款规定,受宪法保障的信教自由在一切国家行政中都应当予以尊重。因此,本法律的任何规定都不能解释为限制以信教自由为基础而进行的教义宣传、宗教仪式以及其他宗教行为。同样,第85条、第71条第4款禁止文部科学大臣、都道府县知事、法院及宗教法人审议会干涉宗教事务。这些条款都反映了圣俗分离的原则。

同时,在宗教团体内部也应当适用圣俗分离的原则。《宗教法人法》第18条第6款规定,代表役员、责任役员对宗教法人事务的权限,不包括该役员在宗教上的任何控制权或其他权限。该条明确了役员职权方面的圣俗分离原则。换言之,《宗教法人法》和宗教法人章程中规定的法人机关的权限,仅限于世俗层面的事务,不涉及宗教层面的事务。

实际上,日本宗教团体在发展过程中,由于受到宗教法制变迁的影响,住持、管长等拥有宗教地位的圣职者同时兼任代表役员的情况非常多,此外,很多代表役员是世袭的。所以,圣俗没有完全分离是很多宗教团体的传统。但是,即使存在这样的现实情况,为了确保宗教法人具有合理的治理结构,也必须区别世俗事务的权限和宗教事务的权限。即在某些宗教团体中,虽然从形式上看,宗教事务统领者与世俗事务的管理者为同一人,但是在法律上,管理两类事务的权限是分离的,处于不同领域,互不关联,互不影响。

3. 利益相反行为的控制规则

《宗教法人法》第21条第1、2款规定,代表役员对于与宗教法人利益相反的事项,不具有代表权。此时,应当根据法人章程选举临时代表役员。此外,与责任役员有特殊利害关系的事项,该责任役员不具有审议权,应当由临时责任役员代行职务。所谓的利益相反,指的是役员个人利益与宗教法人利益相对立。为了确保宗教法人的公益性及役员的善管忠实义务,必须遵守《宗教法人法》的规定,同时也应当建立有效的宗教法人内部控制机制。

二、法定机关

(一) 代表役员

宗教法人作为团体组织无法亲自从事买卖、借贷等法律行为,必须由自然人代表自己实施相关行为,并承担相应的法律行为后果。这个自然人就是宗教团体的代表役员。根据《宗教法人法》第 18 条第 3 款的规定,代表役员代表宗教法人对外从事活动,同时又是对内世俗事务的最高责任者,总管对内事务。可见,代表役员既是宗教法人的代表机关,又是业务执行机关。

1. 代表役员的选任及资格

(1) 代表役员的选任。《宗教法人法》第 18 条第 2 款规定,代表役员死亡或因其他理由缺员的,必须选任新的代表役员,只要法律没有特别规定的,由责任役员互相选举而确定。虽然《宗教法人法》对代表役员的选任有明确规定,然而实践中,宗教团体的法人章程几乎对此都有规定,根据各自不同的历史传统,采用不同的选任方法,主要包括:① 充当制。这是指由具有宗教上特定地位的人充任。② 任命制。这是指由包括宗教团体任命。③ 选举制。这是指由责任役员选举决定。在采用充当制的宗教团体中,依据宗教法人章程,代表役员由具有宗教上特定地位者充任,包括宗教团体没有任命权。然而,在包括宗教团体进行任命的情况下,包括宗教团体的任命权会对被包括宗教团体的独立性、自律性产生重大影响,所以,当符合限制事项的构成要件时,应当在双方宗教团体的章程中明确记载选任事项①。

代表役员的任期由宗教法人自行决定,可以限定具体年数,例如 2 年、3 年等;也有规定终身的,例如,代表役员的任期为终身、责任役员的任期为 5 年;还有未规定任期的,例如由宗教上的负责人(宫司、住持、主管者等)充当。任何一种任期的规定都是有效的。

(2) 代表役员的资格。由于代表役员所实施的法律行为的效果归属于宗教法人,所以代表役员必须具有完全意思能力、行为能力;否则,可能会使宗教法人遭受不测的损害。《宗教法人法》对代表役员的资格没有正面限定,但是规定了不得担任代表役员的事由:① 未成年人②;② 成年监护人或被保

---

① 大阪高等裁判所 1966 年 4 月 8 日判决,《高等裁判所民事判例集》19 卷 3 号,第 226 页。松江地方裁判所 1973 年 1 月 25 日判决,《判例时报》695 号,第 30 页。
② 《民法》第 4、753 条规定,不满 20 岁未成年人结婚的,视为成年人。

佐人；③ 被判监禁以上刑罚，该刑罚执行完毕之前者。《宗教法人法》第22条规定，符合前述任何一种情形的，不能成为代表役员。所以，在代表役员任期内，发生了上述任何一种情形的，应当退任。有观点认为，如果宗教法人的法人章程中规定了法定的三个事由之外的不适格事由，或规定了比法定条件更严格的条件的，应当从其规定。比如，因婚姻而视为成年人的场合，宗教法人章程可以规定不满20岁的，不得成为代表役员。但是，反之，法人章程不能规定比法定条件更宽松的事由。①

《宗教法人法》第18条第1、2款规定，只要法人章程没有特别规定的，代表役员由责任役员互相选任，必须从责任役员中选出一人。所以按照该条的规定，代表役员一定同时又是责任役员，但责任役员不一定是代表役员。当然，很多单位宗教法人的章程中会规定"某某寺院的住持担任代表役员"，在这种场合，代表役员并不当然是责任役员。

2. 代表役员的职权

代表役员是宗教法人的代表人，拥有对外的代表权和对内的事务总管权。拥有这两方面权限的代表役员是执行宗教法人事务的最高责任人。拥有代表权意味着，代表役员对外实施的行为被认为是宗教法人的行为；事务总管权指的是统辖内部事务的权限。两种权限互相结合，使代表役员成为执行宗教法人事务的最高责任人。实践中，大多时候很难将代表役员的某一行为清楚地界定为法人的对内业务还是对外业务。不过，当某一行为的实施与第三人有关时，从第三人的角度而言，该行为会被视为对外业务。其实，大多数业务执行行为伴随着内部事务的管理。在《宗教法人法》的规定中，代表役员是宗教法人唯一的业务执行及代表机关，不论是对内观点，还是对外观点，既然是业务执行行为，其权限就只能由代表役员享有。② 代表役员应当诚实地执行责任役员（会）的决定。代表役员可以自己执行职务权限范围之内的事项，也可以让责任役员、部门负责人等辅助其执行职务。③

《宗教法人法》在众多条款中规定了代表役员的职务权限，主要有以下几项：(1) 申请法人章程变更、合并、任意解散的认证；(2) 财产处分及其公告；(3) 公益事业及其他事业的实施；(4) 财产目录、收支预决算书的制作及置备；(5) 向信众及其他利害关系人提供文件、账簿的阅览；(6) 向主管行政机关提交财产目录等；(7) 各种登记的申请；(8) 登记的申报；(9) 就任清算人；

---

① 篠原义雄：《宗教法人法的解说》，中央法规1951年版，第80页。
② 京都地方裁判所1979年6月4日决定，《判例时报》944号，第99页。
③ 同上。

(10) 申请破产宣告。此外,只要不侵害责任役员的决定权,代表役员可以超越前述范围,根据代表役员的事务总管权,处理某些具体的日常事务。①

3. 代表役员的公示

为了保障第三人的交易安全,维护信众的利益,代表役员的相关信息应当公示,《宗教法人法》规定了登记制度和名册制度。第52条第2款第6项规定,宗教法人的代表役员的姓名、住所及资格应当登记公示。第53条规定,代表役员发生更替时,应当于2周之内在主要办事机构所在地进行变更登记。第55条规定,如果代表役员受到停止职务的处分时,应当在主要办事机构进行登记。第25条第2、3款规定,宗教法人的办事机构应当经常备置役员名册,信众及利害关系人有正当利益及目的的,有权查阅名册。

4. 代表役员的退任、解任

(1) 退任。代表役员符合《宗教法人法》第22条规定的情形的,丧失役员资格,应当退任。除此之外,代表役员被宣告破产,或者法人章程规定"代表役员由住持充当",丧失住持地位的,代表役员也应当退任。

如果宗教法人章程有规定"代表役员在后任者就任之前,一直在任",那么前任代表役员在后任就职时退任。即使没有这样的规定,也应当适用或准用《民法》委托的规定,保障宗教法人业务顺利进行。

(2) 辞任。代表役员因生病或其他理由不能履行职务时,可以随时辞任。如果因此给宗教法人造成损失的,应当进行赔偿。

(3) 解任。如果宗教法人章程规定了代表役员的解任程序,那么应当遵守该程序的规定。实践中,很少有宗教法人在章程中明确规定解任事项,由此而产生了依据何种事由、遵循哪些程序解任代表役员的问题。可见,宗教团体应当自行规定完备的解任程序;否则,很可能发生滥用解任权的问题。例如,根本没有不当行为而随便解任代表役员,或者解任程序明显违反公平正义等。另外,对于解任事宜没有特别规定时,由于任命权与解任权是表与里的一体关系,所以享有解任权的主体同时应当享有任命权。② 文部省在一则纠纷的裁决中也持相同观点,某宗教法人的章程中没有关于代表役员解任的规定,但规定代表役员由寺院住持担任,而寺院的住持由包括宗教团体的代表人(馆长等)任命。所以,责任役员没有解任权,应当由拥有选任权的人

---

① 文化厅文化部宗务课宗教法人令研究会:《宗教法人法的解说和运用》,第一法规1974年版,第30页。
② 东京地方裁判所1980年6月3日判决,《判例TIMES》421号,第133页。

决定解任与否。解任该寺院的代表役员时,只需包括宗教团体的馆长解任代表役员的住持职务,使其丧失被选任为代表役员的资格,这样就丧失了代表役员的地位。①

如果宗教法人章程没有明确规定解任程序,可以类推适用习惯等。假如没有习惯,就会产生能否适用《民法》第651条解任代表役员的问题。《民法》第651条规定,双方当事人可以随意解除委任关系。宗教法人和代表役员之间的法律关系,通说和判例认为是委任或准委任关系,但是,对于能否适用《民法》第651条,有肯定和否定两种相反的观点。肯定说认为,代表役员的解任可以直接适用《民法》第651条②。但是,否定观点③认为,《民法》第651条的适用是以个人之间的信赖关系为基础,为了委托人利益的临时事务,所以,以委托人和受托人的双方利益为目的的有偿委任关系不适用本条规定。否定说甚至主张,代表役员实施了破坏信赖关系的犯罪行为时,可以根据常理解任代表役员,而不会产生不合理的结果。④从判例的发生时间来看,持否定观点的判例大多晚于持肯定观点的判例,由此可见,否定观点似乎是近期的普遍观点。

5. 对代表役员的惩罚

根据《宗教法人法》第88条的规定,代表役员应当遵守法令、法人章程,忠实地执行宗教法人的职务。如果代表役员违反《宗教法人法》规定的各种义务,或者有懈怠行为时,应当被处以相应的惩罚。符合下述任何一种情形的,代表役员将被处以10万日元以下的罚款:

(1) 申请章程变更、合并、任意解散的认证时,向主管行政机关提交记载虚假的文件;

(2) 怠于提出登记申报或法定解散申报,或提出虚假的申报;

(3) 违反有关财产处分的相关规定,不进行公告即处分财产的;

(4) 违反有关财产目录的相关规定,怠于制作、备置法定的文件、账簿,或者文件、账簿的记载不真实;

(5) 怠于向主管行政机关提出文件的复印件的;

(6) 怠于申请破产宣告的;

---

① 文部科学省2005年11月17日裁决。
② 京都地方裁判所1962年4月27日判决,《下级裁判所民事判例集》13卷4号,第910页;松江地方裁判所1973年1月25日判决,《判例时报》695号,第21页。
③ 东京地方裁判所1973年1月17日判决,《判例时报》695号,第21页;京都地方裁判所1986年5月15日决定,《判例时报》1208号,第108页。
④ 京都地方裁判所1986年5月15日决定,《判例时报》1208号,第108页。

(7) 怠于公告或违法进行公告的；

(8) 妨碍法院进行检查的；

(9) 怠于登记，或虚假登记的；

(10) 不向主管行政机关报告，或虚假报告，或不回答行政机关的质问，或虚假回答的；

(11) 违反停止事业活动的命令，继续进行事业活动的。

6. 代表役员对第三人的责任

《宗教法人法》第 11 条 2 款规定，代表役员实施宗教法人目的范围之外的行为，给第三人造成损害的，实施该行为的代表役员及代其实施职务者和赞成该事项决议的责任役员，或其代理人、临时责任役员等，连带承担赔偿责任。该条款的立法宗旨是为了保护第三人利益。

7. 临时代表役员

(1) 临时代表役员制度的意义。宗教法人的对外活动表现为代表役员的活动。除此之外，代表役员也会以个人的名义，与宗教法人产生种种法律关系。在这种情况下，可能会在代表役员的个人利益与其所代表的宗教法人的利益之间产生矛盾冲突。代表役员作为宗教法人的代表必须维护宗教法人的利益，而作为个体又会追求个人利益最大化。所以，为了防止这种情况的发生，确保宗教法人的利益及其公正、公平地运营，立法上设置了临时代表议员制度。《宗教法人法》第 21 条第 1 款规定，在与宗教法人利益相反的事项上，代表役员没有代表权，必须依据法人章程的规定选出临时代表议员。在利益相反事项上，临时代表议员代替代表役员执行职务。此外，根据第 12 条第 1 款的规定，临时代表役员的称呼、资格及任免等事项属于章程的必要记载事项。

(2) 利益相反事项。所谓"利益相反事项"指的是，在宗教法人与代表役员之间的关系中，可能对宗教法人不利的事项。具体而言，如宗教法人受让代表役员的财产，或宗教法人向代表役员转让财产、借款、贷款，或以宗教法人所有的财产为代表役员的个人债务提供担保，或为其个人的事业所使用等情形。甚至，当代表役员的个人利益与宗教法人的利益有实质性的冲突，且难以期待代表役员能忠实地履行职务的情形，也被认为符合利益相反事项的要件。① 此外，在某些诉讼中，代表役员代表宗教法人的起诉、应诉行为也被

---

① 京都地方裁判所 1985 年 4 月 26 日判决，《判例时报》1168 号，第 117 页；名古屋高等裁判所 1972 年 10 月 31 日判决，《判例时报》698 号，第 66 页。

认为属于"利益相反事项"。例如,第三人向宗教法人提起的涉及代表役员越权行为的诉讼中,如果法人免责而由代表役员承担责任时,代表役员的个人利益就会与法人利益产生冲突,其代表法人应诉的行为就是"利益相反事项"①。再如,宗教法人提起诉讼,要求确认代表役员未经法定程序转让境内地的行为无效,代表役员作为代表人起诉的行为属于利益相反事项。② 当然,如果相关行为有益于宗教法人时,就不构成利益相反事项。例如,代表役员将自己的不动产无偿转让给宗教法人,或代表役员为宗教法人的债务提供保证等。

此外,同一人兼任两个以上宗教法人的代表役员时,会产生该两个宗教法人的合并是否属于利益相反事项的问题。对此有肯定说③和否定说两种不同的观点。④ 支持否定说的学者认为,合并行为与通常的合同行为不同,通常的合同中双方的利益关系是对立的,而合并则是各方利害关系一致的共同行为。并且,《宗教法人法》要求合并由责任役员会做出决定,并履行向信众等公示的程序,过程非常谨慎,不存在双方代理的问题,因此不符合利益相反事项的构成要件。

(3) 临时代表役员的选任。《宗教法人法》第 21 条第 1 款规定,在与宗教法人利益相反的事项上,代表役员没有代表权,必须依据法人章程的规定选出临时代表议员。根据第 12 条第 1 款的规定,临时代表役员的称呼、资格及任免等事项属于章程的必要记载事项。临时役员的选任遵循宗教法人章程的规定。由此可见,临时代表役员的选任由宗教法人自行决定,宗教法人在这一问题上享有充分的自主性。司法实务也秉持同样的观点:宗教法人临时代表役员的选任,应当尊重各宗教法人的自主性,尽量抑制国家机关的干预,即使暂时依据宗教法人章程难以选任临时代表役员,也不能单纯以利益相反关系为由,请求法院予以选定。在这种情况下,应当尽量考虑立法宗旨,依据宗教团体的习惯自主解决。⑤

(4) 临时代表役员的职务权限。临时代表役员在利益相反事项上,具有与常设机关相同的地位。当然,其权限仅限于特定的利益相反事项,有关该事项的代理行为一旦结束,临时代表役员的地位也就丧失了。

对于利益相反事项,代表役员没有代表权限,而是由临时代表役员代替

---

① 九洲简易裁判所 1977 年 8 月 2 日判决,《下级裁判所民事判例集》5 卷 8 号,第 1215 页。
② 京都地方裁判所 1985 年 4 月 26 日判决,《判例时报》1168 号,第 117 页。
③ 井上惠行:《宗教法人法基础研究》,第一书房 1972 年版,第 451 页。
④ 渡部蓊:《逐条解说宗教法人法》,行政出版 2009 年版,第 117 页;文化厅文化部宗务课宗教法人令研究会:《宗教法人法的解说和运用》,第一法规 1974 年版,第 32 页。
⑤ 高松高等裁判所 1988 年 4 月 27 日判决,《判例时报》1293 号,第 98 页。

该代表役员行使代表权。如果没有选任临时代表役员,由代表役员实施了利益相反行为时,视为无权代理行为。按照民法理论,宗教法人有追认权,根据《民法》第116条的规定,宗教法人追认的,其效力溯及到行为开始时;宗教法人不进行追认的,即为无效行为。《民法》第117条第1款规定,在行为无效的情况下,行为的对方当事人可以选择代表役员个人履行或损害赔偿。

(二) 责 任 役 员

1. 责任役员的性质与设置

《宗教法人法》第18条第4款规定,责任议员根据法人章程的规定,决定宗教法人的事务。可见,责任役员是宗教法人的世俗事务的最高意思决定机关,而非执行机关。即使宗教法人章程有特别规定,责任役员也不能作为执行机关。例如,在某些宗教团体中,教团的事务总长或宗派的宗务总长是代表役员,是代表机关和执行机关,辅助其工作的教学部长、财务部长或社会部长等是辅助执行机关,同时又兼任责任役员。即使在这样的宗教团体中,责任役员作为意思决定机关的性质依然不变,不应当成为执行机关。就业务执行层面而言,其仅能成为代表役员的辅助机关。[①]

责任役员作为宗教法人的法定机关,一般由复数人员构成,但是《宗教法人法》没有强制要求宗教法人必须设置责任役员会。不过,第19条规定,宗教法人章程没有特别规定的,宗教法人事务由责任役员过半数通过。从该条的规定可以看出,责任役员作为宗教法人的最终意思决定机关,立法者希望责任役员能够聚集一堂自由发表意见,在整合不同意见的基础上作出决定。所以,宗教法人章程规定设置责任役员会,并由该机构决定宗教法人的事务,这样的规定并不违反《宗教法人法》的宗旨。

此外,根据《宗教法人法》第12条第1款第6项的规定,宗教团体可以在法人章程中设置"总会"等决议机关,赋予其一定的权限。于是就产生了如何处理这类机关与责任役员之间关系的问题。如果法人章程规定,某些事项必须经过总会的决议才能成立,那么总会的决议能否排除责任役员的决定呢?宗教行政机关针对这类问题,做出了如下答复:责任役员是《宗教法人法》规定的宗教团体的意思决议机关,剥夺责任役员职权的法人章程是违反《宗教法人法》的。所以,即使法人章程规定须经总会决议的事项,也必须最终由责任役员决定,因为责任役员是法定的最终决定机关。换言之,责任役员的决定是宗教法人的最终决定,剥夺该决定权的章程是无效的。在这种情况下,

---

[①] 篠原义雄:《宗教法人法的解说》,中央法规1951年版,第75页。

责任役员作出决定时,应当充分考虑并尊重总会的结论,但是不受其约束。①

责任役员是宗教法人事务的决定机关,代表役员按照其意思代表宗教法人诚实地执行职务。代表役员作为一名责任役员,可以在责任役员会上陈述意见、否决议案,即使无法推翻决定,也必须忠实地执行责任役员会的决定;否则,可能因职务懈怠而被追究相关责任。

2. 责任役员的选任

责任役员的称呼、资格、任免、人数和任期等是法人章程的必要记载事项,立法不对具体内容进行限定。例如,称呼可以是责任役员、总代等;资格中的积极资格为信众、居士、氏子、崇敬者,消极资格则为破产、《宗教法人法》第22条规定的情形;任命事项包括任命权者、任免程序等;人数则为3人以上的确定人数;任期为2年、3年等确定的期限。

为了确保法人的公正运营,民法法人、学校法人和社会福祉法人等在选举役员时,一定亲等之内的亲属人数不得超过总人数的一定比例,但是由于宗教法人的特殊性,其责任役员的选任无法像其他法人一样排除亲属,所以暂时不排除亲属担任役员。②

3. 责任役员的职务权限

宗教法人设置3人以上的责任役员,责任役员根据法人章程的规定,决定宗教法人的事务。这里所谓的"宗教法人的事务",包括拥有、维持、运营礼拜设施及其他财产的行为,以及其他的宗教事项以外的、为了实现宗教法人目的而运营业务的一切行为。③ 与此相关的事项,例如准备祭祀器具、制作预算等均包含在内。④ 宗教事务指的是宣扬教义、举行仪式、教化信众等,这些事务虽然属于广义的宗教法人的事务,但由于是宗教事务,不属于《宗教法人法》的调整对象。此外,所谓"决定事务",指的是最终决定宗教法人的世俗事务,因而责任役员是宗教法人世俗事务的最高意思决定机关。

责任役员的职务权限是法人章程的必要记载事项,宗教法人的重要世俗事务全部由责任役员决定。根据《宗教法人法》的相关规定,必须由责任役员决定的事项中主要有以下几项:(1)制作预算、追加(更正)预算;(2)承认决

---

① 文化厅文化部宗务课宗教法人令研究会:《宗教法人法的解说和运用》,第一法规1974年版,第30页。
② 最高裁判所1960年6月2日判决,《最高裁判所民事判例集》14卷9号,第1569页。
③ 大阪高等裁判所1978年9月14日判决,《判例TIMES》371号,第89页。
④ 文化厅文化部宗务课宗教法人令研究会:《宗教法人法的解说和运用》,第一法规1974年版,第29页。

算,处分年度盈余金;(3)制定事业计划;(4)设定、变更特别财产、基本财产;(5)取得、处分不动产及重要财产,提供担保及其他重要行为;(6)新建、增建、移建主要境内建筑物,变更样式及用途等;(7)变更境内地的样式及用途;(8)借入及保证;(9)管理运营事业;(10)变更章程、制定及废止细则。前述所列的事项中,不包括解任代表役员的权限,判例也认定责任役员会解任代表役员的决议无效。①

4. 责任役员会议的运行

《宗教法人法》第 18 条第 4 款的规定,责任役员根据法人章程的规定,决定宗教法人的事务。"根据法人章程",通常理解为作出决议的方法、程序等由章程任意规定。《宗教法人法》第 19 条规定,法人章程没有特别规定的,宗教法人的事务由责任役员过半数通过,各个责任役员的表决权平等。该条是对没有章程规定的情况下,责任役员会议做出决议的方法的规定。从第 18、19 条的规定来看,在责任役员会议的运行章程方面,宗教法人有很大的自由决定权,通常在宗教法人章程或运营细则中对责任役员会议的运行事项作出规定。

责任役员会议的决议方法以外的其他运行事项,实践中通常采取以下做法:会议由会议议长以书面或口头的形式通知召集。如果议长尚未确定,则由有事务总理权的代表役员召集举行。在召集通知中,应当明确会议的时间、场所、议题。会议的议事记录中应当简单扼要地记录议题,何人提出什么意见,采纳或不采纳等情况。出席会议的责任役员应当在会议记录上签名盖章。

5. 责任役员退任、辞任等

任期届满,责任役员退任。与代表议员的情况相同,在后任者选任之前,可以继续执行职务。

辞任、解任的情况与代表役员相同,可以参照有关代表役员辞任、解任的规定。由宗教法人的代表役员任命责任役员时,没有特别的要求,但是包括宗教团体任命责任役员时,由于符合限制事项,所以必须在双方的法人章程中明确记载该意思。②

---

① 静冈地方裁判所沼津支部 1988 年 2 月 24 日判决,《判例时报》1275 号,第 26 页;东京地方裁判所 1980 年 6 月 3 日判决,《判例 TIMES》421 号,第 133 页。
② 渡边一雄:《宗教法人法例解》,第一法规 1978 年版,第 152 页。

6. 临时责任役员

（1）临时责任役员制度的意义。宗教法人的事务由责任役员决定。责任役员对宗教法人负有忠实义务，在对法人事项作出决定之时，应当尽到善良管理者的注意义务。但是实践中，责任役员在决定与自己利益相关的事项时，可能不会公正地行使表决权。为了防止宗教法人的管理人员违反忠实义务，损害宗教法人的利益，《宗教法人法》第21条规定，当责任役员与所决定的事项有特别利害关系时，该责任役员对相关的事项不享有表决权，而由临时责任役员作出决定。《宗教法人法》第12条第1款第5项规定，临时责任役员的称呼、资格及任免是宗教法人章程的必要记载事项。临时责任役员制度的立法目的与临时代表役员相同，均是为了防止役员为了个人利益而损害宗教法人的利益。

（2）特别利害关系事项。所谓"特别利害关系的事项"指的是，宗教法人与责任役员个人的利益相反的事项。例如，向特定的责任役员进行消费借贷、赠与等，为责任役员的个人债务提供担保、保证等。除此之外，还包括涉及该责任役员利益的人事、报酬等事项，如责任役员的解任、报酬、退职金等。然而，与全体责任役员利害关系相关的事项，如报酬规定的修改、责任议员互相选任代表议员等，不属于有特别利害关系的事项。《宗教法人法》第18条第2款规定，宗教法人章程没有特别规定的，由责任役员互相选任代表役员。一般认为，责任役员互选代表役员时，对表决事项没有特别利害关系。如果否定责任役员参加表决的资格，可能会形成实际中无法选任代表役员的情形。[①]

由于责任役员对有特别利害关系的事项不享有表决权，所以不能计入法定的决议人数中。排除该表决权之后，依然满足法定人数的决议有效；未满足法定人数的决议无效。

（3）选任及职权。《宗教法人法》第21条第2款规定，法人章程没有特别规定时，有表决权的责任役员的人数不足规定人数的一半，必须增选临时责任役员，使其人数达到半数以上。第3款规定，临时责任役员对于特别利害关系事项，根据章程的规定代替责任役员行使表决权。

[①] 最高裁判所1978年11月30日判决，《判例时报》378号，第89页。

(三) 役员代理人

1. 代理人的意义

代表役员或责任役员因死亡、生病及其他事由而缺员,或不能执行职务时,宗教法人的对内对外事务将受到影响,无法顺利地做出决定,也无法与第三人进行交易,宗教法人的活动就不得不停止或停滞。为了防止这种情况的发生,《宗教法人法》设置了代替这些人员执行职务的主体,即代理人。代理人有两类:代表役员代理人和责任役员代理人。《宗教法人法》第 12 条第 1 款第 5 项规定,代理人的称呼、资格、任免及职务权限属于法人章程的必要记载事项,同时又在第 52 条第 2 款第 6 项规定代理人的姓名、住所及资格必须进行登记。

《宗教法人法》第 20 条第 1 款规定了两类必须设置代理人的情形:(1) 因死亡、辞任、不适格而退任并导致缺员时,无法迅速选出后任者;(2) 因生病、行踪不明等超过 3 个月不能履行职务的。

2. 代理人的职务权限

《宗教法人法》第 20 条第 2 款规定,代理人的职务权限可以在宗教法人章程中加以规定,也可以进行限制。如果章程没有特殊限制的,代理人拥有与代表役员、责任役员同样的权限,代替这些役员执行所有的职务。

3. 代理人的选任、退任、解任

虽然代理人的选任可以在法人章程中加以规定,但是由于代理人毕竟是临时的职务代行者,因此只要代理职务的原因消失,就当然退任。例如,因为生病而设置代理人的场合,当生病的役员恢复健康能够执行职务了,代理职务者理所当然应当退任;如果生病的役员因病死亡,也属于设置代理人的理由消灭,代理人当然退任,必须重新选出该役员的后任者。

4. 代理人的公示

代表役员的代理人原则上与代表役员拥有相同的权限,代替该役员执行职务,所以从保护第三人交易安全的角度,应当登记公示其姓名、住所及资格。此外,代理人停止职务等事项也应当进行登记。

三、任意机关

《宗教法人法》第 12 条第 1 款第 6 项规定，宗教法人可以自由设置决议、咨询、监查机关，在法人章程中规定这些机关的权限、成员的选任方法、人数、任期等。这些机构与代表役员、责任役员等法定机构相比，属于任意机构。由于宗教团体的历史传统等因素的影响，各个宗教法人的意思决定方法、组织管理模式具有多样性，所以，立法赋予宗教法人根据自身特点自由设置某些机关的权利。关于宗教法人的任意机构，实践中大致有以下三类。

（一）决议、咨询机关

为了广泛动员教团的信众参与宗教法人的管理运营，宗教法人通常采用一般社团组织的运营方法，设置决议、咨询机构，管理宗教团体的世俗事务和宗教事务。

包括宗教法人中设置的决议机关有宗会、宗议会、教议会、代议员会、总会等，咨询机构有评议会、参与会等。决议机关的设置使被包括宗教法人及其代表人的意思有机会在包括宗教法人的管理运营中得到反映，咨询机关可以回答代表役员在执行职务过程中的询问。单位宗教法人中通常设置檀信徒总会、崇敬者总代、檀徒总代、信众总会等总代机构。实践中，应当注意区别总代与责任役员。责任役员制度及其称呼是《宗教法人法》首先采用的，之前的《宗教团体法》时代则被称为"总代"。"总代"本来是辅助住持处理世俗事务的辅助机关，与责任役员的性质、作用有所不同。《宗教法人法》实行之后，有的宗教团体依然使用"总代"的称呼，此时需要区别两种情况对待[①]：一是总代在法人章程中被赋予责任役员的地位；二是与责任役员不同的辅助机关。在世俗事务中，总代是执行宗教法人事务的辅助机关，对财产处分、法人章程变更等具有同意权。但是，《宗教法人法》遵循圣俗分离原则，即使法人章程规定必须经过信众总代同意的事项，责任役员依然拥有最终决定权。

（二）运营委员会

理论界认为可以模仿营利法人（公司）治理结构中的管理委员会制度，在

[①] 渡边一雄：《宗教法人法例解》，第一法规 1978 年版，第 169 页。总代在实践中的情况比较复杂，因宗教法人的传统、历史沿革的不同，其权限有强弱、广义和狭义的不同。例如，在人事关系方面的权限包括：责任役员的就任、选定；宗教负责人的候选人的选定、代表役员候选人的选定、代表役员代理人候选人的选定、总代的选任、解任的同意等，其他的权限还有财产处分的同意、预决算的同意等。

宗教法人中设置运营委员会，由该机构决定法人的日常事务。运营委员会由具有管理经验的专业人员组成，从世俗的角度管理运营宗教法人的各类资产，提高法人的运营效率。这样的机构设置可以使宗教人员从资产管理事务中脱身，专心从事宗教活动。

由于责任役员是《宗教法人法》规定的法定机关，所以，设置运营委员会时必须解决运营委员会与责任役员之间的关系。责任役员与宗教法人之间的法律关系被视为是委任合同关系，责任役员不违反自己的义务的前提下，可以将受托的事项转委托给第三人执行。因此，在利用运营委员会制度时，根据转委托的原理，责任役员对委托给运营委员会处理的事项享有最终的决定权。

（三）监查机关

在宗教法人的管理运营中，责任役员和代表役员是主要的治理机构，责任役员做出意思决定，代表役员执行责任役员的意思。责任役员和代表役员应当尽到善管注意义务，适当管理、运营宗教法人。在包括宗教法人和规模较大的宗教团体中，各类业务关系非常复杂，为了确保合法、适当地管理运营，有必要设置监查机关，监督责任役员、代表役员及其他人员的管理行为。包括宗教法人中设置的监查机关有监查局、监事等。当然，在没有设置监查机关的宗教法人中，总代会、信众总会也能发挥同样的机能。

监查机关的职能大致可以分为会计监查和业务监查。宗教团体可以根据各自的实际情况，规定监查机关的职务权限，可以设置仅具有会计监查职能或业务监查职能的机关。会计监查的对象是宗教法人的收支处理、财产状况等，依据年末会计报表、财产目录等资料，对会计事务进行全面监查，向责任役员会报告监查结果。业务监查的对象是责任役员做出决定的行为以及代表役员执行世俗事务的行为。例如，对内对外的管理行为是否符合法律和法人章程的要求；在责任役员会的召集、认证申请、变更登记、公告、财产目录的备置中，是否有懈怠职务的情形；宗教法人经营的收益性事业是否符合法人目的等。

监查人员和宗教法人之间的关系是委任合同关系，监查人员应当尽善管注意义务。

四、小　　结

宗教团体既是一个财产的集合，又是一个人的集合，为了有效地运营这样一个复杂的团体,必须在内部建立完备的组织机构,各机构之间既要有明确的职责权限的划分,又要有相互的制约,以形成内部平衡。日本宗教团体内部组织机构最典型的特点是代表役员、责任役员制度。代表役员是宗教法人的代表机关和执行机关,对外代表宗教法人,对内执行意思机关的决定;责任役员(会)是宗教法人的意思决定机关。代表役员和责任役员是宗教法人的法定管理机关,与宗教法人之间形成民法上的委任关系,在管理宗教法人的过程中,负有善管的注意义务。《宗教法人法》在宗教团体的机构设置方面有以下几个比较明显的特点。

(一) 代表役员和责任役员的权限范围清晰

《宗教法人法》在诸多条款中清楚划分了代表役员和责任役员的职权。例如,代表役员对外代表宗教法人申请各种认证、登记申报、处分财产、申请破产等,对内开展公益事业及其他事业的活动等;责任役员则制作预算、处分盈余金、管理运营财产等。两种管理机关的分工清楚明确,有利于宗教法人顺利展开管理与运营活动。

(二) 防范代表役员和责任役员滥用职权和怠于行使职权

为了防止代表役员和责任役员滥用职权为自己谋取利益,《宗教法人法》规定,对于利益相反事项,代表役员没有代表权,责任役员不享有表决权。同时,又非常明确地规定了代表役员怠于行使职权的惩罚措施,督促其履行善良管理人的义务。对于责任役员的失职行为虽然没有明确规定,但是从委任的原理出发,宗教法人有权追究相关责任役员的责任。

(三) 组织机构的设置体现了圣俗分离的精神

由于代表役员和责任役员只是宗教法人世俗事务的管理机关,因而其权限也仅限于财产的管理、事业的运营等世俗事务,不享有宗教方面的权限。宗教事务由宗教上的负责人管理。虽然很多宗教团体的世俗事务的管理机关和宗教事务的管理机关是合二为一的,例如代表役员和寺院住持为同一人,但是就法律层面而言,二者是宗教法人不同事务的管理机关,《宗教法人法》仅规范世俗事务的管理机关,不涉及宗教事务的管理。

(四) 组织机构的设置尊重宗教团体自治

由于历史传统的影响,各个宗教团体的组织管理模式有诸多差异,《宗教法人法》不可能设定一个完全一致的标准,并且从尊重宗教团体信仰自由的角度,也不应该强行要求所有的宗教法人都设置一模一样的组织机构。所以,各个宗教团体在法定的组织机构之外,可以根据本团体的情况,设置决议、咨询、管理、监查等任意机关,与代表役员和责任役员一起管理、运营宗教法人。

第六章 公示制度

宗教法人与其他社会团体一样，在存续期间为了实现其目的，必然要实施一定的行为，从而与其他社会主体发生各种各样的联系。并且，随着时间的推移，宗教团体的组织机构、财产状况等也会发生变化。法律在保护宗教法人的权利的同时，也要考虑社会其他主体乃至社会整体的利益。为了使相关利益关系主体及时了解宗教团体的信息，在与宗教团体的交往过程中保护自身利益，《宗教法人法》设置了关于宗教法人的信息公示制度，主要由三项具体制度构成：登记制度、公告制度及账簿阅览制度。

一、宗教法人的登记

宗教法人的登记，指的是将宗教法人的成立、组织机构、财产状况等事项记载于登记簿，并进行公示的行为。宗教法人登记制度的立法意义与普通法人的登记制度一样，均是为了维护社会关系的安全。宗教法人与其他社会主体进行交往时，相对一方有权利了解宗教法人的相关信息。例如，该宗教法人是否确实存在、何人是该法人的代表、财产状况如何等。只有这些信息得以明确，社会第三人及宗教法人的利害关系人才能做出合理的判断，减少或防止交易中可能遭受的不测风险。总之，为了保障与宗教法人相关的交易活动的安全，宗教法人的组织关系、财产关系等信息应当被记载于登记簿之中，随时向社会公示。

根据日本相关立法的规定，宗教法人应当履行两种登记：一是《宗教法人法》要求的法人登记；二是《不动产登记法》上的一般社会主体的不动产登记。《宗教法人法》要求法人的境内礼拜用建筑物及其用地必须进行登记，而建筑物和土地在性质上属于不动产，又属于《不动产登记法》的特例。礼拜用建筑物及其用地之外的不动产，应当按照《不动产登记法》的要求进行登记。所以，宗教法人的财产登记，应当依据《宗教法人法》及《不动产登记法》进行。此外，对于财产之外的其他事项的登记，《宗教法人法》第65条还列举了准用《商业登记法》的条款。

（一）登记的种类及登记事项

1. 设立登记

《宗教法人法》第 52 条规定了宗教法人的设立登记。宗教法人的代表人,应当在收到主管机关的法人章程认证书之日起两周之内,办理宗教法人的设立登记。设立登记申请书中应当记载以下事项:

（1）目的。包括第 2 条规定的宗教目的,以及第 6 条规定的从事公益事业及其他事业的目的。

（2）名称。

（3）办事机构的场所。

（4）有包括该宗教法人的宗教团体时,该宗教团体的名称及宗教法人与非宗教法人的区别。

（5）有基本财产的,其总额。

（6）拥有代表权者的姓名、住所以及资格。

（7）法人章程中规定的以下事项:境内建筑物、境内土地,或与财产目录中记载的宝物相关的第 23 条第 1 项所列行为。

（8）法人章程中规定的解散事由。

（9）公告方法。

此外,《宗教法人法》第 63 条第 2 款规定,设立登记申请书中,应当附有经主管机关认证的法人章程的副本,以及证明拥有代表权的资格文件。

2. 变更登记

《宗教法人法》第 53 条规定,宗教法人成立后,设立登记中的基本事项变更的,宗教法人应当于 2 周之内在主要办事机构所在地办理变更登记。变更登记由代表役员或代行职务者申请,代表役员变更时,由新任的代表役员提出申请。

3. 主要办事机构迁移登记

《宗教法人法》第 54 条规定,宗教法人将主要办事机构迁移至其他登记机关的辖区时,应当于 2 周之内,在原来的机构所在地办理迁移登记,并在新的所在地办理第 52 条第 2 款所列事项的设立登记。办事机构迁移到其他登记机关辖区内,不能依据第 53 条的规定办理变更登记,因为这种情况涉及该宗教法人的办事机构在原所在地的废止和在新地方的设立。

4. 停止执行职务的临时处分等登记

《宗教法人法》第55条规定,如果停止代表人的职务,或者采取临时处分措施,命令选任其职务代理人,或做出变更、取消该临时命令的决定时,应当在主要办事机构所在地进行登记。法院一旦做出这样的裁决,按照《民事保全法》第56条的规定,由法院书记官委托登记机构进行登记。第55条的立法目的在于保护社会第三人的利益,维护交易安全。

5. 合并登记

《宗教法人法》第56条规定,宗教法人合并时,应当从收到合并认证书之日起2周之内,在主要办事机构所在地,由合并后存续的宗教法人办理变更登记,因合并而解散的宗教法人办理解散登记,因合并而设立的宗教法人办理设立登记。第63条第4款规定,因合并而发生设立或变更时,应当在登记申请书中添附经认证的法人章程副本,以及证明代表人资格的文件和已经通知、催告债权人的证明文件、对异议债权人提供清偿或担保的证明文件。

6. 解散登记

《宗教法人法》第57条规定的解散登记不包括因合并及破产程序而导致的解散。宗教法人的解散有任意解散和法定解散。发生任何一种解散时,应当在法定期间内向主要办事机构所在地的登记机关办理解散登记。任意解散时,从收到该解散的认证书之日起,2周之内办理解散登记;因发生了宗教法人章程规定的解散事由、主管机关取消认证、法院命令解散、欠缺被包括宗教团体时,自解散事由发生之日起2周之内办理解散登记。依据《破产法》第119至122条,宗教法人因破产而解散时,法院依职权委托宗教法人办事机构所在地的登记机构办理破产登记。

7. 清算终了登记

《宗教法人法》第58条规定,宗教法人清算结束时,自结束之日起2周之内,向主要办事机构所在地的登记机关办理清算终了登记。清算终了登记是法人的消灭登记。通常认为,在清算没有结束的情况下,而进行了清算终了登记的,不会发生登记的效力;在清算范围之内,法人依然存续。

8. 分支机构所在地的登记

《宗教法人法》第59至61条规定了分支机构所在地的登记,包括分支机构的设立登记、分支机构迁入其他辖区的登记、分支机构的变更登记。当主要办事机构与分支机构不在同一登记机关辖区之内时,应当按照法定要求,在分支机构所在地办理相关登记。需要指出的是,主要办事机构所在地的登记与分支机构所在地的登记,有很大的差别。

(1) 分支机构的设立登记。

第一,宗教法人设立之时设立分支机构的,应当自主要办事机构设立登记之日起,2周之内在分支机构所在地办理登记。

第二,因合并而设立的宗教法人在合并之际设立分支机构的,自收到合并认证书之日起3周之内,在分支机构所在地办理登记。

第三,宗教法人成立后,设立分支机构的,自分支机构设立之日起3周之内办理登记。

上述登记的事项有:名称、主要办事机构的住所、分支机构的住所。前述的登记事项发生变更的,应当在3周之内办理变更登记。

(2) 分支机构迁入其他辖区的登记。

分支机构迁入其他登记机关的辖区时,3周之内在原来的机构所在地办理迁移登记,4周之内在新辖区内按照第59条第2款的规定,办理名称、主要办事机构的住所、分支机构的住所等事项的登记。

(3) 分支机构的变更登记。

第56条规定的合并登记和第58条规定的清算终了登记,应当在3周之内,在分支机构办理登记。但是,合并后存续的宗教法人,仅在名称、主要办事机构所在地、分支机构有变更时,才进行变更登记。

9. 礼拜用建筑物及建筑用地的登记

《宗教法人法》第66条规定,属于宗教法人所有的、用作礼拜的建筑物及其所占地,能够以该不动产是宗教法人作为礼拜用的建筑物及其用地的名义办理登记。所谓的礼拜用建筑物及其建筑用地,指的是用来安置礼拜对象的本尊、祭神等的建筑物和作为礼拜场所的建筑物及其建筑用地。一般认为,第3条规定的境内建筑物、境内地的范围,较礼拜用建筑物及其建筑用地的范围广,后者在前者之中处于中心地位。

根据第83条的规定,宗教法人所有的不动产一旦作为礼拜用建筑物及其建筑用地被登记的,除了法定情形之外,不能因登记之后产生的私法上的债权而查封该不动产。法定除外的情形有:不动产先取特权、抵押权、质权的实行及破产程序的开始。该规定的立法目的在于通过保护用于宗教活动的财产,防止宗教活动受到不利影响。

《宗教法人法》第69条规定,已经登记的建筑物不再用于礼拜活动、已经登记的土地不再是礼拜用的建筑占地时,宗教法人应当立即申请注销登记。登记官在办理礼拜用建筑物注销登记时,如果该建筑物的建筑用地也办理了礼拜用登记时,应当一起办理注销登记。第70条规定,礼拜用建筑物及建筑用地因出售、赠与等原因而转移所有权的,登记官在办理建筑物或土地的所有权转让登记时,应当同时依职权注销该不动产的礼拜用建筑物及建筑用地的登记事项,即办理礼拜用注销登记。

(二) 登 记 程 序

1. 登记机关

根据《宗教法人法》第62条的规定,宗教法人的登记事务,由宗教法人主要办事机构或分支办事机构所在地的法务局、地方法务局及其分局、派出机构主管。

2. 登记申请

登记原则上采取当事人申请主义。根据《商业登记法》第14条的规定,没有当事人的申请或国家机关的委托,不得进行登记,但法律有特别规定的除外。登记申请一般由宗教法人的代表役员或其他代行职务者提出;宗教法人解散、清算时,由清算人提出登记申请。登记人不能进行登记申请时,可以由其代理人提出申请。

根据《宗教法人法》第63条的规定,登记申请采取书面形式,依据登记种类的不同,添附不同的附属文件。

宗教法人的登记申请应当在法定的期间提出,因为懈怠而未在法定期间办理登记的,对代表役员及代行职务者、临时代表役员或清算人处以罚金。

3. 登记申请的受理、驳回

根据《商业登记法》第21至23条的规定,登记官受理登记申请的,应当在受理记录中记载登记的种类、宗教法人作为申请人的名称、受理的年月日及受理编号,在申请书中记载受理的年月日及受理编号。登记官受理登记申请书及其他书面文件时,应当向申请人交付受理证明。登记官根据受理编号的顺序进行登记。

《商业登记法》第24条规定,当登记申请不完备时,登记官可以要求申请人在规定的期间内进行补正。申请人按照要求补正的,登记官应当受理申

请。但是,如果无法补正,或未能按要求补正的,登记官应当驳回登记申请。驳回登记申请的理由大概有以下几类:

(1) 申请所涉当事人的办事机构不在该登记机关辖区之内。

(2) 超出应当登记事项的范围申请登记的。

(3) 申请的登记已经在该登记机关登记的。

(4) 申请人没有申请权限的。

(5) 登记机关受理的两项以上的登记申请中,因该申请被登记,其他申请不能登记的。

(6) 申请书中没有添附必要的书面文件的。

(7) 应当在登记申请书中盖章者,没有预先提交印鉴的。宗教法人名称转让、事业转让时,转让人在承诺书中盖的印章与已经提交的印鉴不符的。

(8) 申请书或附属文件中的记载与申请书的附属文件或登记簿中的记载不一致的。

(9) 应当登记的事项存在无效或撤销事由的。

(10) 应当同时办理其他登记申请的,没有同时办理。

(11) 与同一辖区内他人已经登记的名称相同的。

(12) 以法律禁止使用的名称登记的。

4. 登记的更正、注销

(1) 登记的更正

《商业登记法》第 132 条规定,当登记中存在错误或遗漏时,当事人可以申请更正登记,更正申请书中应当添附证明错误或遗漏的书面文件。第 133 条规定,登记官发现登记中有错误或遗漏时,应当立即向登记者发出通知。但是,如果错误或遗漏是登记官的错误造成的,不受前述规定的限制,登记官应当立即取得监督法务局或地方法务局的许可,进行登记更正。

(2) 登记的注销

《商业登记法》第 134、135 条规定,登记之后,发现以下任何一项事由的,当事人可以申请注销登记;登记官发现的,应当通知登记者必须在一个月之内提出书面异议,否则注销登记。

第一,登记不属于该登记机关管辖范围之内;

第二,申请登记事项超出了应当登记事项的范围;

第三,已经在该登记机关登记的;

第四,登记机关受理的两项以上申请中,因一项申请被登记,其他申请无法登记的;

第五,已经登记的事项存在无效事由,但是,只能通过诉讼主张无效的场合除外。

《商业登记法》第136、137条规定,如果登记者提出异议的,登记官应当针对异议做出决定,如果没有异议或异议被驳回的,登记官应当注销登记。

(3) 当事人的申诉

根据《商业登记法》第142至146条的规定,当事人认为登记官的处理决定有不当之处时,有权向监督法务局或地方法务局提出审查请求。审查请求必须经由登记官。登记官认为审查请求合理的,应当予以适当处理;如果认为审查请求不合理的,应当在3日之内附上相关意见,一并送交监督法务局或地方法务局。监督法务局或地方法务局认为审查请求合理的,应当命令登记官进行适当处理,通知请求人以外的其他利害关系人。

(三) 登记簿的查阅

《商业登记法》第10、11条规定,任何人在缴纳一定的手续费后,均有权请求登记机关交付登记事项证明书、记载登记事项概要的书面文件;利害关系人缴纳手续费后,有权查阅登记簿的附属文件。

(四) 登记的效力

为了保护社会第三人的利益,需要公示宗教法人的存在、组织机构、财产状况等信息。《宗教法人法》第8条规定了登记的效力,该法第7章第1节规定的必须登记的事项中,除因登记而生效的事项外,在登记之前,不能对抗第三人。虽然理论界对宗教法人登记的效力有不同意见,但是,从该条规定来看,登记的效力包括生效的效力和对抗的效力。所谓"因登记而生效的事项",指的是设立登记和合并登记,设立和合并因登记而发生效力,被称为登记生效主义。《宗教法人法》第15条规定,宗教法人因设立登记而成立。设立登记是宗教法人成立的要件。仅有主管机关的认证,不能成立宗教法人,因完成登记才产生成立的效果。第41条规定,合并后存续的宗教法人或因合并而设立的宗教法人办理登记后,宗教法人的合并发生效力。与设立相同,合并因登记而发生法律效力。

(五) 登记的申报

《宗教法人法》第9条规定,宗教法人办理完本法第7章规定的登记后,应当立即向主管机关申报,但是主管机关取消认证,委托登记机关办理解散登记的除外。需要申报的登记有:设立登记、变更登记、主要办事机构迁移登记、停止执行职务的临时处分登记、合并登记、解散登记、清算终了登记、在分支机构所在地的登记、礼拜用建筑物及用地的登记。

此处的申报实际上就是将依法办理登记的结果向主管机关申报,即使申报的事实不合法,登记的申报也不会对法律关系产生实质影响,仅是一种形式而已。

(六) 罚　则

《宗教法人法》第88条规定,宗教法人的代表役员、代行其职务的代理人、临时代表役员或清算人违反本法第7章第1节有关登记的规定,懈怠登记或虚假登记的,或者违反第9条的规定,怠于申报或虚假申报的,处10万日元以下的罚金。

二、重要事项的公告

(一) 公告制度的意义

为了维护信众及其他利害关系人的利益,实现宗教法人的民主管理,宗教法人的设立、章程变更、合并、任意解散及财产处分等对宗教法人有重要影响的事项,应当向信众及其他利害关系人公开。公告制度的目的在于,防止责任役员或代表役员等宗教法人的管理者恣意妄为、独断专行,使宗教团体私人化,损害信众及其他利害关系人的利益,同时保障宗教法人运营的公正性和透明度。[①] 利害关系人通常有两类:一是宗教上的利害关系人,例如,本寺末寺、法类(属于同宗、同派,有密切关系的寺院或僧侣)、因与宗教法人之间的关系而被赋予宗教上地位者;二是法律上的利害关系人,例如,宗教法人的债权人、债务人、抵押权人、质权人等。此处指的是法律意义上的利害关系人。但是,二者的区别也是相对的。如果宗教法人章程中的规定涉及宗教上的利害关系,就准用法律上的利害关系人的规定处理。

公告并不具有很强的法律效力。在实务中,宗教团体公告了财产处分情况之后,多数信众提出异议,希望责任役员会能重新审议。如果信众及利害关系人提出了合理的异议,责任役员或代表役员就应当考虑各方意见,进一步检讨程序是否合法,并谨慎地作出决定。但是,即使结论与原来的决定相同,也不会产生法律上的效果。由此可见,公告的法律效力非常薄弱,但健全

[①] 文化厅文化部宗务课宗教法人令研究会:《宗教法人法的解说和运用》,第一法规1974年版,第20页。

的常识意识补充了其弱势的一面,由法制与良知共同作用实现公告制度的目的。① 可见,公告制度的直接作用是促使宗教法人的管理人员在决定重大事项时,秉持谨慎认真的态度。

(二) 应当公告的情形

根据《宗教法人法》第 12 条第 1 款第 11 项、第 52 条第 2 款第 9 项,公告方法是宗教法人章程的必要记载事项,同时又是登记事项。公告的方法有:在报纸或该宗教法人的机关报上登载、在该宗教法人的办事机构公示及其他使该宗教法人的信众及利害关系人知悉的适当方法。《宗教法人法》第 12 条第 3 款、第 23 条、第 26 条、第 33 条、第 34 条、第 35 条、第 44 条等条款明确规定了必须公告的事项。

1. 设立宗教法人

《宗教法人法》第 12 条第 3 款规定,设立宗教法人时,至少应当在宗教法人章程认证申请 1 个月之前,向信众及其他利害关系人用适当的方式公告章程的基本内容、拟设立宗教法人的意思。所谓"1 个月之前",并非 1 个月之前开始着手公告,而是 1 个月之前已经完成了公告事宜。②

2. 处分财产

根据《宗教法人法》第 23 条的规定,宗教法人处分财产时,除遵守宗教法人章程的规定外,必须在此行为实施前至少一个月,向信众及利害关系人公示该行为的主要内容。但是,如果第 3 项至第 5 项所列行为是紧急需要或者轻微的,以及第 5 项所列行为是暂时的,不在此限。必须公告的财产处分行为包括:

(1) 处分不动产或者财产目录中列举的宝物,或以其提供担保;

(2) 借入(以该会计年度的收入偿还的临时借入除外)或者提供保证;

(3) 主要境内建筑物的新建、改建、增建、移建、拆除或明显改变外观;

(4) 明显改变境内地的外观;

(5) 主要境内建筑物的用途、境内地用途的变更,或者将其用于该宗教法人第 2 条规定的目的以外的目的。

该条款的立法目的在于保全宗教法人的财产,由于宗教法人的财产大多由信众捐赠而来,因而应当向信众公告财产的处分情况。本条仅适用于单位

---

① 文化厅文化部宗务课宗教法人令研究会:《宗教法人法的解说和运用》,第一法规 1974 年版,第 20 页。
② 同上书,第 21 页。

宗教法人,在包括宗教法人中,通常由被包括宗教团体选出的人组成决议机关,不需要通知信众,因而不适用本条的规定。

关于不动产的范围,包括境内建筑物、境内地和境外建筑物、境外地。① 宝物的范围由宗教法人决定,必须记载于财产目录中。出售、转让、交换、放弃、设定永佃权、地上权等均属于处分宝物的行为。出于管理财产的需要,短期借贷行为不需要履行公告程序②。超过5年的土地租赁使土地所有权受到限制,如同丧失了部分功能一样,此行为不属于管理行为,而是处分财产的行为③。"借入"既包括借入金钱,也包括负有支付报酬义务的行为。宗教法令研究会认为,通过发行宗教债而要求信众等出资的行为也属于"借入"④,应当遵守融资管理方面的法律。境内主要建筑物是宗教法人的重要不动产,所以,该建筑物的新建、改建、增建、移建、拆除或明显改观的施工,应当公告通知信众及其他利害关系人。采伐林木等行为属于境内地明显改观的施工。"用于第2条规定的目的之外的目的",指的是将境内建筑物或境内地的一部分,出租给商业店铺、改为停车场、老人院等。"变更主要境内建筑物用途或境内地的用途",指的是将信众的修行场所改为办公室,将普通境内地用作寺院墓地等。⑤

"紧急、轻微、临时"处分财产的,不需要公告。应当根据客观现实情况,判断处分财产的行为是否符合"紧急、轻微、临时"的标准。宗教法人可以在章程中规定相应的标准。但是,由于宗教法人的境内地、境内建筑物的规模及目的、特性等有很大差异,所以应当在充分考虑各种因素的基础上做出判断。⑥

3. 有关被包括关系设定、废止的章程变更

宗教法人的章程随着时间的推移,其内容会逐渐不符合现实情况,产生变更的需要。在章程变更中,责任役员的人数、选任程序等事项与信众等主体的利益并没有太大的关系,而包括宗教团体关系的设定、废止则直接关系信教自由原则的实现。所以,为了保护信众及其他利害关系人的信教自由,与宗教法人的基本运营有关的被包括关系的设定与废止,必须依法进行公

---

① 广岛高等裁判所1965年5月19日判决,《高等裁判所民事判例集》18卷3号,第222页。本案中,法院认为在境外地中采掘岩石的合同是"处分不动产"的行为。
② 东京地方裁判所1967年9月14日判决,《判例时报》500号,第47页。
③ 最高裁判所1962年7月20日判决,《最高裁判所民事判例集》16卷6号,第1632页。
④ 文化厅文化部宗务课宗教法人令研究会:《宗教法人法的解说和运用》,第一法规1974年版,第36页。
⑤ 同上。
⑥ 同上。

告。《宗教法人法》第 26 条第 2 款规定,宗教法人变更章程,设定或废止被包括关系时,必须在申请认证之前 2 个月,向信众及其他利害关系人公告章程变更的主要内容。

4. 宗教法人的合并

宗教法人在存续期间,既可能发展顺利,规模扩大,教势昌隆,也可能教势衰败,经营失败。无论出现哪种情况,都可能产生重新整顿宗教组织的需要,常用的整顿方法之一就是合并,包括新设合并和吸收合并。前者是因合并而成立新的宗教法人,后者则是在合并中,一个宗教法人存续,另一个宗教法人解散的情形。无论哪种形式的合并都会影响信众、债权人等利害关系人的利益,尤其是债权人的利益。所以,法律要求在合并事项的公告中,给予宗教法人的债权人特别保护。《宗教法人法》第 34 条第 1 款规定,宗教法人进行合并时,除必须遵守该宗教法人章程的规定外,还必须向信众及其他利害关系人公示合并合同的主要内容,并公告其意思。同条第 3 款规定,该宗教法人应当自公告之日起两周之内,向债权人公告以下事项:对合并有异议的,应自公告之日起不少于两个月的期间内提出异议,并且向已知的债权人进行个别催告。第 4 款规定,如果债权人在法定期间内提出异议的,该宗教法人必须偿还其债务,或提供相当的担保,或者以偿还债务为目的,将相当的财产委托给信托公司或者办理信托业务的金融机构。但合并不会对债权人造成损害的不在此限。宗教法人向主管行政机关提出认证申请时,应当附上对异议债权人的清偿、担保或信托的书面证明。

《宗教法人法》第 36 条规定,因吸收合并而设定或废止被包括关系,需要变更章程的,必须履行第 26 条第 1—4 款规定的程序。

此外,参与新设合并的宗教法人各自选出履行合并程序的人员,既可以是全部役员,也可以是部分役员,还可以是役员之外的人,但是不具备担任役员资格者除外。第 35 条第 3 款规定,参与新设合并的各个宗教法人选任的人,应当在提出认证申请至少两个月之前,向信众和其他利害关系人公示宗教法人章程的主要内容,并公布因合并而设立宗教法人的意思。同样,因合并而设定或废止被包括关系,需要变更章程的,必须履行第 26 条规定的程序。

5. 宗教法人任意解散

《宗教法人法》第 44 条第 2 款规定,宗教法人依法任意解散时,除了遵守该宗教法人章程外,还必须向信众及利害关系人公告如下事项:如果对解散有异议,在公告之日起不少于 2 个月的一定期间内提出申述意见。第 3 款规定,如果信众和其他利害关系人在前述期间之内申述意见的,宗教法人必须充分考虑该意见,重新检讨是否继续解散程序。第 46 条规定,主管机关做出解散认证时,应当审查宗教法人是否履行了第 44 条规定的公告程序。所以,没有公告任意解散事项,或者无视信众及其他利害关系人的意见的,将成为不予认证的理由之一。①

(三) 公告的方法和期间

根据《宗教法人法》第 12 条的规定,设立宗教法人时,必须制作宗教法人章程,而公告方法是章程的必要记载事项,如果未记载,且没有补正的,将得不到主管行政机关的认证。具体的公告方法因宗教法人的不同而有所差异。第 12 条第 2 款列举了公告方法:应在报纸或者该宗教法人办的报刊上登载,或在该宗教法人事务所的通知栏上张贴,以及其他使该宗教法人的信众和其他利害关系人周知的适当方法。并且,公告必须以该宗教法人的代表人,即代表役员或代表役员的代理人的名义发布。

《宗教法人法》没有规定公告的期间,对此应当充分考虑信众及其他利害关系人等所处地域的范围、公告手段等因素,在此基础上确定使信众及其他利害关系人周知的期间。

(四) 公告的法律效力

如果公告有瑕疵,就不会具备公告本应具有的效力。例如,违反法律或法人章程的规定,必须公告而不公告,或者虽然公告了,但内容不明确,或者在法人章程规定的场所之外公告的,或者公告的时间不合理等,均属于公告有瑕疵。

1. 解怠公告的法律效力

违反法律、宗教法人章程,应当公告而不公告的,在不同的情况下会导致两种不同的法律效果:

(1) 公告是主管行政机关认证的前提的场合。《宗教法人法》第 13 条第 2 款、第 27 条、第 38 条、第 45 条等规定,对宗教法人的设立、被包括关系的设定和废止的章程变更以及合并、任意解散等事项申请章程认证时,必须添加公告的证明文件。欠缺证明文件的,主管机关将拒绝受理,因错误而受理的,该受理会被撤销。

---

① 文化厅文化部宗务课宗教法人令研究会:《宗教法人法的解说和运用》,第一法规 1974 年版,第 61、62 页。

(2) 公告不是主管行政机关认证的前提的场合。《宗教法人法》第 24 条规定，宗教法人未公告而处分了境内建筑物、境内地或财产目录上列举的宝物的，该处分行为无效，但不能对抗善意的第三人。本条的目的在于协调宗教法人财产保护与交易安全之间的关系。通说和判例一般认为，欠缺公告程序的财产处分行为能够对抗交易相对人或第三人的条件是对方恶意或有重大过失。①

2. 公告的时间、方法等有瑕疵的场合

公告是主管行政机关认证的前提的场合，由于行政机关的审查是形式审查，所以，一般认为可以采取措施更正公告的瑕疵。对于财产处分的公告瑕疵问题，因涉及与第三人之间的法律关系，应当根据具体案件的实际情况，具体分析判断，而不是绝对地认定有效或无效。

典型判例

违反《宗教法人法》及法人章程的财产处分行为的效力②

案由概要： 有限责任公司松尾企业（下称 X 公司）与阿弥陀寺（下称 Y 寺）之间缔结土地买卖合同，因土地交付、所有权转移登记引发争议。X 公司提起诉讼，要求 Y 寺交付土地并办理土地登记手续。Y 寺则认为双方的土地买卖合同无效。一审、二审法院支持 X 公司的请求。Y 寺院不服，提出申诉，其申诉的主要理由是：

（1）处分财产的公告违反《宗教法人法》及寺院章程的规定。《宗教法人法》第 23 条规定处分法定的重要财产时，应当至少 1 个月前公告，但此处的"1 个月前"应当是 10 天的公示期间结束之后至行为实施之时，在这段期间之内的 1 个月。

（2）买卖合同违反寺院章程规定，未获得寺院总长的同意。

判决要旨： 最高法院驳回 Y 寺的请求，其理由如下：

（1）关于公告的效力。为了防止不当处分宗教法人的财产，《宗教法人法》设置了第 23 条的规定。该条可以解释为：实施法律规定的财产处分行为时，应当遵守法人章程的规定，法人章程没有特别规定的，由责任役员过半数

---

① 渡部蓊：《逐条解说宗教法人法》，行政出版 2009 年版，第 192 页。
② 最高裁判所第三小法庭 1968 年 11 月 19 日判决，《判例时报》544 号，第 41 页。

同意,为了防止不当处分行为的发生,还进一步要求应当至少于1个月之前向信众及其他利害关系人公告。并且,针对违反第23条规定的法律效果,又设置了第24条,即如果没有履行《宗教法人法》和法人章程规定的程序而处分了重要财产的,处分行为无效,但是为了保护交易安全,不能以无效对抗善意的第三人。这一立法设计的目的在于给宗教法人的财产提供彻底保护。所以,宗教法人实施财产处分行为时,根据第23条进行了公告,而公告的时间、期间等虽然与法律、章程的规定不同,但直接认定该行为无效会违背立法宗旨。判断处分行为是否有效时,应当考虑公告是否使信众及其他利害关系人周知了行为的主要内容,以及是否维护了防止不当处分的立法宗旨等因素。本案中的土地买卖合同获得了Y寺责任役员的同意,也咨询了门徒总代,并且在本堂发布了第23条规定的公告。因此可以认定,Y寺发布了使信众及其他利害关系人周知的公告,维护了公告制度的立法目的。所以,即使公告的时间与第23条的规定有差异,也不应当影响处分行为的效力。

(2)关于总长的同意对土地买卖合同的影响。根据《宗教法人法》第23条的规定,宗教法人实施本条规定的财产处分行为时,应当遵守法人章程的规定。Y寺的法人章程第28条第2款规定,处分境内地及境内建筑物等重要财产时,应当获得总长的同意。关于这一规定的含义,从前面分析第23、24条的立法宗旨来看,没有理由认为必须在处分行为实施之前获得总长的同意,之后获得总长同意的,处分行为也有效。所以,认为事前同意是处分行为有效的前提的观点不合理。

并且,根据相关事实可知,X公司并不知道申请未获得总长的同意,而是相信总长已经同意了,所以Y寺不能以处分行为无效对抗善意的X公司。

可见,法院并没有采取严格的形式主义适用第23、24条的规定,而是从立法宗旨出发,判断公告的时间、方法以及法人内部章程等是否合理有效。只要公告达到了让信众等周知的目的,内部程序发挥了防止不当处分财产的作用,即使公告的时间、方法等有瑕疵,也不影响财产处分行为的效力。

三、文件簿册的查阅

为了促使宗教法人合法经营管理,提高宗教法人在经营管理过程中的民主性和透明性,《宗教法人法》设置了宗教法人基本文件资料的制作、备置、提交和查阅制度。第25条详细规定了以下相关内容:

第2款规定,宗教法人的办事机构内应当经常备置下列文件及账簿:(1)章程及认证书。(2)役员名册。(3)财产目录及收支预决算表,制作资产负债表的,该资产负债表。(4)有关境内建筑物(财产目录中记载的除外)的文件。(5)责任役员及章程中规定的其他机关的议事文件以及事务处理簿。(6)从事第六条规定的事业时,有关该事业的文件。

第3款规定,宗教法人的信众及其他利害关系人,对于查阅前款规定的文件和账簿有正当利益,并且该查阅请求不具有不正当目的的,宗教法人应当允许其阅览。

第4款规定,宗教法人应当在每个会计年度终了后4个月以内,向主管机关提交依据第2款规定的备置于办事机构的第(2)至第(4)项及第(6)项文件的副本。

第5款规定,主管机关处理根据前款规定所提交的文件时,应当特别注意尊重宗教法人的宗教上的特性、习惯,不得妨害信仰自由。

(一) 文件簿册的制作与备置

根据《宗教法人法》第25条第2款的规定,宗教法人应当在办事机构备置以下文件、簿册:

第一,宗教法人章程中规定的宗教法人的目的范围及权利义务等与管理运营有关的基本事项,是决定、执行宗教法人事务的依据,因此有必要在办事机构备置宗教法人章程和主管机关的认证书。

第二,役员名册记录的代表役员、责任役员,以及其他参加宗教法人管理的机关成员、监事等的姓名、就任日期、职务等。

第三,财产目录列举了各项财产及其价额,反映了一定时点的总财产的静态状况。收支预决算表记录了一个会计年度的收入、支出情况,从财务层面反映宗教法人在某个会计年度的活动情况。

第四,宗教法人所有的境内建筑物应当记载于财产目录中,租借的境内建筑物不计入财产目录,而是记入"有关境内建筑物的文件"中。

第五,责任役员及其他宗教法人章程规定的机关,作出意思决定的经过及所决定的事项记入"责任役员及其他机关的议事文件"中,以及为了实现宗教法人的目的而处理相关事务的日志。

第六,宗教法人除了从事宗教活动之外,还从事《宗教法人法》第6条规定的公益事业及公益事业以外的事业的,应当制作、备置记录该事业的种类、内容、经过的文件。

《宗教法人法》没有详细规定上述文件的保存期间。实践中,文件、簿册的性质不同,保存期间也不相同。宗教法人章程、认证书一般永久保存,涉及税法上事业的文件需要保存7年。

(二) 文件簿册的查阅

根据《宗教法人法》第 25 条第 3 款的规定,信众及其他利害关系人有权阅览前述文件、簿册。这一规定是 1995 年《宗教法人法》修改完善之后的条款。

1. 1995 年以前的立法及司法实践

1995 年《宗教法人法》修改之前,立法没有明确规定檀徒可以查阅宗教法人的文件、账簿,司法实践对此有截然相反的观点。京都地方法院认为,宗教法人的运营活动包括两方面:一方面是以宗教教义为基础的宗教活动,另一方面是作为一个社会团体所进行的财产管理和事务处理。对于前者,檀徒不能从世俗的角度加以干涉。与此相对,寺院财产的管理运营与担负起寺院财政基础的檀徒有着密切关系,当然会受到檀徒的关注。因此,《宗教法人法》承认檀徒等信众在法律上的特殊地位,设置公告制度,规定宗教法人章程的制定、变更、合并、解散、财产处分等重大事项应当向信众及其他利害关系人公告;解散时,信众等利害关系人有陈述意见的权利,以确保代表役员、责任役员能够公正、适当地执行重大业务,保障宗教法人管理运营财产的行为透明、民主。既然《宗教法人法》第 25 条第 2 款规定宗教法人有设置账簿及文件的义务,当然可以解释为相关主体有权查阅这些文件及账簿。宗教法人的监督管理机关、税务机关基于监督管理权,可以查阅相关文件、账簿;责任役员作为宗教法人的执行机关,为了执行业务的方便也有权查阅。这些主体的查阅权利,与宗教法人设置文件、账簿的法定义务没有直接的关系。与宗教法人备置文件及簿册的义务相对应,应当赋予信众等利害关系人查阅请求权,以保障宗教法人的管理运营活动符合公正、民主的要求。所以,即使《宗教法人法》及寺院章程中没有规定檀徒对寺院的权利、资格,也不能否认第 25 条蕴含了檀徒等利害关系人有查阅相关文件、账簿的权利。[①]二审法院撤销了京都地方法院的判决,驳回檀徒的阅览申请,理由有以下几点:(1)《宗教法人法》中没有规定信众有查阅账簿、文件的权利;(2) 本案寺院章程中也没有规定檀徒有类似的权利;(3) 查阅请求权本身并不是结果性的权利,而是监督法人机关执行职务、追究责任人员责任的手段性权利,法律和寺院章程中均未规定檀徒等信众有监督业务执行、追究责任的权利,也没有听取檀徒对公告事项的意见的制度;(4) 宗教法人的礼拜设施等财产大多来自信众

[①] 东京地方裁判所 1987 年 2 月 12 日判决,《判例时报》1227 号,第 88 页。

的布施,因而信众对其财产管理运营并非不关心,但是,宗教法人与具有营利目的的公司不同,信众接受教化达到宗教的自觉,以此信念为基础实施宗教行为,这是宗教法人的本来目的。宗教法人的管理运营事务委托给代表役员、责任役员,本案寺院章程限制檀徒参与寺院的运营管理,不是总代的一般檀徒无权监督业务执行和追究相关人员的责任。因此,信众等利害关系人不享有手段性的查阅权①。

可见,由于 1995 年之前的《宗教法人法》未明确赋予信众等利害关系人查阅宗教法人文件、账簿的权利,导致实务中产生了两种完全对立的观点。在 1995 年的立法修改中,采纳了保障宗教法人管理运营公正、民主的观点,赋予包括檀徒在内的信众等利害关系人查阅文件、账簿的权利。

2. 行使查阅权的条件

虽然信众等利害关系人有查阅宗教法人文件、账簿的权利,但是这一权利并不是无限的,为了维护宗教法人的正常管理与运营,《宗教法人法》第 25 条第 3 款规定了信众等利害关系人行使查阅权的条件。

(1) 查阅对象的范围。查阅对象仅限于第 25 条第 2 款列举的文件、账簿,包括:宗教法人章程、认证书、役员名簿、财产目录及收支预决算表、资产负债表、有关境内建筑物的文件、责任役员及其他机关的议事文件及事务处理簿、从事公益事业及其他事业的文件。

(2) 查阅的主体。查阅主体仅限于信众及其他利害关系人。因各个宗教法人的特点、习惯不同,由宗教法人自行决定信众及利害关系人的范围,同时参考文部省、文化厅的说明。寺院的檀徒或神社的氏子中:① 与宗教法人有持续关系、对财产基础的形成有贡献者;② 具有总代地位、章程明确规定能够参与管理运营者;③ 宗教教师等与宗教法人有雇佣关系者;④ 债权人、保证人等与宗教法人有交易关系者;⑤ 因法人行为受到损害而拥有赔偿请求权者;⑥ 有包括、被包括关系的宗教法人。②

(3) 查阅主体须有"正当利益""正当目的"。为了保护信众及利害关系人等与宗教法人有密切经济关系的主体的利益,《宗教法人法》赋予这些主体有查阅宗教法人基本文件、账簿的权利。同时,为了防止相关主体滥用权利,妨碍宗教法人的正常运营,又必须对查阅权的行使加以限制,要求查阅者须有"正当利益"和"正当目的",但是,立法并没有明确界定"正当利益"和"正当目的"的涵义与范围。关于"正当利益",通常认为应当从维护宗教法人正常

---

① 东京高等裁判所 1988 年 9 月 26 日判决,《判例时报》1293 号,96 页。
② 1995 年 11 月 2 日,众议院宗教法人特别委员会意见。

运营和保护债权人的角度,由宗教法人根据备置的文件资料的情况、请求者的立场,判断请求者对于请求事项是否具有查阅的利益。关于"正当目的",有观点认为以宗教活动以外的目的请求查阅,例如为了收购宗教法人而查阅财产目录,或者为了把相关信息提供给第三人而查阅,或者为了向收集并贩卖信息者出售宗教法人的信息而获利等,这样的查阅均不具有"正当目的"。①

典型判例

主管行政机关是否有权允许第三人
查阅宗教法人提交的文件资料②

案由概要:日香寺是鸟取县内的寺院。2005年5月10日,鸟取县知事根据《鸟取县信息公开条例》,应鸟取县境内有住所的第三人的请求,作出以下决定:公示日香寺根据《宗教法人法》第25条第4款向鸟取县提交的役员名册、财产目录、收支情况表等文件(下称本案文件)。鸟取县没有向日香寺说明请求公示者为何人,县知事在作出公示决定时,也没有询问请求公示的理由、目的。日香寺认为,鸟取县的决定违反了法律和主管大臣的指示,侵害了寺院的信教自由,诉请撤销公示决定。本案争议的焦点比较多,与本章所述内容有关的争议是:主管行政机关是否有权公开本案文件信息?

日香寺主张,《宗教法人法》第25条第3款对备置于宗教法人办事机构的文件资料,规定了严格的限制公示的条件,其立法目的在于防止无正当利害关系的第三人利用相关资料,诽谤中伤宗教活动或干涉宗教法人的独立运营,保障宗教法人及其关系人的信教自由,尤其是避免结社自由受到侵害。同条第5款规定,主管机关处理所提交的文件时,应当注意不得违反信教自由。也就是说,禁止向有不当利益或不当目的者公示相关文件。所以,本案文书属于法令规定禁止公示的文件。鸟取县则主张,第25条第3款调整的是宗教法人与信众等主体之间的关系,第5款仅规定了处理提交的文件时的注意义务,并非禁止公示的规定。

判决要旨:一审、二审法院均认定鸟取县知事无权公开本案中的文件资料。

然而,两审法院并没有采纳日香寺的主张,认为不能从《宗教法人法》第

---

① 1995年11月2日,众议院宗教法人特别委员会意见。
② 广岛高等裁判所松江支部2006年10月11日判决,《判例时报》1983号,第68页。

25 条第 3 款、第 5 款的规定中得出本案文件禁止公开的结论。二审法院在判决中认为:"第 25 条第 3 款规范的对象是,信众及其他利害关系人请求查阅备置于宗教法人办事机构的文件,而不是向主管机关提交的文件。另外,第 5 款仅规定了主管机关在处理所提交文件时的注意事项,并不是禁止公示文件或公示的具体标准的规定。"

二审法院判决鸟取县的决定违法的理由如下:本案发生之前,文化厅次长于 2004 年 2 月 19 日,向各都道府县知事发布了一个通知——《与〈宗教法人法〉相关的都道府县法定受托事务处理基准》(15 厅文第 340 号)。根据这一通知,《宗教法人法》第 25 条第 4 款规定的宗教法人向主管机关提交的文件,当有人提出公示请求时,从保护信教自由的立场出发,除登记等公知事项以外,原则上不公开。本案中,首先需要确定请求公示的文件的管理是法定受托事务,还是自治事务。如果是法定受托事务,就应当遵守前述通知的规定,如果是自治事务,前述通知就没有拘束力。一审法院认定为自治事务,但与法定受托事务有密切关系。二审法院认定为法定受托事务,其理由主要有:(1)《宗教法人法》第 87 条之 2 列举的法定受托事务中有第 25 条第 4 款,但没有该条第 5 款。虽然如此,但是如果受理了文件的提交,就自然会产生管理这些文件的事务。因此,第 25 条第 4 款可以理解为包含了管理这些文件的事务。(2)根据《地方自治法》第 2 条第 9 款第 1 项的规定,法定受托事务是应当由国家承担的事务,为了确保其适当处理而由法令特别规定。所以,认为主管机关只受理和保管宗教法人提交的文件资料的观念,不符合法定事务的立法宗旨。因此,主管机关对宗教法人提交的文件,除了受领、保管之外,还有实质的管理权限。(3)第 25 条第 3 款规定的阅览限制,反映了应当尊重宗教法人及其利害关系人信仰自由的原则。

二审法院根据相关法令的规定、法定受托事务的性质、保障信教自由等多个角度,充分论证了主管机关对所提交文件的管理属于法定受托事务的范畴。论证非常充分,没有质疑的余地。但是,一审、二审法院均认定,第 25 条没有禁止主管机关公开宗教法人提交的文件,这一认定的合理性值得怀疑。《宗教法人法》第 25 条第 3 款规定的阅览限制,目的在于保障信教自由。那么,向主管机关提交的文件,也必然会涉及信教自由的保护。如果一旦宗教法人向主管机关提交文件之后,主管机关可以向任何人公示,而不考虑是否具有利害关系,那么第 3 款规定的阅览限制的目的将毫无意义。此外,第 5 款也规定了"不得妨碍信教自由"。第 3 款的立法宗旨和第 5 款应当尽可能地受到尊重。所以,本案文件不得向没有正当利害关系的人公示。①

---

① 菅充行:《宗教法人和信息公开》,载《宗教法》27 号,第 72 页。

四、小　　结

宗教法人作为具有独立人格的社会团体,在其存续期间为了实现其目的除了实施宗教行为外,还必须管理运营团体的财产,实施世俗层面的行为,因而随着时间的推移,宗教团体的组织机构、财产状况等会发生变化。在实施各类社会活动时,宗教法人不可避免地会与政府、信众、交易第三人,乃至社会公众之间发生各种联系,由此产生了相关利害关系主体了解宗教法人的信息的需要。于是,《宗教法人法》设置了登记制度、公告制度及账簿文件阅览制度,综观这三项公示制度,有以下几个特点值得注意。

(一) 公示制度的立法目的明确

公示制度的立法宗旨是为了保护相关主体的知情权,促使宗教法人的管理运营透明、民主。首先,为了满足政府管理宗教团体的需要,宗教法人的设立、章程变更等重要事项需要办理登记。此外,宗教法人还应当向主管机关提交财产目录及收支预决算表、资产负债表等财务文件,以便政府管理机关掌握宗教法人的相关信息,在及时管理的同时给予宗教法人特殊的保护。其次,保护信众的知情权。宗教法人的财产主要来自信众的捐赠,虽然信众对宗教团体的财产没有直接的权利,但是不能否认信众与宗教法人的财产关系,因而《宗教法人法》设置了处分重要财产的公告制度,使信众及时了解重要财产的变化情况。最后,保护债权人的利益。宗教法人在管理运营财产时,必然会与社会第三人之间产生财产上的权利义务关系,宗教法人的财产变动关涉债权人利益的实现,因此债权人有权了解宗教法人的有关财产的信息。

(二) 公示信息的范围清晰而广泛

例如,宗教法人应当登记的信息有:目的、名称、办事机构的场所、基本财产、代表人的姓名和住所等;应当向信众公告的事项有:设立宗教法人、处分重要财产、合并、解散等;利害关系主体可以查阅的信息有:宗教法人章程、认证书、役员名簿、财产目录及收支预决算表、资产负债表、有关境内建筑物的文件、机关的议事文件及事务处理簿等。由此可见,公示信息的范围相当广泛,以此保证宗教法人管理运营的透明与民主,使其符合《宗教法人法》第 2 条规定的目的。

(三) 防止知情权的滥用

　　立法在保障相关主体的知情权的同时,也保护宗教团体的信教自由的权利,对查阅权主体、查阅目的进行了限制,以防止相关主体滥用查阅权损害宗教团体的利益。同时,对于政府所管理的宗教法人的信息能否向第三人公开的问题,司法判例认定不能随意公开。换言之,相关主体的知情权不是无限的,而是以尊重信教自由为前提的有限制的知情权。

第七章　宗教行政管理

第二次世界大战之前,日本的宗教政策一直是国家政策的重要组成部分,尤其是从明治在位到战争结束这一时期,国家宗教政策的基本原则是统制、监督宗教团体。随着战争的结束,日本的宗教政策发生了非常大的变化。1945年,联合国军最高司令部(GHQ)颁布了一系列指令,废除限制宗教自由、支持国家神道的政策。1947年《日本国宪法》颁行,在宪法上确立了信教自由和政教分离的原则。围绕信教自由原则,宗教立法几经修改:1945年颁布《宗教法人令》,取代了战前的《宗教团体法》;施行几年之后,1951年制定了现行的《宗教法人法》。通过这一系列的改革措施,宗教行政的权限受到限制:以尊重宗教团体的自治为基础,仅对法律规定的宗教法人管理运营的世俗事务进行管理。这一原则成为日本宗教行政一贯秉持的基本理念。

一、宗教行政的变迁及其特性

随着"二战"后宗教行政机关的调整,日本宗教行政的具体特性也几经变迁,最后形成目前的"宗教行政的文化行政"的特色。[①]

(一) 战后宗教行政的变迁

战后,宗教行政管理工作由文部省的宗务课负责,其上级组织机关曾经历三次变迁,宗教行政的特性也随之发生变化,但是宗务课作为中央层面的主管宗教事务的机关的地位一直未曾改变。

1. 1945—1951年(文部省大臣官房时代)

战后初期的1945年10月,宗务课隶属于社会教育局,第二年4月转为大臣官房的下属机构,进入文部省大臣官房时代。这一时期也就是占领时期,日本根据联合国军最高司令部(GHQ)的指令,废除《宗教团体法》,颁布《宗教法人令》,制定《日本国宪法》,施行《宗教法人法》。通过一系列措施,对

---

① 根木昭:《宗务行政的性格与宗教法人法的特征》,载《宗教法》12号,第236页。

宗教制度进行了大刀阔斧的改革，彻底确立了信教自由和政教分离的原则，排除了政治、行政对宗教的干预。

这一时期的宗教制度的整体改革，是当时文教政策中最优先、最重要的课题。由一个部门负责处理如此复杂而重要的宗教问题并不符合当时的宗教改革形势，所以，日本政府最初将宗务课设在了社会教育局之下；半年之后，又移至大臣官房之下，而大臣官房是文部行政的要害部门，由文部省亲自推行强有力的宗教制度改革。这一时期的改革措施，为战后的宗教制度和宗教行政的发展奠定了基础。

2. 1952—1965 年（文部省调查局时代）

1952 年 8 月，宗务课被转移至文部省调查局之下，一直持续 10 年左右。这一时期，除了适用前一时期的各项制度之外，还增加了一项重要的行政职能：宗教资料的搜集和提供。宗教行政机关的这一职责延续至今。宗务课作为调查局的一个部门，其任务与以往致力于宗教制度改革不同，这一时期主要是开展新的宗教行政工作。

3. 1966 年至今（文部省文化局、文化厅时代）

1966 年 5 月文化局设立时，宗务课被划归到该局之下。当时正值经济高速成长期，经济优先的风潮席卷日本全国，肆意开发、公害等社会问题层出不穷。与各种社会问题相伴随的是道德荒芜、精神颓废，日本社会意识到了文化的重要性，为了振兴文化，国家设置了文化局。1968 年，文化局与文化财产保护委员会合并，成立文化厅。

毋庸置疑，宗教是一种文化现象，构筑了文化的基础。所以，从文化的角度看待宗教及宗教行政，更能反映宗教这一现象的本质。并且，宗教行政在文部省大臣官房时代，本来就是文化教育行政的一部分。宗务课作为文化部门的下属机构，隶属于文化行政部门，符合宗教行政的本来特性。自 1966 年开始，宗教行政作为文化行政的构成部分一直运行到现在。

（二）宗教行政的文化特性

《文部省设置法》第 2 条对文化行政中的文化进行了界定，即"艺术及国民娱乐、文化财产保护法中规定的文化财产、出版和著作权及著作权法中规定的其他权利、以及推动与此相关的国民文化生活发展的活动"。该法第 12 条规定了文化厅的任务，即振兴、普及前述文化，保护文化财产及其实际利用，同时执行与宗教有关的国家行政事务。文化厅的任务被概括为五项：文化的振兴与普及、文化财产的保护和利用、国语的改善、著作权的保护、宗教行政的运营。从第 12 条的规定来看,虽然管理宗教事务是文化厅的任务,但宗教并没有包含在第 2 条的"文化"之中。如果包含在文化之中,文化的振兴就含有振兴宗教的意思,这与宗教保持中立的信教自由及政教分离的原则相抵触,因此将宗教从文化中分离出去,另外规定。

上述立法中的文化概念是一种狭义的文化。实际上,文化创造的动力来源于思想、信仰、情感,所创造出的文化财产在普及、传播的过程中,又刺激了思想、信仰、情感,再一次创造文化,如此循环往复,不断推动文化向前发展。其中的宗教信仰,自古以来就在文化创造活动中发挥着重大作用,而源自信仰的宗教虔诚更是文化创造的原动力。所以,宗教是广义的文化现象,被视为日本国民精神文化的基础。

虽然狭义的文化中不包含宗教,但是宗教行政却被划为文化厅的管辖范围,成为文化行政的组成部分,反映了宗教行政的文化性质。并且,从宗教信仰是文化创造活动的原动力的角度,也不难理解宗教行政的文化性质。

二、宗教法人的行政主管机关

宗教法人的行政主管机关是文部科学大臣和都、道、府、县知事。由于宗教、信仰是与人的生老病死、人性有根本联系的普遍社会现象,宗教活动也具有超越地域与时空的特质,因而与宗教团体有关的事务也就不是单纯的局部性、地域性的事务,而是涉及国家及全体国民的国家事务。① 除了作为国家机关的文部科学大臣之外,国家根据《地方自治法》的规定,也将部分宗教事务委托给地方行政机关的都、道、府、县知事处理。

(一) 行政主管机关的管辖范围

依据《宗教法人法》第 5 条的规定,管辖宗教法人的行政机关,原则上是该宗教法人主要办事机构所在地的都道府县的知事,但是,具备法定情形的,由科学文部大臣管辖。具体而言,国家和地方主管机关的管辖范围划分如下:

1. 文部科学大臣管辖的宗教法人

文部科学省大臣管辖的宗教法人有三类:

---

① 文化厅文化部宗务课宗教法人令研究会:《宗教法人法的解说和运用》,第一法规 1974 年版,第 7 页。渡部蓊:《逐条解说宗教法人法》,行政出版 2009 年版,第 81 页。

第一，在其他都、道、府、县拥有境内建筑物的宗教法人，包括宗教法人、被包括宗教法人、单位宗教法人。

第二，第一项以外的包括第一项宗教法人的宗教法人。此处的包括宗教法人在所在的都、道、府、县之外的地方，虽然没有境内建筑物，但其所包括的宗教法人在其他都、道、府、县有境内建筑物。

第三，第一、二项以外的包括其他都、道、府、县宗教法人的宗教法人。在这种情况下，该宗教法人和被包括宗教法人，虽然在其他都、道、府、县没有境内建筑物，但被包括宗教法人位于包括宗教法人所在的都、道、府、县之外的地方。

所谓的"其他都、道、府、县"，指的是宗教法人主要办事机构所在地以外的都、道、府、县。对于境内建筑物，不一定必须拥有所有权，有租赁权也可以，但是临时使用的不包括在内。①

2. 都、道、府、县知事管辖的宗教法人

从理论上讲，文部科学大臣管辖之外的宗教法人应当由都、道、府、县知事管辖。有学者具体列举了都、道、府、县知事管辖的宗教法人②：

第一，仅在主要办事机构所在地的某一个都、道、府、县内，有境内建筑物的被包括宗教法人和单位宗教法人。

第二，包括宗教法人，且仅在同一都、道、府、县内有被包括宗教法人，且包括宗教法人和被包括宗教法人在其他都、道、府、县内没有境内建筑物。

第三，包括不具有宗教法人人格的宗教团体的宗教法人，且仅在主要办事机构所在地的一个都、道、府、县内有境内建筑物。

3. 主管行政机关的变更

从前述的划分可以看出，主管行政机关的确定标准是宗教法人的主要办事机构所在地、包括关系及境内建筑物的所在地，所以，一旦这些因素发生变化，主管行政机关就会随之变更。例如：

第一，主管机关是都、道、府、县知事的宗教法人，在其他都、道、府、县拥有了境内建筑物；

第二，主管机关是都、道、府、县知事的宗教法人，其被包括宗教法人的主管机关变为文部科学大臣；

第三，在其他都、道、府、县拥有境内建筑物的宗教法人，不再拥有该境内

---

① 1995年12月26日，文化厅文宗133号。
② 渡部蓊:《逐条解说宗教法人法》，行政出版2009年版，第78页。

建筑物的,主管机关从文部科学大臣变更为都、道、府、县知事。

第四,包括其他都、道、府、县宗教法人的宗教法人,其被包括宗教法人的主管机关,变为管辖该包括宗教法人主要办事机构所在地的都、道、府、县知事的。

第五,主要办事机构所在地发生变化的,宗教法人的主管行政机关通常也会随之变更。根据《宗教法人法部分修改法的施行中主管行政机关变更事项的处理》,此类变更有:(1) 都、道、府、县知事管辖的宗教法人的主要办事机构迁移到其他都、道、府、县的;(2) 包含有1个以上的宗教法人且其主管机关是都、道、府、县知事的包括宗教法人,主要办事机构迁移到其他都、道、府、县的;(3) 主管机关是都、道、府、县知事的包括宗教法人,在其主要办事机构所在地以外的都、道、府、县有被包括宗教法人的;(4) 文部科学大臣主管的宗教法人,其主要办事机构迁移到与全部被包括宗教法人相同的都、道、府、县境内的;(5) 文部科学大臣主管的宗教法人,在主要办事机构地之外的都、道、府、县,不再有被包括宗教法人的。

4. 主管机关管辖范围的立法变化

《宗教法人法》制定的时候,由于交通不发达等因素的影响,宗教团体的活动范围有限,具有很强的地域性。虽然宗教事务是国家的事务,但是,由文部大臣处理所有的宗教事务也是非常困难的。所以,鉴于当时的宗教活动的特点,大多数宗教事务被委托给都、道、府、县知事处理。然而,《宗教法人法》制定之后的几十年,宗教活动发生了非常大的变化:国内逐渐出现了规模巨大的宗教法人,并且突破所辖主管机关的领域,活动范围扩大到其他都、道、府、县境内。在这种情况下,地方主管行政机关很难掌握某一宗教法人在其他区域的活动情况,而该区域的行政机关也很难处理本区内的非由自己管辖的宗教法人的事务。换言之,在主管机关辖区之外发生的问题,仅由一个都、道、府、县的知事是无法处理的。

为了使主管机关能够切实履行其责任,国家和地方应当合理分担职责。于是,1995年11月众议院通过了《宗教法人法部分修改的法律》,重新划分国家与地方行政机关管辖宗教法人的范围。根据该法第5条第2款的规定,在其他都、道、府、县内拥有境内建筑物的宗教法人的主管机关,由都、道、府、县知事变更为文部大臣。这样一来,之前由都、道、府、县知事管辖的单位宗教法人,以及具备条件的包括宗教法人变为由文部大臣管辖。例如,创价学会、统一教会等在全国各地拥有建筑物的单位宗教法人,本来由东京都知事管辖,现在则移交给文部大臣管辖。当然,如果由都、道、府、县知事移交给文部大臣管辖的宗教法人,在其他都、道、府、县不再拥有建筑物了,管辖权就由文部大臣移交给都、道、府、县知事。

尽管大多数意见支持 1995 年的修改,但是也有学者对此提出了批评。根据当时的修改理由①可以看出,修改的目的是强化对宗教法人的指导和监督。例如,理由之一是:"民法规定的其他公益法人中,在两个以上都、道、府、县有事业的,主管行政机关为文部科学大臣。只在一个都、道、府、县有事业的法人,由都、道、府、县知事管辖。"理由之二是:对于在全国范围内举行宗教活动的宗教法人,都、道、府、县知事难以进行指导、监督。批评者认为,民法上法人的主管机关是以监督为前提的。从这两个理由不难看出,修改的目的是为了加强对宗教法人的监督,这违背了根据宪法的信教自由、政教分离原则而制定的《宗教法人法》的立法目的。《宗教法人法》第 1 条明确规定,本法的立法目的是帮助宗教团体拥有、运用财产,而赋予宗教团体法律人格,以及信教自由在一切国家行政中应当受到尊重。宗教法人不同于民法上的其他社会团体,其主管机关并没有被赋予监督的权限。所以,此次修改将宗教法人的主管机关置于掌握、监督宗教活动的地位,有违背《宪法》的嫌疑。②

(二) 主管机关的权限

根据宪法上的政教分离原则和《宗教法人法》的相关规定,宗教法人的行政主管机关的权限主要有以下几项。

1. 章程认证

《宗教法人法》第 14、28、39、46 条规定,宗教法人设立、变更章程、合并、任意解散时,应当履行法定的程序,同时接受行政机关的认证。如果申请符合法律规定,行政机关受理之后,应当在一定期间之内做出认证或不认证的决定。行政机关对申请没有管辖权的,应当驳回申请;对没有管辖权的申请进行认证的,属于无效行政行为,不发生法律上的效果。③

2. 章程认证的撤销

《宗教法人法》第 80 条规定,在对宗教法人的设立、新设合并进行认证之后,有证据证明欠缺宗教团体构成要件的,例如,伪造法定申请文件获得认证

---

① 1995 年 9 月 2 日,文部大臣向宗教法人审议会提交的《关于宗教法人制度的修改》的报告。
② 桐谷章:《围绕宗教法人法修改的问题点:对宗教团体管理要素的导入与评价》,载《创价法学》第 26 号,第 23—25 页。
③ 宗教活动研究会编:《宗教法人实务必携》,宗教活动研究会 1958 年版,第 51 页。

的,在认证书交付之日起 1 年之内,主管机关可以撤销该认证。

3. 公益事业以外的其他事业的停止命令

《宗教法人法》第 79 条规定,宗教法人举办公益事业之外的其他事业,有违反该法第 6 条第 2 款规定的事实的,管辖行政机关可以对该宗教法人发出为期 1 年的停止该事业的命令。根据第 6 条第 2 款的规定,宗教法人可以从事公益事业以外的事业,但是这里的"公益事业以外的事业",指的是不违反宗教法人的目的,并且,从事公益事业以外的事业所获收益必须用于该宗教法人、包括该宗教法人的宗教团体或该宗教法人援助的宗教法人。违反这一规定的,行政机关可以发出停止命令。不过,停止事业不是废止事业,而是为了纠正宗教法人的不适当行为。所以,当停止事由再一次出现时,可以再一次发布停止事业的命令。

4. 申请法院发出解散命令

当宗教法人具备《宗教法人法》第 81 条第 1 款所列事由时,法院可以根据行政主管机关、利害关系人、检察官的申请,发布解散宗教法人的命令。由于法院的解散命令是剥夺法人人格的最终决定,所以只有确实存在客观解散事由时,法院才能做出发布解散命令的决定。《宗教法人法》赋予宗教团体法人人格后,如果宗教团体滥用法人人格,就会违反赋予其法人人格的立法目的,因而剥夺其法人人格也是理所当然的。然而,鉴于国家权力镇压宗教的历史事实,以及解散制度可能侵害宗教团体和信众的信教自由,所以,《宗教法人法》规定了严格的解散条件,同时也规定应当由法院判断是否解散,而不是行政机关。本条中的"利害关系人"是与宗教法人的存续有利害关系的人,包括该宗教法人的包括宗教法人、债权人、债务人、信众等。① 解散主要事由有以下几项:

(1) 违反法律且显著危害公共福祉的行为。仅仅"违反法律"或"危害公共福祉"的行为,不符合解散条件,该行为必须同时满足"违反法律"和"危害公共福祉"的要件,并且还必须是"显著"危害公共福祉,只有依据社会一般观念是"显而易见"的危害时,法院才能命令解散宗教法人。不能确定是否显著危害社会公共福祉的,不能解散宗教法人。"公共福祉"的概念在宪法及其他法律中也经常出现,但相关法律中并没有明确其具体内容,是一个非常抽象的概念,学说与判例中有很多种解释。一般观点认为,公共福祉超越个体利

---

① 大阪高等裁判所 1963 年 6 月 10 日决定,《下级裁判所民事判例集》14 卷 6 号,第 1127 页。

益,有时甚至会制约个体利益,为此必须公平地调整社会中相互矛盾的个体利益,保障个人人权的实现。学界认为"危害公共福祉"指的是违反社会道德、社会基本秩序等反社会行为。例如,宣扬违背道德的教义,扰乱道德秩序;举行狂信的仪式,危害生命健康;欺骗信众,敛取财物;暴力活动;等等。①

这里的违法行为指的是宗教法人的行为,法人构成成员的纯粹个人行为不会产生此种问题。具体而言,虽然违法行为是由作为自然人的役员、职员等实施的,但如果仅是自然人个人的行为,就不符合该条款规定的情形。然而,只要违法行为是依据宗教法人责任役员会的意思决定实施的,或者因责任役员等容忍违法行为而被认定为宗教法人行为的,就属于本条款规定的情形。

(2) 明显脱离《宗教法人法》第 2 条规定的宗教团体目的的行为,或 1 年以上未实施目的行为。

违背赋予宗教团体法人人格的立法宗旨,脱离法人目的的行为、懈怠行为等均属于解散事由。宗教团体的目的是举行宗教活动,实施脱离宗教团体目的的行为,会导致宗教团体丧失存续的基础。此外,超过 1 年未从事宗教团体的目的活动,无法发挥宗教团体的机能时,就没有必要承认其存续,应对其加以整理。

宗教法人以举行宗教活动为主要目的。如果宗教法人不举行宗教活动,而实施营利行为、参加政治活动的,不能立即断定宗教法人脱离了其目的,而应当根据各种因素综合判断。例如,所实施的活动的目的、与宗教法人目的的关系、规模大小、是否具有持续性等。

(3)《宗教法人法》第 2 条规定的单位宗教团体,没有不得已的理由,在其礼拜设施灭失后超过 2 年不完善该设施的。礼拜设施是神社、寺院、教会、修道院等单位宗教法人成立、存续的要件之一,灭失之后,没有正当理由不再建设的,符合解散宗教法人的条件。

(4) 超过 1 年,代表役员及代行其职务者缺员的。代表役员是宗教法人的代表机构,在对内对外活动中发挥着中枢作用,缺员将导致宗教法人的管理活动发生困难,使宗教法人的存续面临困境。因此,代表役员长期缺员的,应当命令其解散。

(5) 自宗教法人的设立认证书、新设合并认证书交付之日起,经过 1 年,该宗教团体欠缺宗教法人要件的。

在撤销宗教法人认证、命令停止事业活动、发出解散命令时,应当对请求

---

① 渡边一雄:《宗教法人法例解》,第一法规 1978 年版,第 243、244 页。

者提供的相关事实是否符合法定事由进行确认,当认为相关事实明显符合法定要件时,管辖行政机关应当根据法定程序行使质问权,但原则上不能对信仰、规律、习惯等宗教上的事项进行调查。

5. 要求宗教法人提供报告、提出质问

当行政机关对是否符合《宗教法人法》第79、80、81条规定的事由存有疑问时,有权要求宗教法人提供报告,向宗教法人提出质问。行政主管机关对以下事项有疑问时,可以行使质问权:(1)宗教法人举行公益事业以外的事业,有违反《宗教法人法》第6条第2款规定的事实的;(2)对宗教法人的设立、合并章程进行了认证,而该宗教法人欠缺宗教团体要件的;(3)具有向法院提出解散命令申请的事由的。对于前述任何事项存有疑义的,在《宗教法人法》所允许的限度内,可以要求该宗教法人提供有关业务、事业管理运营的报告,或者向宗教法人的代表役员、责任役员及其他利害关系人提出质问。行政主管机关的工作人员为了向宗教法人提出质问,需要进入宗教法人的建筑物等设施时,必须经代表役员、责任役员及其他利害关系人的同意。主管行政机关要求宗教法人提交报告、向其提出质问之前,应当事先向宗教法人审议会做出说明,听取其意见,不能一方恣意妄断。

6. 受理宗教法人有关登记的申报

首先,根据《宗教法人法》第9条的规定,宗教法人按照第7章的规定办理了设立登记、变更登记、合并登记、分支机构登记、礼拜用建筑物及用地的登记后,应当不迟延地将登记簿的副本或有关登记事项的抄本备齐,向管辖行政机关申报。

其次,根据《宗教法人法》第25条第4款的规定,宗教法人在每个会计年度结束后4个月内,必须在办公场所备置以下文件,并将复印件提交主管行政机关:财产目录、收支预决算书、资产负债表、有关境内建筑物的文件,以及从事本法第6条规定的事业时,与该事业相关的文件。

三、认 证 制 度

根据《宗教法人法》第14、28、39、46条的规定,宗教法人的设立、章程变更、合并以及任意解散等事项应当由主管行政机关,即都、道、府、县的知事或文部大臣进行认证,以确认相关事项是否满足法律规定的要件。

（一）认证制度的立法宗旨及性质

1. 认证制度的立法宗旨

战前的《宗教团体法》中的认可制具有管制、镇压宗教团体的弊端，而战后的《宗教法人令》的申报制因"无管制"而备受诟病。鉴于这两部立法在政府管理宗教团体方面的缺陷，在充分考虑宪法上的信教自由及政教分离原则的基础上，构筑了认证制度。在1951年2月28日的众议院文部委员会上，宗务课长在提案理由中说："本法中设置了登记前接受所辖行政机关认证的制度，希望通过该制度防止滥用自由，避免非宗教团体成为宗教法人以及利用违反法令的章程成立宗教法人，从而妨碍交易安全。"在1951年3月17日的众议院文部委员会的会议上，再一次详细阐明了认证制度的立法理由：根据现行法令的申报制，即使随意制作宗教法人章程，也能设立宗教法人，这一点在保障公共安全及社会福祉方面受到质疑。所以，目前的法案明确要求在宗教法人章程中规定宗教法人的权利能力或义务负担能力，如果不明确这一点，将无法保障宗教法人的活动对社会公共利益具有安全性。总之，在尊重宗教法人的传统、自律的基础上，认证制度具有防止以下情形的作用：赋予非宗教团体宗教法人人格、宗教法人章程中含有不符合法律规定的要素、代表役员的恣意行为等。

2. 认证的性质

（1）理论与司法实务的观点。通说一般认为，认证是审查宗教法人的章程是否满足法律要件的公法行为，如果章程具备法定要件，则确认其适法性，即认证是确认行为。可见，主管行政机关的认证并不是对"宗教团体的认证"，而是对宗教团体制作的"章程的认证"。

有学者将其解释为："审查宗教法人的章程是否合法，并确认其合法性的公法行为。"[①]也有学者认为，宗教法人设立时的章程认证是一种行政行为，目的在于确认该宗教团体是否属于《宗教法人法》第2条规定的宗教团体，以及章程、程序等是否符合法律规定。具体而言，主管行政机关受理宗教法人的设立申请后，对相关申请事项是否符合以下三个要件进行审查：① 该宗教法人是宗教团体；② 该法人章程符合《宗教法人法》及其他法律；③ 该法人的设立程序符合《宗教法人法》第12条的规定。当该宗教团体具备这些要件时，行政机关便做出认证其章程的决定；当确认不具备这些要件，或不能确认

---

① 篠原义雄：《宗教法人法的解说》，中央法规1951年版，第65页。

受理的章程及其附件记载是否具备这些要件时,行政机关就做出不予认证的决定。可见,认证就是通过公权力来判断特定的既存事实或法律关系,并加以确认、证明的行为,属于行政法上的确认行为。① 法令研究会认为,认证是主管行政机关确认、证明拟成为宗教法人的团体是《宗教法人法》规定的宗教团体、宗教法人章程和程序等符合法令的行政行为。② 渡部蓊认为,认证是审查宗教法人章程是否合法,确认其具有合法性的公法行为。③ 从通说的观点来看,认证不对宗教的正邪、新旧等问题进行价值判断。

司法判例也明确了认证的法律性质:"行政机关的认证决定,是对相关宗教团体的自律规则是否符合法定要件进行审查,公证其适法性的行为,仅此而已,不是所谓的许可,许可是赋予宗教团体某种权利的依据。"④"主管行政机关的认证,是对宗教团体欲变更的事项是否符合法定条件进行审查,公证其适法性,不具有独立的创设性效力。而许可则是使宗教法人的章程变更发生效力的行为。"⑤总之,司法机关也通过众多的判例,进一步明确了认证的法律性质。

(2) 认证的法律效力。经过认证的宗教法人章程是否发生法律上的效力,不是由作出认证的行政机关的意思来决定,而是由《宗教法人法》规定的。井上惠行认为,"以公权力确认的行为不能自由变更,除了这一确定的效力之外,认证行为的法律效果依据具体情况,由法律加以不同规定,因而认证行为不会当然发生任何法律效果"⑥。该观点与前述判例的观点相同,即认证不同于许可。法令研究会也赞同"认证的法律效果依法律规定而产生,而不依据行政机关的意思"⑦。此外,"公证"是证明某一事实或法律关系是否存在的行为,是将认识表示出来的行为,而认证是将判断表示出来的行为,二者在此点上不同。⑧

(二) 认证的种类

主管行政机关受理认证申请之后,必须对宗教法人的设立、章程的变更、

---

① 井上惠行:《宗教法人法基础研究》,第一书房 1972 年版,第 346 页。
② 文化厅文化部宗务课宗教法人法令研究会:《宗教法人法的解说与运用》,第一法规 1974 年版,第 23 页。
③ 渡部蓊:《逐条解说宗教法人法》,行政出版 2009 年版,第 143 页。
④ 鹿儿岛地方裁判所 1954 年 11 月 30 日判决,《行政事件裁判判例集》5 卷 11 号,第 2816 页。
⑤ 神户地方裁判所 1976 年 9 月 13 日判决,《判例时报》853 号,第 76 页。
⑥ 井上惠行:《宗教法人法基础研究》,第一书房 1995 年版,第 347 页。
⑦ 文化厅文化部宗务课宗教法人法令研究会:《宗教法人法的解说与运用》,第一法规 1974 年版,第 23 页。
⑧ 井上惠行:《宗教法人法基础研究》,第一书房 1995 年版,第 347 页。

合并以及任意解散等事项做出认证或不认证的决定。

1. 宗教法人设立章程的认证

根据《宗教法人法》第 12、13、14 条的规定，欲设立宗教法人者应当向主管行政机关提交认证申请书、宗教法人章程、宗教团体证明书、公告证明书、代表权限证明书、役员就任承诺证明书等有关的文件，行政机关自受理之日起 3 个月内做出认证或不认证的决定。

2. 章程变更的认证

《宗教法人法》第 26、27、28 条规定，宗教法人变更章程时，必须接受主管行政机关的认证。宗教法人应当向行政机关提交章程变更申请书、拟变更事项的文件、证明章程变更的决定符合相关程序的文件、公告证明文件以及附属文件。行政机关的受理、审查、决定程序与设立章程的认证程序相同。

3. 宗教法人合并的认证

《宗教法人法》第 33、38 条的规定，宗教法人的合并应当接受主管行政机关的认证，参与合并的宗教法人应联名向行政机关提交合并认证申请书、表示变更事项的文件、宗教法人章程（新设合并的场合）、向债权人清偿、提供担保的证明、证明合并决定符合相关程序的文件、证明合并成立的团体为宗教团体的文件、公告证明等。行政机关的受理、审查、决定程序与设立章程的认证程序相同。

4. 宗教法人任意解散的认证

《宗教法人法》第 44—46 条规定，宗教法人任意解散时，应当接受主管行政机关的认证，宗教法人应向行政机关提交认证申请书、解散符合章程规定的程序的证明、公告证明等文件。行政机关的认证程序与前述各类认证的程序相同。

（三）认证的审查程序

1. 受理

申请人提交上述认证申请书及相关文件后，行政机关应当按照以下程序进行审查。

收到申请文件之后，首先审查、确认必须提交的文件是否齐备。如果齐备的,则受理申请,以书面形式注明受理日期,并通知申请人;如果文件不齐备的,就命令申请人补正,补正之后符合法定要求的,即受理其申请,否则驳回申请。

2. 审查

《宗教法人法》第 14 条第 4 款规定,主管行政机关受理认证申请后,必须于申请受理之日起 3 个月以内,对认证申请做出决定。

经过审查,确认申请符合相关法律规定的,应当做出认证的决定,向申请者交付认证书及注明了认证意思的章程。如果申请不具备相关要件,或不能确定受理的章程及其附件记载是否具备相关要件时,必须做出不能认证的决定。做出不认证的决定时,应当以书面形式通知申请人,并附注不认证的理由。同时,应当履行以下程序:一是必须给予申请人在一定期间内陈述意见的机会;二是主管机关是文部大臣的,必须咨询宗教法人审议会,听取其意见。

(1) 审查的事项及标准。根据《宗教法人法》的相关规定,行政机关发出受理通知后,就以下事项对申请进行审查:① 该团体或合并后成立的团体是否符合宗教团体的要件;② 宗教法人章程或拟变更的事项是否符合《宗教法人法》及其他法律的规定;③ 设立、章程变更、合并、任意解散是否履行了《宗教法人法》规定的相关程序。

可见,《宗教法人法》只是规定了审查对象的抽象范围,并没有规定具体的审查标准,因而各地在执行过程中制定了不同的标准。针对《行政程序法》第 5 条要求行政机关制定全国统一的审查标准的规定,文化厅对各个宗教行政机关的认证审查提出了具体的要求。现以宗教法人设立的章程认证为例,简要说明审查时应当注意的事项。

《宗教法人法》第 2 条规定的"宗教团体"的构成要件有以下 4 项:① 宣扬宗教教义;② 举行仪式;③ 教化培养信众;④ 是单位宗教团体的,应当具有礼拜设施,是包括宗教团体的,应当具有包括关系。前述各个要件依宗教团体的特性的不同,其侧重点也有所不同。由于各要件之间有关联性,所以应当综合考虑、判断各个要件。某一团体是否是《宗教法人法》中的宗教团体,不但形式上需要具备该法第 2 条规定的要件,而且在实践中也应当作为一个实体存在,举行不同于其他个人或团体的独立活动。所以,判断某一申请认证的团体是否是宗教团体时,应当注意以下几点:

第一,是否举行《宗教法人法》第 2 条规定的宗教活动。该法第 13 条第 1 项要求提交该团体为宗教团体的证明书,并在证明书之后添附过去 3 年间的实际活动情况,以照片等资料证明确实举行了相关宗教活动。

第二,是否有信众及宗教教师。应当在宗教团体证明书上添附一览表,以适当的方法证明拥有信众及宗教教师。关于信众的人数,虽然需要复数以上的信众,但由于各宗教团体的历史沿革、信众的信仰程度等各不相同,所以很难划定一个统一的最低人数范围标准。无论如何,宗教团体作为一个社会实体,是否有信众是必须审查的条件之一。

第三,关于团体的实体性,应当从组织、管理、财产等方面加以确认。首先,要审查有关该团体的组织、意思决定方法、财产管理等方面的规约,以及过去3年中是否依照该规约进行了运营活动。根据审查结果,确认该团体在组织方面是否具有实体性。其次,审查过去3年收支预算书及收支决算书的真实性,以及是否作为独立的经济实体执行了预算。依据审查结果,判断在财务方面是否具备了实体性。最后,宗教团体证明书必须添附财产目录,审查与礼拜有关的不动产等财产是否是该团体自己所有的财产,以便从财产方面确认该团体是否具有实体性。并且,为了保障宗教活动的永续性,审查之际,应当注意该财产上是否设定了抵押权、是否具有合法的权源,例如所有权、地上权等。

第四,关于单位宗教团体的问题。行政机关应当现场调查是否有礼拜设施、该设施的规模是否适当、设施的公开性等。关于公开性的问题,如果依据该宗教团体的教义,具有非公开的理由的,也可以不公开。

第五,包括宗教团体的实体性问题。这主要涉及调查与被包括宗教团体之间的关系的实际情况。除设立时的章程认证之外,文化厅对宗教法人章程变更的认证、合并及任意解散的认证的审查标准都有具体要求[①]。

(2)审查权的范围。关于认证机关的审查权限问题,有两种对立的学说:实质审查说和形式审查说。前者为少数说,主张对宗教法人章程的实质内容进行审查;后者是多数说,主张仅就宗教法人章程是否满足法定条件进行形式审查,应当严格避免对宗教事务进行审查。[②] 司法实务采纳了形式审查说的观点。东京地方法院认为:"不应当将《宗教法人法》第14条解释为主管行政机关对认证申请有实质审查的义务。主管行政机关只是根据调查,判断宗教法人章程及附属文件是否满足法定要件,并作出认证或不认证的决定。"[③]横滨地方法院认为:"关于审查的范围……仅限于从形式上审查受理

---

① 1995年8月24日文化厅文宗105号。
② 文化厅文化部宗务课宗教法人令研究会:《宗教法人的解说和运用》,第一法规1974年版,第25页。
③ 东京地方裁判所1958年11月13日判决,《行政事件裁判例集》9卷11号,第2545页。

的自律规则及附属文件。"①

形式审查的观点,有利于最大限度地尊重信教自由及宗教法人自治,将行政机关的管理权限限制在最小范围之内。同时,采取形式审查说也是对宗教制度发展历史进行深刻反思的结果:1939 年的《宗教团体法》中的认可制为残酷镇压、统制宗教活动提供了法律基础;而 1945 年的《宗教法人令》时代的申报制则放任对宗教团体的管理。历史上这两种制度对宗教活动的管理或过于严厉,或过于宽松,都没有很好地平衡信教自由与公共安全之间的矛盾。

由于行政机关仅对申请进行形式审查,所以,当发现文件中记载的事实是虚假的,或怀疑相关文件有虚假记载时,就产生了应否做出认证的问题。最高法院认为,从认证制度的立法目的来看,行政机关此时应当审查文件所记载的事实是否客观存在以澄清疑问。"主管行政机关为了认证章程,应当根据认证申请文件的记载,审查申请是否符合《宗教法人法》第 14 条第 1 款规定的要件。因此,仅仅审查徒具证明形式的文书是不够的,为了证明所审查的事项是客观存在的,必须提交能够使人信服的附属文件。此外,当主管行政机关发现文件中记载的事实虚假,或者对所记载事实的客观存在有疑义时,为了解决疑问而审查该事实时,很难认定其超越了审查权限。"②

(四) 认证的法律效果

通说和司法实务认为,认证行为的法律效力由《宗教法人法》规定,而不是由主管行政机关决定。

1. 因交付认证书而生效的情形

根据《宗教法人法》第 30、47 条的规定,宗教法人章程的变更和宗教法人的任意解散,因认证书的交付而生效。关于宗教法人章程变更的生效时间,学界一般认为,如果将章程变更的效力发生时间规定为登记之时,由于章程变更的事项中有的属于商事登记事项,有的不属于登记事项,实践中就会产生差异,所以,以认证书的交付作为章程变更生效的时点更为合适。③ 关于任意解散因认证而生效的立法理由,有学者解释为:使宗教法人的解散意思不经登记而立即发生法律效力。同时,任意解散的认证并不是对宗教法人实体的认证,而是保障解散程序合法的制度,所以,当认证程序合法时,解散即

---

① 横滨地方裁判所 1987 年 2 月 18 日判决,《判例时报》1249 号,第 42 页。
② 最高裁判所 1966 年 3 月 31 日判决,《讼务月报》12 卷 5 号,第 669 页。
③ 渡部蓊:《逐条解说宗教法人法》,行政出版 2009 年版,第 252 页。

发生效力,这样的立法设计是非常合理的。①

2. 不因交付认证书而生效的情形

根据《宗教法人法》第15、41条的规定,宗教法人的设立和合并,仅有认证书的交付不能生效,须登记才能生效。依据宗务课的解释,设立宗教法人的认证申请获得行政机关的认证后,经过法定期间未进行设立登记的,提出申请的团体丧失成为宗教法人的意思,但不能适用第80条撤销认证的规定;如果该团体申请撤回认证,那么行政机关就可以撤回已经作出的认证,令其返还认证书。

3. 对主管机关的认证决定不服的申诉

都、道、府、县知事管辖的宗教法人可以向其上级文部大臣提出审查请求,文部大臣管辖的宗教法人可以向文部大臣提出异议申诉。根据《宗教法人法》第80条之二的规定,对于审查请求或者异议申述所作的裁定,必须于该审查请求和异议申诉提出之日起4个月之内作出。除审查请求和异议申诉被驳回之外,相关裁定必须预先向宗教法人审议会咨询,然后才能作出。

(五) 认证的撤销

1. 认证撤销的要件及效果

《宗教法人法》第80条之一规定,行政机关作出设立或合并认证后,发现宗教团体不符合法定的设立或合并要件的,可以自认证书交付之日起1年之内,撤销该认证。例如,对《宗教法人法》第3条规定的境内地的租借权发生争议的场合,章程认证1年之内,境内地的租借权被确认为不存在,因退还境内地而丧失宗教团体构成要件的,可以依据《宗教法人法》第80条撤销认证。

《宗教法人法》第43条第2款第4项规定,宗教法人因认证被撤销而解散。宗教法人进入清算程序后,作为清算法人在清算目的范围内存续。在清算过程中,需要对行政机关认证之时至撤销认证期间的债权债务关系进行清算,法人人格在这一限度内存续。

撤销认证原则上不具有溯及既往的效力。通常认为,宗教团体获得行政机关的认证,履行了设立登记程序而成为宗教法人,其权利和利益应当受到最大限度的保护,所以,行政机关的撤销权应当被限定在非常有限的范围之内,撤销认证的行为也就不具有溯及既往的效力,仅对未来发生效力。

---

① 篠原义雄:《宗教法人法的解说》,中央法规1951年版,第106页。

2. 撤销认证的程序

《宗教法人法》第 80 条第 4 款规定,撤销认证属于《行政程序法》规定的不利处分,应当征询当事人的意见。并且,宗教法人的代表人或代理人要求与辅助人员一起去行政机关解释说明的,必须允许,必要时,可以将辅助人员的人数限定在 3 人之内。此外,《宗教法人法》第 80 条第 5 款、第 78 条之二第 2 款规定,行政机关要求宗教法人提供报告或向代表役员等相关人员询问时,应当事先听取宗教法人审议会的意见。

《宗教法人法》第 80 条第 2 款规定,行政机关撤销认证时,应当以书面形式注明理由,通知该宗教法人。

3. 撤销认证的登记

《宗教法人法》第 80 条第 6 款规定,行政机关撤销设立或合并认证时,必须委托该宗教法人主要办事机构及分支机构所在地的登记机关办理解散登记。第 81 条第 1 款第 5 号规定,宗教法人认证之后经过 1 年的,不得撤销,可以向法院申请解散。

宗教法人章程变更的认证无效(行政审查权的范围)[①]

案由概要: 宗教法人甲的章程(下称本案原始章程)于 1959 年 2 月 23 日获得爱知县知事的认证,于 24 日办理了设立登记。成立之时的代表役员为 A,责任役员为 B、C、D 及本案原告。1977 年 7 月 25 日,A 辞去代表役员的职务,D 就任代表役员,并办理了登记。后来,宗教法人甲从爱知县迁移到神奈川县,1980 年 7 月 23 日,D 以代表役员的身份向神奈川县知事(本案被告)申请变更原始章程中与此相关的内容,被告根据 D 提交的役员会决议书、会员同意书等文件审理后,决定给予认证。

原告主张本案的认证违法无效,其理由如下:《宗教法人法》第 27 条规定,申请章程变更的认证时,应当提交认证申请书、证明变更事项的文件,并添附证明已经履行了章程规定的程序的文件等。关于章程变更的程序,本案原始章程第 30 条规定,变更本章程时,必须经过责任役员会的决议,且获得

---

① 横滨地方裁判所 1987 年 2 月 18 日判决,《判例时报》1249 号,第 42 页。

信徒会员三分之二以上的同意后,方能接受知事的认证。所以,本案的章程变更申请除了提交申请书及变更事项的文件之外,还应当提交责任役员会的决议证明和信徒会员三分之二同意的证明。实际上,本案的章程变更并没有经过责任役员会的决议,也未获得三分之二会员的同意,相关证明文件是伪造的。《宗教法人法》第12、14、26、28条的立法目的是为了防止不具有宗教团体实质的组织或违法组织成为宗教法人,所以,宗教法人的章程及其变更必须由主管机关认证。并且,行政机关对认证申请负有实质审查的义务。然而,本案被告在审查过程中并没有尽到实质审查的义务,未审查出役员决议书及会员同意书是伪造的,因此本案的认证存在重大且明显瑕疵,应属无效。

被告神奈川县知事认为,主管机关对宗教法人章程变更的认证负有审查的义务,对《宗教法人法》第27条规定的申请书及附属文件在外观上是否有缺漏、文件中记载的关系是否有明显可疑之处进行审查,如果没有特别可疑之处,依据这些文件进行书面审查就足够了,文件中记载的事项与真实情况是否一致不在审查权限范围之内。换言之,主管机关仅负有形式审查的义务。本案中,管辖机关对认证申请的审查没有重大且明显的瑕疵,因而是合法的认证。

判决要旨:

主管机关受理了章程变更的认证申请时,应当对申请事项是否符合法律及宗教法人章程的规定进行审查,根据《宗教法人法》第14条第1款的规定作出决定。主管机关应当审查申请是否具备以下要件:(1)该团体是宗教团体;(2)该章程符合法律法规的规定;(3)设立程序符合第12条的规定。如果具备以上要件,就应当作出认证决定;如果不具备以上要件,或者根据提交的文件的记载不能确定是否具备以上要件的,应当作出不能认证的决定。所以,主管机关进行章程认证时,只对申请文件进行形式审查。

换言之,宗教法人设立制度的立法目的是为了使宗教法人具有法人人格,宗教团体拥有财产及权利义务主体地位(法人人格)是开展宗教活动必不可少的条件。因《宪法》第20条保障宗教活动自由和宗教结社自由,所以在宗教法人人格取得的问题上,不能根据《民法》第34条的规定采取国家许可的形式,而应当由法律特别规定,即《宗教法人法》第1、4条的规定。并且,应当禁止国家以审查宗教法人设立的名义,对宗教团体的宗教活动或结社自由进行任何干涉或侵害。所以,主管行政机关根据书面审查做出章程认证后,就应当据此设立宗教法人。《宗教法人法》规定,宗教法人章程的变更遵守第14条规定的程序,依据申请文件进行审查,作出认证。

此外,法院还进一步明确了宗教法人的行为效力与认证效力的关系,认为二者是两个不同的问题,前者的违法无效与认证的违法无效并没有直接的联系。主管机关对宗教法人章程具备法律规定的要件进行审查判断,作出认证,因而认证仅仅是一种确认行为,而不是补充第三人的行为使其具有法律效力的行为。所以,章程变更因未遵守相关规定而无效时,主管机关的认证并不当然无效,章程认证的申请文件满足相关要件的,认证行为本身就不违法。但是,如果法人章程的变更因未遵守法律及章程规定的程序而无效的,即使主管机关进行了认证,也不能使其发生效力。

四、宗教法人审议会

(一) 宗教法人审议会的设置

《宗教法人法》第71条第1款规定,文部科学省设置宗教法人审议会。根据《文部科学省设置法》第3条的规定,文部科学省的任务除了振兴教育、文化、体育、科学技术之外,还负责与宗教有关的行政事务。该法第4条规定,文部科学省设置文化厅,负责文化振兴、国际文化交流振兴事务的同时,掌管本条规定的宗教行政事务;第29条规定,文化厅设置审议会,明确了审议会在行政组织法上的地位;第31条规定,宗教法人审议会的事项由《宗教法人法》规定。

(二) 宗教法人审议会的权限

宗教法人审议会负责处理《宗教法人法》规定的事项,其权限限于《宗教法人法》规定的范围,主要参与行政处分、行政不服的审查等,审议会不得以任何形式调停、干涉信仰、规律、习惯等宗教上的事项。宗教法人审议会的权限范围并非一成不变,而是随着宗教实践及宗教自由和政教分离理念的发展,逐渐形成现行《宗教法人法》规定的范围。

根据《宗教法人法》第14、28、39、46、78、79、80条的规定,主管行政机关、文部科学大臣在执行下列事项时,应当事先向宗教法人审议会咨询,听取其意见:(1)文部科学大臣针对设立章程、章程变更、合并及任意解散的认证申请,决定不予认证时。(2)主管机关命令停止宗教法人从事的公益事业以外的事业时。(3)主管机关撤销章程认证或新设合并认证时。(4)主管机关对第(2)(3)项事项及请求法院解散宗教法人的事由有疑问,要求宗教法人报告时。(5)宗教法人对认证/不认证的决定、停止事业的命令、撤销认证的决定,请求审查或提出异议申诉,行政机关作出裁决或决定之前,应当咨询宗教法人审议会,但驳回该审查请求或异议申诉的决定除外。

(三) 宗教法人审议会的组成与运营

《宗教法人法》第72条规定,宗教法人审议会由10人以上20人以内的委员组成。委员由文部大臣从宗教家及有宗教学识经验的人中任命。委员的任期为2年,可以连任。实践中,委员由加入日本宗教联盟的神社本厅、教派神道联合会、全日本佛教会、基督教联合会、新日本宗教团体联合会等各团体推荐,以及从有宗教学识经验的人当中委任。由各宗教团体推荐的委员并不代表该宗教团体的利益,即使从宗教团体的职务退任,法律上依然是审议会的委员。

《宗教法人法》第74、75条规定,宗教法人审议会设置会长,会长由委员互相选任,文部科学大臣任命,会长负责审议会的会务工作。委员是兼职的,没有报酬,但是,能够获得为执行职务所支出的必要费用的补偿。第77条规定了宗教法人审议会的议事程序及其他与运营相关的必要事项,经文部科学大臣同意后,由宗教法人审议会制定。《宗教法人审议会规则》对决议方法、人数、会议记录、主持人、会议召集方法等事项有详细规定。

五、小　　结

宗教法人作为一类公益性非常强的社会团体,享受法律上特殊待遇的同时,也应当接受国家的管理。由于《宗教法人法》的基本立法目的是保障信教自由,尊重宗教团体的自治与自律,因而即使政府对宗教团体进行管理,也应当尽量在最小限度内施以管理行为。这是日本宗教行政管理最显著的特点。宗教行政的这一管理理念主要表现在以下几个方面。

(一) 行政管理机关的设置反映了保障信教自由的理念

首先,宗教行政作为文化行政的一部分,在文化厅之下设置宗务课,负责宗教行政事务。在日本,宗教被视为是广泛的文化现象,是国民精神文化的基础,因而被作为文化事务进行管理。这种管理模式能够尊重宗教团体的自治,有利于实现信教自由的精神。其次,在文化厅之下设置由专业人士组成的宗教法人审议会,对行政处分、行政不服进行审查,以防止主管机关滥用权力,保护宗教团体的合法权益。

(二) 行政机关的管理权限的范围清晰而有限

《宗教法人法》在不同的条款规定了行政机关的管理权限,概而言之,主要有章程认证、命令停止公益事业以外的其他事业、申请法院发布解散命令、受理宗教法人有关登记的申报。首先,宗教团体从事公益事业以外的其他事业的现象并不普遍,所以这类事务并不是行政机关的主要管理工作。其次,行政机关虽然有权申请法院解散宗教法人,但是最终的决定权在司法机关,因而行政机关的这项权力是有限的。再次,对于宗教法人的登记,行政机关只是受理而已,没有实质上的审查权限。所以,行政机关对宗教团体的主要管理权限集中于对宗教法人的设立、章程变更、合并和任意解散进行认证。在认证的过程中,行政机关要审查宗教法人的相关行为是否符合法律规定的条件。符合法定条件的,给予认证;不符合条件的,不予认证。宗教法人的设立、合并等行为获得认证后才能办理登记,登记之后才产生设立、合并的效力;而章程变更和任意解散则因交付认证书而生效。因此,行政机关的管理行为中对宗教法人有直接影响的是认证。司法判例及学理解释认为行政机关在认证中的审查权限仅限于形式审查,并且,行政机关在做出有关认证的裁定之前,应当向宗教法人审议会咨询。可见,针对可以直接影响宗教法人利益的行政管理行为,不但《宗教法人法》对其范围进行了严格限制,而且在具体的适用过程中也有诸多限制。这样规定的目的在于,防止行政机关利用管理权妨碍宗教团体的合法活动,以保障信教自由原则的实现。

第八章　宗教法人的财务制度

宗教法人的财务指的是宗教法人的世俗事务中与会计和财产管理有关的事务。例如，宗教法人为了顺利开展业务活动，要在每个会计年度开始前编制预算、会计年度中收支处理、年度结束后制作决算、接受必要的监督检查、适当管理与处分宗教法人的财产等。关于宗教法人的财务事项，《宗教法人法》在不同的条款中有明确规定。

第一，第12条第1款第8项规定，宗教法人章程中记载"基本财产、宝物及其他财产的设定、管理及处分、预算、决算等财务事项"。

第二，第25条规定，宗教法人设立之时应当制作财产目录，每个会计年度结束后3个月之内，应当制作财产目录和收支预决算书，并且经常备置于宗教法人的办事机构。制作资产负债表的，也必须经常备置于办事机构。但是，小规模的宗教法人除外。

第三，第88条规定，前述文件、账簿的制作、备置有懈怠，或虚假记载的，相关人员应当受到一定的惩罚。

第四，第23条规定，宗教法人处分重要财产时，应当向信众和利害关系人公告。

之所以要求宗教法人备置财产目录等财务文件及账簿，宗教法令研究会认为其目的有二：一是为了使信众了解宗教法人的财产状况等信息；二是为了保护与宗教法人进行交易的第三人的利益。可见，这样的立法规定是以信众具有查阅请求权为前提的。[①] 与此相对，司法实务的观点有所不同。法院在一则判例中认为，《宗教法人法》第23、25条的立法目的是为了保证代表役员、责任役员等宗教法人的管理机关的管理行为能够公开、透明、合法。不能从这些规定中当然推断出信众拥有查阅请求权。宗教法人拥有礼拜设施等财产，这些财产大多是由信众布施而来的，所以，信众对宗教法人的财产运营管理并不是漠不关心的。但是，宗教法人与追求营利的公司等社会组织不同，信众因接受教化而建立宗教上的自觉，树立宗教信心，宗教组织的本意在

---

① 文化厅文化部宗务课宗教法人令研究会：《宗教法人的解说和运用》，第一法规1974年版，第38页。

于通过这样的信心,举行宗教仪式,实施宗教行为,因而委托代表役员、责任役员等机构管理宗教法人的事务。所以,不能认为信众、檀徒当然拥有财务账簿的查阅请求权。①

2000年《宗教法人法》修改的时候,规定当信众及其他利害关系人具有正当利益,并且没有不正当的请求目的时,宗教法人应当允许阅览按照法律规定备置于办事机构的文件、账簿。到此为止,关于信众的账簿查阅请求权的争论可以尘埃落定了。通过这次修改,间接承认宗教法人备置财务账簿的立法目的之一是为了便于信众了解宗教团体的信息,信众有查阅请求权。

一、宗教法人的会计

宗教法人的会计是从经济层面对宗教法人的活动进行记录、计算、报告的活动。所以,依据会计活动可以明确会计年度内宗教法人的财产增减变化、会计年度末的财产情况。会计事务由代表役员统一负责。

宗教法人依据各种账簿开展会计活动。会计账簿的记载方法有:单式记账和复式记账两种。有会计职员的较大规模的宗教法人使用复式记账法,一般的宗教法人由代表役员担任会计,通常使用单式记账法。

会计账簿中有收入预算管理簿、支出预算管理簿和财产管理簿。管理预算、记录、计算和报告收入、支出情况的账簿是预算管理簿和支出预算管理簿;记录、计算、报告财产增加及减少情况的账簿是财产管理簿。

会计处理一般要设定通常会计年度,大多数宗教法人以当年4月1日到第二年的3月31日为会计年度,也可以设定其他的时间。不过,新建、增建境内建筑物、从事公益事业及其他事业、因保护文物而从国家获得补助金时,应当与"通常会计"相区别,设定"特别会计"。

关于会计科目,宗教法人可以依据各自的习惯、特点使用独自的名称。一旦会计科目确定了,就不得随意变更,因为随意变更会计科目将很难正确把握宗教法人的活动情况。

(一) 预 算 管 理

宗教法人在会计年度开始前应当制定该年度的活动计划,编制实施该计划的预算。关于预算的性质,司法实务认为,虽然预算是宗教活动的重要保证,但与宗教活动并非一体,不具有宗教特性,是与宗教活动相区别的宗教团

---

① 东京高等裁判所1988年9月28日判决,《判例时报》1293号,第96页。

体的财务运作事务。换言之,预算活动是世俗领域的组织管理事务,属于法律的管辖范畴。但是,由于预算是宗教活动的重要保障,必然具有一定的宗教关联性,不能因此而不遵守《宗教法人法》的规范;否则,就明显违反了该法的立法目的[①]。

预算有收入预算和支出预算两种。收入预算是一个会计年度支出的保证,是该会计年度收入的预计。由于宗教法人的大部分收入来自信众的捐赠,所以正确预计收入就显得尤为必要。与此相对,支出预算是该会计年度内实施活动计划的必要经费,有关预算的具体事项由宗教法人自行决定,例如,宗教法人赋予代表役员支出经费的权限,同时也明确支出权限的范围。再如,会计年度结束之前,宗教法人改变活动计划的,新活动计划的支出可能会超过当初预算分配的金额。宗教法人可以针对实践中的变化情况,设计预算补正措施,具体采用哪种方式由宗教法人自行决定。

如果宗教法人章程中规定了预算程序,宗教法人的管理人员未遵守相关规定时,就会产生预算行为的效力问题和代表役员的责任问题。

预算的管理包括收入管理和支出管理,依据收入预算管理簿和支出预算管理簿实施管理活动,收入和支出计入账簿的收入科目或支出科目。记账时,应当严格区分宗教法人的收入(支出)和代表役员个人的收入(支出)。例如,参观费、捐款等收入归宗教法人所有,代表役员仅仅依据其权限占有而已,所以,代表役员随意取得、消费这些财产时,不但违反了职务上的义务,甚至可能构成犯罪。此外,在缔结合同、实际支出之际,必须确认是否属于宗教法人的支出、是否属于该科目的预算。尤其是超出预算支出时,因超出了代表役员的预算执行权限,就必须变更前述的预算程序。

(二) 财 产 管 理

宗教法人的财产包括现金、存款、土地、建筑物等积极财产,以及借款、负债等消极财产。通常分为特别财产、基本财产及普通财产三类。特别财产有本尊、神像等宗教法人的宝物、宗教活动必不可缺的日常用品等;基本财产是举行宗教活动所必需的基础财物,例如,境内地、境内建筑物、存款、有价证券等;普通财产指的是特别财产和基本财产以外的资产。宗教法人这三类财产的范围由宗教法人自行决定。

1. 财产目录和财产管理簿

为了便于掌握宗教法人的财产变动情况,需要对其财产进行管理,明确

[①] 京都地方裁判所 1979 年 6 月 4 日判决,《判例时报》944 号,第 99 页。

财产状况。财产目录是财产管理的重要依据之一,反映了宗教法人在会计年度末的一定时间点的财产状况。财产目录分别记录基本财产、特别财产、普通财产的数量和价格。文化厅文化部宗务课给出了财产目录的科目范例,宗教法人可以参考使用。

宗教法人应当设立财产管理簿,记录财产的增减等情况。财产管理簿中包括财产台账(记录资产与负债情况)和物品出纳台账(记录消耗品的收付情况)。

2. 宗教法人财产的独立性

宗教法人的财产应当与管理者个人的财产明确区分,分别管理。实务中,因寺院财产与住持个人财产界限不清而引发的纠纷屡见不鲜。早在1956年,司法实务就确认了宗教法人财产的独立性。法院认为,寺院拥有的财产具有法律依据,1879年内务省达乙第31号规定,明细账中应当记载本尊、堂宇楼阁、境内坪数并地种、境内佛堂本尊建筑物等,这些被记载的财产应当属于寺院所有。根据1875年内务省达乙113号的规定,住持可以将其个人所有的财产转让他人。可见,寺院里的堂宇建筑物、境内地、朱印地、田地山林等财产的所有权并不一定属于寺院所有,可能属于住持个人所有,应当根据具体情况,判断某项财产究竟属于寺院,还是住持个人。所以,一般认为住持所有的财产属于寺院,寺院所有的财产属于住持,这样的观念是不合理的,而应当遵循法律上的理念。[①]

3. 决算

决算是执行预算的结果,其反映了宗教法人的实际收入、支出情况,以及某一会计年度末的财务状况。根据决算,可以明确代表役员职务上的责任,总结宗教法人在前一段时间的管理经验教训,为未来的活动提供参考。

在决算过程中,代表役员和其他辅助人员需要确认各种账簿是否正确记载了相关信息,在此基础上编制财产目录、收支预决算书及资产负债表。设置监查机构的宗教法人还必须接受该机构的监查。之后,根据宗教法人章程,应当接受责任役员等决议机关的质询,获得其同意。

4. 监查

监查是对宗教法人的业务执行或财产状况进行检查、监督的制度,目的

---

① 福岛地方裁判所平支部1956年3月30日判决,《下级裁判所民事判例集》7卷3号,第792页。

在于保证宗教法人的合法运营,防止非法行为的发生。根据《宗教法人法》第12条1款的规定,监查机构的设置不是宗教法人的法定义务。但是,为了促使宗教法人合法、适当地经营管理,社会还是希望宗教法人能够设置内部监督或外部监督机制。

监查机构的职责由宗教法人章程规定,根据监查对象的不同,分为会计监查和业务监查、定期监查和不定期监查。会计监查是对宗教法人的收入、支出、财产状况等会计事项的监查,依据年度末的收支预决算书、财产目录等实施监查,将监查结果做成监查报告书,向责任役员(会)等机构报告。业务监查是对代表役员执行世俗业务是否适当实施的监查,并向责任役员(会)等机构报告监查结果。

二、宗教法人的财产处分

宗教法人的财产大多来自信众的捐赠,并且以礼拜设施为中心的财产与宗教活动密不可分,所以,《宗教法人法》对宗教法人的财产处分设置了特殊的规定,以保护宗教法人的财产。

(一) 财产处分的内容

《宗教法人法》第23条规定了财产处分的内容。这里所谓的财产处分,专指宗教法人代表机构实施的任意的财产处分行为。基于法院的命令,出售不动产、征用土地等行为,不具有任意性不适用本条的规定。①

1. 不动产、宝物的处分或设定担保

不动产包括土地、建筑物、工作物、采伐后的剩余树木等,土地和建筑物不区分境内与境外,均是该条规范的对象。宝物是某一宗教法人的历史、信仰方面具有重要价值的财产。处分行为对宗教法人的财产可能有利,也可能不利。具体而言,处分行为包括:买卖、交换、赠与、放弃权利、设定抵押权、地上权、地役权、长期租赁等。短期租赁(土地的租赁期为5年之内,建筑物的租赁期为3年之内)不属于财产处分行为。关于为什么将5年作为短期租赁与长期租赁的时间界限的问题,大审院认为:"借用人长期使用收益土地,土地所有人的所有权在此期间将受到限制,与丧失部分所有权的效果相同。"②

---

① 渡边一雄:《宗教法人法例解》,第一法规1978年版,第191页。
② 大审院1932年4月12日判决,《大审院民事判例集》11卷,第645页。

之后的司法判例也秉承了该理念。① 设定担保是在宗教法人财产上设定抵押权、质权等,会限制宗教法人的财产权利。

2. 借入或保证

消费借贷、准消费借贷、债务承受、发行宗债要求信众等出资,属于借入行为。但是,在该会计年度内偿还的一时性借款除外。为第三人的债务提供保证,其中的第三人是宗教法人以外的所有主体,圣职者(代表役员)、责任役员、信徒、檀徒等均包含在内。

3. 主要境内建筑物的新建、改建、增建、移建、拆除或明显改观的施工

境内建筑物,通常包括本殿、拜殿、本堂、会堂、僧堂、僧院、信众修行所、社务所、库里、教职舍、宗务厅、教务院、教团事务所等。主要境内建筑物,不但包括仅具有较大经济价值的境内建筑物,还包括具有重要宗教价值的境内建筑物。

4. 境内地明显改观的施工

境内建筑物所占用的土地、参道、举行宗教仪式的土地、庭院、山林及其他用以保持庄严或风景的土地等属于境内地,是为了实现宗教法人的目的而必要的、固有的土地。明显改变这些土地的外观,例如采伐这些土地上的树木,可能会较大改变境内地的景观,类似这样的行为属于财产处分。

5. 变更主要境内建筑物、境内地的用途或者目的外的使用

变更主要境内建筑物、境内地的用途,例如,将信众的修行所改为事务所,将境内地改为参拜用的停车场等。此外,超出《宗教法人法》第 2 条规定的宗教团体的本有目的而使用,指的是将境内建筑物、境内地的一部分出租给店铺或作为幼儿园、保育所用地等情况。

(二) 财产处分的程序

宗教法人处分财产时,应当按照《宗教法人法》和宗教法人章程规定的程序进行。《宗教法人法》第 23 条第 1 款规定,宗教法人实施重要的财产处分行为时,应当至少在 1 个月前向信众等利害关系人公告行为的主要内容。此外,多数宗教团体的法人章程还规定,有关财产处分的事项必须经责任役员

---

① 最高裁判所 1962 年 7 月 20 日判决,《最高裁判所民事判例集》16 卷 8 号,第 1632 页;名古屋高等裁判所 1977 年 1 月 31 日判决,《判例时报》853 号,第 59 页。

(会)、总代等机构的同意、包括宗教法人的同意。例如,在一则判例中,宗教法人章程规定,处分境内地、境内建筑物及其他重要财产,或以这些财产提供担保时,必须获得总长的同意。法院认为,从《宗教法人法》第23、24条的立法宗旨来看,该宗教法人章程中规定的"总长的同意",不应当理解为事前未获得总长同意的处分行为无效,也不能否认事后获得同意的效力。处分行为实施之后,获得了总长的同意,又不具备无效事由的,应当认为自同意之时起,处分行为有效。①

(三) 懈怠履行财产处分程序的法律效果

宗教法人的财团色彩比较浓厚,境内建筑物、境内地及财产目录中列举的宝物对宗教法人具有非常重要的意义,为了防止这些财产流失,影响宗教团体的正常活动,《宗教法人法》设置了严格的财产处分程序。第24条规定,处分宗教法人的境内建筑物、境内地等不动产或财产目录中列举的宝物时,违反《宗教法人法》第23条规定的公告程序的,处分行为无效,但交易对方是善意的除外。财产处分行为无效的构成要件有以下几个:

(1) 处分的对象是境内建筑物、境内地或财产目录中列举的宝物。

处分境内建筑物、境内地以外的不动产时,即使处分行为违反第23条规定的程序,也不适用本条无效的规定。例如,神社出租其境外地的租赁合同有效②。但是,根据《宗教法人法》第88条的规定,代表役员会因为处分行为而受到处罚。

(2) 处分行为未履行第23条规定的公告程序。

(3) 交易对方当事人或第三人主观上是非善意的。

《宗教法人法》第24条"但书"规定"不能以处分行为无效对抗善意的对方当事人或第三人"。关于该条中善意的含义,通常理解为"单纯的不知道"和"不知道但有轻微过失","不知道且有重大过失的"为恶意,恶意的对方当事人或第三人不是第24条"但书"所保护的对象。学界与司法实务对第24条"但书"规定中善意的理解基本一致。

有学者认为:"未履行公告程序而与卖方通谋的第三人,或者虽未通谋但明知未履行法定程序的恶意第三人,这些人的利益当然没有保护的必要。然而,如果对于完全不注意是否履行了财产处分程序的善意第三人加以保护,也会忽视对宗教法人的重要财产的保全。而且,如果只保护善意无过失的人,而不保护稍有过失者,就会牺牲交易安全,致使一般人在与宗教法人进行

---

① 最高裁判所1968年11月19日判决,《判例时报》544号,第41页。
② 京都地方裁判所1988年9月29日判决,《判例TIMES》693号,第222页。

交易时犹豫不决。此外,由于处于复杂的社会经济情势之中,宗教法人往往对很多经济事项难以做出判断。例如,是否有必要处分重要财产,是否是宗教法人目的范围内的行为,境内建筑物及土地的改观是否明显等。因此,在与交易相对方因有效或无效的问题而产生纠纷时,为了做出公正的判断,应当将《宗教法人法》第 24 条的"善意"理解为:过失轻微的视为善意,过失严重的视为恶意。[1]

司法实务中有大量与第 24 条"但书"规定有关的判例,关于该规定的立法目的,最高法院在一则判例中认为:"该条中记载的财产是构成宗教法人存续基础的重要财产。宗教法人有很多特殊的利害关系人,考虑到这种现实情况,应当这样理解'但书'的涵义:交易对方当事人或第三方即使是善意的,但具有重大过失时,不受保护。"受保护的交易相对人或第三人应当是"善意、无重大过失的"。[2] 对于第 24 条"但书"的适用,很多地方法院在判例中采用了与最高法院相同的观点。例如,在境内地上设定地上权的合同纠纷中,被告在缔结合同时,很容易了解原告的总代是否拥有运营管理财产的权限和责任,但是被告并未确认原告的宗教法人章程中是否对此有限制或程序方面的规定,也未确认总代是否履行了应有的程序。所以,法院认定被告存在重大过失,地上权的设定合同无效[3]。宗教法人处分境内地时,交易对方很容易知悉宗教法人未履行内部程序,故属善意但有重大过失。[4] 在宗教法人的境内地上设置抵押权时,应当经责任役员过半数同意且履行公告程序,尽管很容易确认是否履行了相关程序,但交易对方因懈怠而没有确认,宗教法人因而能够以抵押权无效对抗这样的主体。[5] 从判例的结论来看,总的趋势是从保护宗教法人的重要财产和确保交易安全的宗旨出发,当欠缺程序要件时,处分行为对内无效;能以无效对抗恶意或善意且有重大过失的交易对方或第三人。[6] 反之,善意的交易相对人或第三人如果尽了一般人的注意义务,仍不能知悉有关财产处分程序上的限制的,就不能以无效为由对抗该相对人或第三人。换言之,相对人或第三人虽然具有过失,但不是重大过失的,处分财产的行为有效。所谓重大过失,例如,应当请求对方提交已经履行了《宗教法人法》规定的程序的证明书、询问代表役员,以便确认是否履行了财产处分程

---

[1] 谷口知平:《宗教法、宗教法人与民法》,载于龙谷大学宗教法研究会编:《宗教法入门》,新日本法规 1976 年版,第 146 页。
[2] 最高裁判所 1972 年 11 月 28 日判决,《最高裁判所民事判例集》26 卷 9 号,第 1686 页。
[3] 东京地方裁判所 1983 年 6 月 27 日判决,《判例时报》1113 号,第 108 页。
[4] 京都地方裁判所 1985 年 4 月 26 日判决,《判例时报》1168 号,第 117 页。
[5] 东京地方裁判所 1968 年 9 月 18 日判决,《判例时报》552 号,第 60 页。
[6] 渡部蓊:《逐条解说宗教法人法》,行政出版 2009 年版,第 191—192 页。

序,但没有采取这些确认措施的,就会被认定为具有重大过失。①

所以,宗教法人不能证明交易对方或第三人具有恶意或重大过失的,将无法主张财产处分行为无效,必须按照对方的要求交付财产。② 如果宗教法人能够举证证明财产处分行为具备前述构成要件的,就可以免除交付财产的责任,交易相对人或第三人可以依据《宗教法人法》第11条1款的规定,请求宗教法人赔偿损失。③

三、小　　结

宗教法人是一类兼具财团性和社团性的社会组织,建筑物、土地及礼拜设施等财产对宗教法人举办活动非常重要,尤其是礼拜设施更是宗教法人成立和存续的必要条件。此外,宗教法人的财产主要源自信众的捐赠,虽然信众对宗教团体的财产不享有直接的法律上的权利,但是不能因此否认信众对所捐赠的财产怀有特殊的宗教目的。为了实现《宗教法人法》的立法目的,宗教法人必须将自己的财产委托给代表役员、责任役员等机关管理运营,由这些机关实际控制宗教法人的财产。为了防止管理人员滥用管理权限损害宗教法人的财产权益,实现信众及社会对宗教法人的期待,《宗教法人法》设置了会计制度、财产处分制度规制管理人员及宗教团体的行为。

(一) 明确宗教法人及管理人员在财产管理中的义务

首先,宗教法人应当建立会计财务制度。各宗教法人可以根据规模大小,建立或简单或复杂的会计制度,编制财产目录、收支预决算书、资产负债表等财务文件,每个会计年度终了后4个月内,报送主管机关。虽然立法没有明确规定主管机关根据报送的文件资料监督检查宗教法人的财务情况,但是由于将有关财务文件报送主管机关是"奥姆真理教事件"后新增加的立法内容,因而其立法目的可以认为是为了主管机关能够通过财务会计资料了解掌握宗教法人的财产信息。当然,健全的会计制度也是管理机构实施管理行为的重要依据。

其次,财产处分制度明确了财产处分行为的范围、程序和法律效果,在保护信众的期望及债权人利益的同时,也能够督促宗教法人的代表役员、责任

---

① 京都地方裁判所1967年5月20日判决,《判例时报》501号,第86页。
② 长崎地方裁判所佐世保支部1966年4月18日判决,《判例TIMES》190号,第199页。
③ 文化厅文化部宗务课宗教法人令研究会:《宗教法人法的解说和运用》,第一法规1974年版,第37页。

役员等审慎地管理处分宗教法人的财产,维护宗教法人的利益。

(二) 平衡宗教法人与善意第三人的利益

宗教法人作为世俗社会的一员,必然会与其他社会主体之间发生交易,形成法律上的关系,而会计制度和财产处分制度主要还是一种内部规制,与宗教法人进行交易的第三人无法通过这些制度获取宗教法人的财产信息。于是,《宗教法人法》又设置了保护善意第三人的制度,法院在适用该制度的实践中,通过众多判例对"善意"进行了解读,从保护交易安全及促进宗教法人交易的角度,将其理解为"不知道且轻微过失",从而扩大了善意第三人的范围。

可以说,会计制度、财产处分制度及保护善意第三人的制度在一定程度上是对宗教团体自治的限制,但这种限制究其实质是为了实现信教自由。宗教法人围绕财产的世俗活动,不但是实现信教自由的保障,而且与社会秩序、信众及交易相对人密切相关,因而需要在相关主体之间建立平衡关系。一方面,它可以保障宗教团体的财产管理行为符合宗教法人的目的;另一方面,它可以监督约束管理人员的恣意行为,维护宗教法人的财产权益。可见,虽然表面上是对宗教法人团体的财产自治权的限制,但是由于财产是保障信教自由的物质基础,所以财产的合法、适当运行又有利于信教自由的实现。

第九章　宗教法人的税务制度

《日本国宪法》第 30 条规定，纳税是国民的义务。法人与自然人一样是国民的组成部分，负有纳税的义务，不仅要缴纳国家税，还应当缴纳地方税。但是，宗教法人是公益法人，在纳税方面不同于营利性的公司，法律对其有特殊规定。

《宗教法人法》第 2、6 条将宗教法人从事的活动分为 3 类：宗教活动、公益事业、公益事业以外的事业。一般将宗教活动和公益事业视为"非收益事业"，将公益事业以外的事业称为"收益事业"。根据这些规定，宗教法人可以从事营利性的事业。然而，即使宗教法人从事了营利性的事业，也不同于以营利为目的的公司。首先，宗教法人不以利润分配为目的，所获收益依然要用于公益事业。其次，宗教法人所持有的用于非营利性事业的资产，也无法以市场价额计算。因此，在各种税收立法中，对宗教法人采用"原则非课税"制，只有不适用"非课税"的收益事业，宗教法人才负有纳税义务。

当然，这里的"收益事业"不能与税法上的"收益事业"完全划等号。就某一具体事业而言，是否属于宗教法人的宗教活动，抑或公益事业或公益事业以外的事业，究竟如何对其定性是《宗教法人法》上的解释问题。但是，某一事业是否是税法上的收益事业，是否应当纳税，则应当具体问题具体分析。例如，根据《法人税基本通达》15-1-1 的规定，宗教法人从事的作为宗教活动的业务，如果属于《法人税法施行令》第 5 条第 1 款规定的收益事业的，就应当缴纳法人税；反之，即使宗教法人从事的事业具有收益性，但不是《法人税法施行令》规定的收益事业的，也不需要纳税。可见，对宗教法人的事业是否征税，主要依据税收法律加以判断。

一、非课税制的理由

从日本的税收立法来看，宗教法人在很大范围内享受课税除外的待遇。根据课税除外措施的不同，有免税制和非课税制两种。日本实施非课税制，美国、英国、法国等采取免税制。非课税制指的是某一主体从一开始就没有纳税义务，也不需要对其进行税法上的适格性审查。与非课税制不同，免税制是自始就有纳税义务,国家根据纳税义务人的申报审查其适格性,免除其纳税义务的制度。在日本,宗教法人与其他公益法人一样,自取得法人资格之时即自动成为税法上的非课税对象。关于宗教法人的非课税问题,曾引发过违宪与否的激烈争论。

为了贯彻政教分离原则,《日本国宪法》第 20 条第 1 款禁止任何宗教团体从国家获得特权,第 89 条还规定:"禁止公款及其他国家财产为宗教组织或团体使用、提供方便或维持活动之用……"那么,将宗教法人作为非课税对象,是否违反了宪法上的这些规定呢?部分学者认为,不对宗教法人课税即意味着对宗教法人提供了"隐形补助金",赋予了宗教团体特权,所以该制度是违反宪法的。① 大多数观点则认为,该制度并没有赋予宗教团体特权,不违反宪法的规定。支持宗教法人非课税制的主要理由有以下几点。

(一) 政 教 分 离 ②

支持这一观点的学者引用了美国法院在 Walz vs Tax Commission City of New York 判例中的观点加以说明。该案争议的焦点问题是,纽约州《宪法》第 16 条第 1 款对宗教、教育及慈善团体所有的设施免税,是否违反了《联邦宪法修正案》第 1 条的规定。联邦最高法院最终做出合宪的判决,其理由是:如果以教会有社会福祉和慈善为由对其免税,政府就需要调查宗教法人是否有此类活动以及开展此类活动的程度,必然会对宗教活动构成实质性的介入。而且,此类免税措施反映了政府和宗教团体之间不可避免的最小程度的关系,从保障宗教活动自由的角度来看,以善意的方式建立了与宗教团体之间的关系。该判例明确了政教分离的立场。

政教分离的原则要求国家不得介入宗教,宗教也不得干涉国家事务。如果对宗教团体进行征税,征税机关为了掌握宗教活动的实际情况,必然要进行税务调查,导致国家对宗教活动的介入。所以,对宗教团体的活动采取非课税制,可以防止有课税权的国家积极介入宗教活动。

(二) 结 社 自 由

《日本国宪法》第 21 条规定,国民的结社自由受宪法保护。国民结成宗教团体,设立宗教法人后,宗教法人作为法律上的主体,也享有信教自由的权利。如果对宗教法人课税,那么征税机关就会以征税为借口,时常进行调查

---

① 新井隆一:《财政中的宪法问题》,中央经济社 1965 年版,第 65 页;北野弘久:《纳税者的权利》,岩波新书 1981 年版,第 153 页。
② 熊本信夫:《美国的政教分离原则》,北海道大学图书刊行会 1972 年版,第 329 页。

而介入信徒的结社自由。所以,为了保护信众的结社自由及信教自由,应当对宗教法人采取课税除外措施。

(三) 宗教法人的公益性

宗教是与人类的心灵、生命有密切关系的社会现象,能够使人身心安定,净化社会生活,促进社会文化发展,所以,宗教不仅仅对个人有利,而且具有稳定社会的公益性。① 例如,培养有道德的市民、维持法律秩序等。就理论意义而言,国家和地方政府有义务促使社会稳定,为国民提供安稳的生活环境,但是,宪法禁止国家或地方政府向社会提供宗教服务。换言之,宗教团体向社会提供了政府无法提供的"特殊服务",减轻了国家和地方政府的财政负担,为社会的安宁稳定做出了贡献。所以,非课税制是国家针对宗教法人的这一公益活动而支付的"对价"。②

(四) 税基除外说

除了收益性事业之外,宗教团体因从事宗教活动和公益事业的收入是信徒捐献的,并不是法人税法上的"从收入中扣除费用之后的纯利润"。并且,宗教法人中也不存在领取分红的投资者。所以,将这种非营利活动及事业从法人税的税基中排除是合理的。根据这一观点,宗教法人用于宗教活动、公益事业的礼拜设施等固定资产,虽然也有收益,但不是商业性使用收益,不能以市场价额计算课税客体,所以也应当从地方税、固定资产税的税基中排除。

二、与宗教法人有关的课税

日本的税收制度中有各种各样的税收,有的与宗教法人有关,有的与宗教法人无关。就征税主体而言,分为国税和地方税,地方税中又有"道府县税"和"市町村税"。依据课税基础的不同,分为"所得税""资产税"和"消费税"。以下就从税基的角度,简单地概括一下宗教法人的课税情况。

(一) 所 得 课 税

所得课税方面,涉及宗教法人的国税中有法人税和所得税两类。根据《法人税法》第 4 条第 1 款、第 7 条的规定,宗教法人作为公益法人,除了从事

---

① 井上慧行:《宗教法人法基础研究》,第一书房 1972 年版,第 158 页;确井光明:《宗教法人课税的现状及问题》,《JURIST(综合特集)》1984 年 33 号,第 129 页。
② 确井光明:《宗教法人课税的现状及问题》,《JURIST(综合特集)》1984 年 33 号,第 129 页。

税务收益事业以外,不对其征税。第66条第3款规定,公益法人的收益事业的税率低于普通法人。《所得税法》第11条第1款规定,宗教法人收取的利息、红利不征税。地方税中有道府县税、市町村税、事业税,根据《地方税法》第25条1款、第296条1款、72条之51款规定,对宗教法人不征税,除从事税务收益事业之外。

(二) 消 费 课 税

与宗教法人有关的国税是消费税。宗教法人从事宗教活动的收入,并不是宗教活动的对价,不能成为消费税的课税对象。但是,宗教法人从事《法人税法》中的税务收益事业的收入,原则上是消费税的课税对象。

(三) 资 产 课 税

根据《登记许可税法》第4条第2款、《地方税法》第73条之四第1款第2项、第348条第2款第3项、第702条之二第2款的规定,资产课税方面,与宗教法人有关的主要税金有:国税中的登记许可税、地方税中的不动产取得税、固定资产税和都市计划税。宗教法人所有或取得的实物资产中,境内地和境内建筑物专门用于宗教活动的,不对其征税。

三、不对宗教法人课税的情形

宗教法人未从事税法上的收益事业时,不需要纳税。

第一,《法人税法》第7条规定,因布施、会费等宗教活动所获得的收入,即营利性事业所得以外的收入,不缴纳法人税。

第二,《所得税法》第11条第1款规定,宗教法人的利息所得、分红所得,不缴纳所得税。

第三,《地方税法》第25条第1款、第72条之五第1款、第296条第1款规定,宗教法人不需要缴纳道府县民税、事业税、市町村民税。

第四,《登记许可税法》第4条第2款、《地方税法》第73条之四第1款第2项、第348条第2款第3项、第702条之二第2款规定,对专门供宗教使用的境内建筑物、境内地不征收登记许可税、不动产取得税、固定资产税、都市计划税。

第五,《地价税法》第6条第2款规定,宗教法人所有的土地,原则上不征收地价税。

第六,《关税定率法》第15条第1款第4项规定,直接用于仪式或礼拜的寄赠物：神像、佛像、祭坛、葡萄酒等，不征关税。

第七，宗教活动的收入具有赠与性质，不存在对价，通常不是消费税的征税对象。

四、对宗教法人课税的情形

（一）课税的法定情形

日本法学界的传统观念一直认为，宗教法人等公益法人与营利法人有本质的不同，即使在公益活动中有一定的收入，但由于该收入并不归属于某个特定的人，依然要用于公益目的，所以也就没必要征收法人税。然而二战之后，公益法人为了建立财产基础，开始积极地从事营利性事业，与一般的营利性企业之间产生了竞争。为了修正公益法人与营利法人之间在纳税方面的不平等性，从课税中立性原则出发，1950 年日本修改了征税制度，开始对宗教法人的营利性收入征税。

第一，《法人税法》第 66 条规定，宗教法人从事收益事业的收入应缴纳法人税。这里所谓的"收益事业"，是《法人税法施行令》第 5 条规定的 34 种事业，其税率比普通法人的税率低。

第二，《法人税法施行令》第 5 条规定，宗教法人将从事收益事业的收入作为金融资产的，投资所得应当纳税。

第三，《地方税法》第 25 条第 1 款"但书"、第 72 条之五、第 296 条"但书"规定，如果宗教法人从事收益事业，应当缴纳道府县民税、事业税、市町村民税。

第四，宗教法人从事收益事业的，原则上应当缴纳消费税，但土地买卖收入、地租等不征税。

（二）收益性事业的范围

《法人税法》第 2 条第 13 项、《地方税法》第 25 条第 2 款、第 72 条之五、第 296 条等规定了各类征税的收益事业。收益事业指的是销售业、制造业及其他行政法规规定的事业，有营业场所且持续经营。

符合前述法律规定时，即使某一"事业"是宗教法人的本来目的范围之内的业务，也应当缴纳法人所得税。宗教法人从事的宗教活动、以公益为目的的活动以及为确保宗教活动的物质基础而从事的公益事业以外的活动，与这些活动有关的事业不同于税法上的收益事业的概念。税法上的收益事业的判定,是从是否与民间企业有竞争关系、是否有课税上的公平等角度规定的。所以,即使宗教法人从事前述活动,只要符合税法上收益事业条件的,就应当成为纳税对象。此外,根据《法人税基本通达》(下称《通达》)15-1-2 的规定,宗教法人拥有店铺、事务所,自己直接从事收益事业的收入应当纳税,如果将收益事业的全部或一部分委托他人经营,从课税公平的理念出发,也应当视为自己经营。

经营行为具有"持续"性,指的是每个事业年度内持续从事经营活动。除此之外,还包括:(1)根据某一事业计划,完成该事业的必要期间;(2)在通常的相当期间内持续从事某一活动,以及定期或不定期反复从事活动。《通达》15-1-5 规定,如果宗教法人同时从事税法上的收益事业和非收益事业时,判断收益事业的经营是否具有持续性时,应当将这些事业作为一个整体进行判断。

《通达》15-1-4 的"事业场所"指的是经常性的店铺、事务所等从事事业活动的场所。除此之外,还包括必要时临时设置的事业活动场所,或者利用既有设施从事事业活动的场所,例如,从事流动销售时的销售场所也属于"事业场所"。

"行政法规规定的事业"指的是《法人税法施行令》第 5 条规定的 34 种事业。从事这些事业的附随行为,通常被视为该收益事业活动的一个环节,也包含在收益事业中。例如,经营出版业的宗教法人召开与出版业务有关的讲演会、经营旅馆或饭店业的宗教法人在旅馆中出租会议场所、宗教法人将收益事业所得收入用于存款、有价证券等。从事《法人税法施行令》规定的 34 类事业及其附随活动的,原则上应当纳税,但是也有例外,具体情形如下:

1. 物品销售业。《通达》15-1-10 规定,宗教法人出售护身符、神签等物品时,售价和原价之间的差额不属于通常物品销售业中的买卖利润,而被视为捐款,不符合物品销售业的条件。但是,如果宗教法人以外的主体向参拜者出售诸如明信片、照片、日历、香、供花、念珠等一般物品,其价格与一般物品销售业的价格大致相同时,视为物品销售业。

2. 不动产销售业。转移墓地所有权属于不动产销售业。

3. 金钱借贷业。《通达》15-1-15,借给他人金钱时应当纳税。但是,宗教法人实施符合下列条件的行为时,不属于金钱借贷业:(1)以其会员等的筹款为主要资金来源;(2)以其会员等为金钱贷款对象;(3)贷款的年利率低于 7.3%,按照社会一般观念,这种情况下的贷款是共济贷款,是必要的福利行为,不属于金钱借贷行业。

4. 物品出租业。《通达》15-1-16 规定,旅馆中的麻将、围棋、象棋等娱乐用具的出租以及高尔夫练习场、滑冰场中用具的出租等，类似这样的旅馆、娱乐场中物品的出租，是旅馆、游乐场业务的一部分，不是税法上的物品出租业。

5. 不动产出租业。将不动产的全部或一部分及建筑物的顶部、墙壁等租借给他人持续使用的，属于不动产出租。但是以下情形不征税：

(1)《通达》15-1-18 规定，宗教法人经营的墓地出租业，包括宗教法人收取永久使用费的墓地的出租。

(2)《通达》15-1-19 规定，向国家或地方公共团体直接出租的不动产行业。但是，该不动产向国家等以外的主体转租时，不属于这里所说的不动产出租业，应当纳税。

《通达》15-1-17 规定，不动产出租业中包括将店铺的一角供他人使用，以及在建筑物上设置广告的行为。但是，仓库业、出租会场业、娱乐业、停车场业不属于不动产出租业。宗教法人举行仪式时，向商人出租经营场所，也应当纳税。

6. 制造业。《通达》15-1-22 规定，公益法人自行设计制造场、工作所的设施，为了出售自己栽培的农作物等而进行最小限度的加工，或以其为原料加工批发的行为，属于制造业，应当纳税。

7. 通信业（包括广播业）。（《通达》15-1-24 的规定）

8. 运输业。（《通达》15-1-25 的规定）

9. 仓库业。（《通达》15-1-26 的规定）

10. 承揽业（包括受托处理事务的行业）。《通达》15-1-27 规定，接受他人委托从事调查、研究、收集信息以及票据交换、外汇业务等，属于承揽业。《通达》15-1-29 规定，即使公益法人从事的事业具有承揽或受托业务的性质，如果根据其特点被判定为承揽业之外的收益事业，也不属于这里所谓的承揽业。

11. 印刷业。（《通达》15-1-30 的规定）

12. 出版业。宗教法人从事出版业的，应当缴纳法人税，但是，不包括以下情形：以持有特定资格的主体为会员的法人，主要向会员分发会报的行为，或者以学术、慈善及其他公益活动为目的的法人，为实现其目的而专门向会员分发会报的行为。《通达》15-1-31 至 15-1-36 对此进行了详细规定：

(1) 以具有特定资格的主体为会员的宗教法人。"特定资格"指的是具有法律上的资格者，诸如医师、律师、注册会计师等，以及因特定的经历而产生的资格，例如出生地、毕业院校、工作单位等。所以，因年龄、性别、同名、兴趣相同等作为会员资格的法人不属于"特定资格"，同样，以思想、信仰相同等作为会员资格的,不属于"特定资格"。

(2) 会报及准用会报的出版物。会报是向会员宣传团体的主张,通知活动状况、会员近况等信息的出版物。所谓准用会报的出版物,是代替会报的出版物,仅针对会员的以特殊报道为内容的出版物。所以,以会员名册或会员消息为报道内容的出版物,属于准用会报的出版物的范围,但是,有相同内容的单行本、月刊等在书店中作为通常商品出售的出版物,不属于准用会报的出版物,如教典、宗教书等本质上具有普遍性的出版物即属于此类。

(3) "主要向会员分发",主要是指会报等出版物以向会员分发为目的,大约80%散发给会员。不收取对价而向有特别关系的非会员分发会报,视为向会员分发。

"专门向会员分发",指的是仅向会员分发会报。不收取对价而向有特别关系的非会员分发会报,视为向会员分发。宗教法人从事税法规定的出版业,以会费的名义收取的对价,作为收益处理。

13. 摄影业。(《通达》15-1-37 的规定)

14. 出租会场业。根据《法人税基本通达》15-1-38 的规定,宗教法人将境内地、本堂、讲堂等设施借给不特定或多数人用于娱乐、游览等的,属于《通达》规定的出租会场业,应当纳税。但是,以下情形除外:

(1) 供该法人的"会员及准会员"使用。

(2) "使用的对价没有超过实际费用范围"。具体根据往年的实际收入判断该年度的收入是否超出范围。

15. 旅馆业。根据《通达》15-1-39、15-1-42 的规定,宾馆营业、旅馆营业、简易住所营业、公寓营业等均属于旅馆营业。此外,虽然没有取得经营许可证,但允许他人住宿,并收取住宿费的事业,也包含在旅馆业中。所以,宗教法人将自己的住宿设施提供给信徒或参拜者住宿,收取住宿费的行为,也属于旅馆业。但是,以下情形除外:

(1) 住宿设施的利用与宗教法人的主要目的业务有关;

(2) 住宿设施以供多数人共用的构造及设备为主;

(3) 向每一位使用者收取的住宿费一晚低于 1000 日元(附两餐的 1500 日元)。

此外,旅馆中为会议而出租场所属于旅馆业的附属行为。

16. 饭店业及其他饮食业。《通达》15-1-43 规定,饭店出租会议场所的行为是附属行为,是应当纳税的收益事业。

17. 斡旋业。《通达》15-1-44 规定,为他人的商行为以外的行为从事中介、代理、代办等,属于应纳税的斡旋业,例如不动产中介、职业介绍、婚姻介

18. 代理业。《通达》15-1-45 规定,为他人代理商行为的,属于代理业。

19. 中介业。《通达》15-1-46 规定,为他人的商行为从事媒介行为的,为中介业。

20. 批发业。(《通达》15-1-47 的规定)

21. 矿业。(《通达》15-1-48 的规定)

22. 土石采取业。(《通达》15-1-48 的规定)

23. 浴场业。(《通达》15-1-49 的规定)

24. 理发业。(《通达》15-1-50 的规定)

25. 美容业。(《通达》15-1-51 的规定)

26. 演出业。根据《通达》15-1-52、53 的规定,不包括以下情形:(1)常设美术馆、博物馆、资料馆、宝物馆等允许他人参观收藏品的行为,不属于演出业;(2)慈善演出、非职业演员的演出等,获得税务署署长确认的,不属于演出业。

27. 游乐业。宗教法人经营的高尔夫球场等属于此种情形。

28. 游览业。

29. 医疗保健业。

30. 技艺传授业。根据《法人税基本通达》15-1-66、15-1-67 的规定,洋服的剪裁、和服的剪裁、衣服的穿着、编织、手工艺、料理、理发、美容、茶道、插花、戏剧表演、文艺表演、舞蹈、音乐、绘画、书法、摄影、工艺、设计、机动车驾驶、小型船舶驾驶等的教授,以及预备学校、补习班、学习班的教授等属于此类行业。但是,学校、专修学校、各种学校等的技艺教授除外。

自己不传授技艺,但颁发相关资格证的行为,也属于这里的"技艺传授"。但是,应当纳税的收益事业仅限于法律列举的技艺传授业,除此之外的颁发资格证的技艺传授业不属于此类。

经营技艺传授业的公益法人出售相关教科书或其他类似教材,以及召开义卖会等,属于技艺传授的附属行为。

31. 停车场业。(《通达》15-1-68 的规定)

32. 信用保证业。(《通达》15-1-69 的规定)

33. 无体财产提供业。

34. 劳动者派遣业。(《通达》15-1-70 的规定)

35. 其他收益事业。根据《法人税基本通达》15-1-72 的规定,宗教法人举行的神前结婚、佛前结婚仪式,被认为是宗教活动的一部分,不属于收益事业,但是,仪式之后,在宴会上提供食品(相当于饭店业)、出租仪式用的服装或其他物品(相当于物品出租业)、纪念摄影(相当于摄影业)以及中介介绍

(相当于斡旋业或中介业)等属于收益事业。

典型判例

1. 寺院库里事件

案由概要：正荣山妙行寺为宗教法人，住持中村日应受托管理寺院的本堂和库里，与其家属一起共同居住、使用库里。东京都台东税务事务所认为，《地方税法》第 348 条第 2 款规定"宗教法人专供本来之用"的境内建筑物及境内地不征固定资产税"，但是本案中的库里并未供宗教法人"本来之用"，而是作为住持及家属的私人起居生活场所，所以，不属于该条款中规定的固定资产，应当缴纳固定资产税。正荣山妙行寺则认为，住持中村日应受托管理寺院，必须日夜住宿在寺院，一切生活以佛道为目的，生活中没有公私的区别。住持的家属作为其辅助人员，负责清扫境内地及堂宇、指导檀信徒等日常事务。僧侣没有家属的寺院也要设置辅助人员，而且法律并没有禁止僧侣结婚，所以，只要本寺的住持及其家属没有超出寺院的目的使用库里，就不能断定为是为了私人生活而使用。

判决要旨：本案的课税处分决定无效，其理由是：寺院中的大殿、库里、山门等，自古以来就是佛教弘法、护持的必要建筑物，随着历史的流转，具体的使用方法会发生变化，即使如此，如果不用于弘法、护持以外的目的，就依然是佛教固有的财物，应当是弘法、护持必不可少的建筑物。寺院的多数库里目前是作为住持及其家属日常生活的场所，很多中小寺院的住持自己管理堂宇及境内地，必须住在库里。此外，我国佛教界并不禁止僧侣娶妻生子，所以，供住持日常生活用的库里，只要住持不将其用于其他目的，应当视为是管理寺院所必要的起居场所，并且住持的家属没有将库里作为他用，而是作为住持的辅助者管理寺院，与住持共同居住。

"专供本来之用"意味着专门用于宣扬教义、举行仪式、教化育成信众，当然不包括用于其他目的的情形，也不包括用于《宗教法人法》第 6 条规定的事业的情形。不但寺院的库里，其他与库里有同样用途的建筑物，也应当与库里同样对待。本案原告寺院的住持只要没有将本案的库里作为他用，就应当视为基于管理寺院的目的而居住；住持的家属也没有将库里作为他用，而是与住持的目的相同，作为寺院管理的辅助者而共同居住①。

---

① 东京地方裁判所 1957 年 2 月 28 日判决，《行政事件裁判例集》8 卷 2 号，第 283 页。

2. 回向院事件

案由概要：某宗教法人的回向院从事收藏、保管动物遗骨的业务，东京地方政府针对收藏动物遗骨的建筑物及用地，向回向院征收固定资产税和都市计划税。回向院向东京地方法院提出申请，要求撤销征税决定。本案争议的焦点问题是，被征税的不动产是否属于《地方税法》第348条第2款规定的应纳税"境内建筑物及境内地"。

判决要旨：东京地方法院认为，应当将回向院的行为与世俗的一般社会活动进行比较，根据两者的差异程度做出判断。保管、供养动物遗骨的行为，与为了人而设置骨灰墓地、举行法会的行为，就社会一般观念而言，两者的宗教特性是不同的。前者的行为与普通民间组织经营动物陵园的事业相类似，不具有显著的宗教特征，很难将回向院保管动物遗骨的行为视为具有宗教目的的活动，所以，相关建筑物不符合《地方税法》第384条第2款规定的非课税对象的条件，本案的征税决定是合法的。

回向院不服判决结果，向东京高等法院提起二审。东京高等法院推翻了一审法院判决，命令地方政府撤销征税决定。高等法院在判决中认为，《地方税法》第325条规定的非课税境内建筑物及境内地，指的是专供本来之用、宣扬教义、举行仪式、教化培育信众所必要的宗教法人固有的境内建筑物及土地。本案争议的建筑物和土地是否属于第325条规定的对象，应当根据该不动产的实际使用情况、社会一般观念进行客观判断。经查明，本案有以下客观事实：回向院自江户时代的开创者以来，一直举行动物供养活动；回向院的动物供养被社会普遍接受，成为普通人的信仰对象；在回向堂和供养塔中安置动物遗骨，同时每天进行动物供养，每月1次或每年3次举行法会活动。从回向堂和供养塔的使用情况可以看出，这些建筑物及其用地是回向院专门用于宗教目的的设施，是举行宗教活动必不可少的。所以，本案的征税决定违法。①

3. 慈秒院事件

案由概要：宗教法人慈秒院从1983年开始从事宠物的丧葬业务，其业务的具体内容为：(1) 宠物主人委托慈妙寺用汽车运送动物尸体须交付3000日元；(2) 有僧侣读经的丧葬仪式；(3) 分共同火葬和单独火葬，根据动物的重量和火葬的方法收取8000—50000日元；(4) 宠物主人可以选择单独墓

---

① 东京高等裁判所2008年1月23日判决，《速报判例解说》3号，第299页。

地、共同墓地、或纳骨堂。共同墓地的使用免费，单独墓地每年要缴纳 2000 日元的管理费和 9 年的连续使用费 1 万日元，纳骨堂根据纳骨箱的大小收取 3.5 万或 5 万日元的永久使用费；(5) 每月 17 日举行共同法会，也在初七和七七日为有特别要求的宠物主人举行法会；(6) 向宠物的主人出售名字牌、牌位、墓石等。慈秒院通过网页、手册等形式宣传其丧祭业务。日本的宠物供养及丧祭从 1975 年开始，2004 年全国有 6000—8000 家从业者，此外，不但佛教寺院，而且经营仓库、运送、不动产、石材、动物医院的行业也有从事动物丧祭活动的。

《法人税法》第 4 条第 1 款规定，公益法人经营收益事业的，应当缴纳法人税。第 7 条规定，对公益法人的收入中的收益事业以外的所得不征税。《法人税法施行令》规定了 34 种收益事业，与本案有关的事业有物品销售业、不动产出租业、仓库业、承揽业。课税厅认为，慈秒院的动物丧祭业务相当于《法人税法》第 2 条规定的收益事业，应当缴纳法人税。慈秒院则认为宠物葬祭是宗教行为，不是收益事业，请求撤销征税决定。

判决要旨：一审、二审法院驳回了慈秒院的请求，认定课税厅的课税决定合法有效。两审法院的理由相同：慈秒院从事的火葬行为相当于承揽业，遗骨保管行为相当于仓库业，骨壶、墓石等的销售相当于物品销售业，均属于课税对象。不论当事人是否感觉这些行为具有宗教意义，以及这些行为是否呈现宗教的外观，都不影响该行为的收益事业的性质。一审名古屋地方法院认为，判断某一活动是否是《法人税法》上的收益事业时，应当综合考虑诸多因素。例如，该事业的开展方式、所收财货金额的确定方法、金额和给付行为之间的对应关系、例外的具体情况等，与一般企业所从事的类似事业相比较，根据社会一般观念，财货转移是否具有任意性，以及一定的给付行为是否对应于债务履行，还有财货转移中有无对价。慈秒寺的宠物葬祭业有"价目表"乃至"供养费"，是由 3 种内容的丧葬仪式和动物重量组合来确定金额的，可见委托人所支付的金额并不是任意性的，所以应当认定为是收益事业。[1]

慈秒院不服判决，又向最高法院提出申诉。最高法院认为，判断宗教法人的行为是否是《法人税法施行令》中规定的收益事业时，应当依据社会一般观念，从以下几个方面综合考察该事业的目的、内容、形式等因素：财货转移是否具有支付服务对价的性质，或者不是服务的对价而是布施行为；该活动是否与一般法人的事业相竞争；等等。本案中，慈秒院的价目表中规定了所

---

[1] 名古屋地方裁判所 2005 年 3 月 24 日判决，《判例 TIMES》1241 号，第 81 页。

提供服务的对价，所以即使委托人感觉是宗教行为而支付对价，也不具有所谓布施的性质，而是慈妙院提供的服务的对价。并且，慈秒院的宠物葬祭业，在目的、内容、费用的确定方法等方面，与宗教法人以外的法人所从事的同类业务没有不同之处，具有竞争性。所以，慈秒院应委托者的要求供养宠物，即使以宗教仪式的形式举行葬祭活动，也属于《法人税法》中的收益事业。[1]

本案中，慈妙院主张在大乘佛教中众生皆有佛性，宠物等动物因种种因缘堕生于畜生道，死后可以因读经等功德转生人天道，所以宠物丧祭是宗教行为。但是，即使有宗教意义的行为，如果被判定为属于《法人税法施行令》中的收益事业的，就应当成为纳税对象。

五、小　　结

对宗教法人而言，税收上的待遇大概是其在法律上获得的最大优惠。关于宗教法人的税收制度，立法、实务、理论界始终是围绕宗教法人的公益性展开的。

（一）公益性是对宗教法人施行非课税制的主要理由

宗教法人的本来目的是开展宗教活动，同时也从事教育、医疗等公益事业。宗教活动具有安定人心、稳定社会、弘扬精神文化的公益性。《民法》第33条第2款将宗教法人列为公益法人的范畴，税收法律制度对宗教法人施行非课税制。虽然对宗教法人实施非课税制的理论观点很多，至今也未形成完全一致的意见，但是宗教法人的公益性这一特点是为绝大多数观点支持的。

（二）收益性是应否对宗教法人的具体事业进行征税的标准

由于《宗教法人法》允许宗教团体从事收益性事业，虽然所获收益必须用于宗教法人的公益事业，但是实际上会与营利性的企业之间形成竞争关系，基于课税公平原则，税收立法对符合收益条件的宗教法人的事业征收所得税，《法人税法基本通达》对宗教法人应当纳税的事业做了详细列举。此外，《地方税法》还规定宗教法人用于宗教目的的境内建筑物和境内地不征收固定资产税；反之，如果宗教法人的境内建筑物和境内地不用作宗教目的，就应当纳税。例如，在寺院库里事件、回向院事件中，法院也是从是否具有宗教目

---

[1] 最高裁判所第二小法庭2008年9月12日判决，《判例时报》2022号，第11页。

的的角度进行判断的。

　　总之,虽然从宗教法人的整体性出发实施非课税制,但是并不是对宗教法人所从事的所有事业都施行非课税制,而是依据宗教性、公益性的原则,区别不同的具体情况,对收益性或非宗教目的事业征税。无论如何,宗教的公益性始终是决定宗教法人应否纳税的核心要素。

第十章 宗教法人的合并、解散

宗教法人依据《宗教法人法》第 4 条的规定成立后,在运营管理过程中,可能因社会、经济、文化以及教团内部等诸多主客观因素而发生组织变更的需要,比较常见的组织变更形式是合并,而解散会使法人组织消灭,可以视为一种特殊的组织变更形式。

一、宗教法人的合并

(一) 宗教法人合并概述

所谓宗教法人的合并,指的是 2 个以上宗教法人成为 1 个宗教法人。据此,宗教法人与非宗教法人的合并以及不具有宗教法人资格的宗教团体之间的合并,不属于《宗教法人法》规定的合并。

宗教法人的合并是《宗教法人法》中设置的制度。根据之前的《宗教法人令》,如果一个宗教法人与其他宗教法人合并时,该宗教法人一方或双方应当解散,进行清算之后才能实施合并。然而,由于宗教法人存在地域分布、财务状况、教势扩张等复杂因素,因而必须履行清算程序才能进行合并的立法规定严重脱离现实需要。并且,参与合并的宗教法人不但要履行复杂的程序,还必须采取措施处分清理财产,而实际上这些措施是不需要的。基于前述原因,《宗教法人法》在制定之时,设置了合并制度。[①] 此外,神社管理实践中的困难也是推动合并制度产生的原因之一。"一人兼任多个神社的神职,由于没有专任的神职,导致神社荒废的情况非常严重,难以举行一年一度祭礼的神社被弃之不顾,造成了不好的社会影响。"[②]总之,为了简化合并程序,节约合并时间和成本,《宗教法人法》采纳了较简便的合并制度。

宗教法人进行合并时,通常会伴随着教义、仪式等宗教事务的合并,以及代表役员、责任役员等经营管理机关、办事机构等世俗事务的合并。所以,必须在合并合同中明确区别应当由宗教法人自治规范处理的宗教事项与应当适用《宗教法人法》和宗教法人章程规定的世俗事项。有学者认为,宗教法人

[①] 篠原义雄:《宗教法人法的解说》,中央法规 1951 年版,第 94 页。
[②] 井上惠行:《宗教法人法基础研究》,第一书房 1972 年版,第 411 页。

的合并认证应当遵循设立认证的立法宗旨,从保障信教自由及政教分离的原则出发,仅限于宗教团体的世俗事务。①

合并的形式多种多样,如包括宗教法人间合并、被包括宗教法人间的合并、包括与被包括宗教法人间的合并。这些合并中又有教派内(宗派内、教团内)的宗教法人之间的合并、不同宗教的宗教法人之间的合并,这样的合并涉及参与合并的相关宗教法人的教义、成立经过、传统等因素,应当有一定的限制。② 但是,相反观点则认为,根据立法精神,《宗教法人法》不规范宗教团体的宗教事务,主管行政机关无权判断参与合并的宗教法人是否属于同一宗教。

另外,有观点认为,包括宗教法人相互之间、单位宗教法人之间可以进行吸收合并、新设合并,但包括法人与单位法人之间的合并应当受到一定的限制。包括宗教法人与单位宗教法人合并,设立新的包括宗教法人,或者包括宗教法人吸收单位宗教法人后存续,这两种合并不违背法律规定。但是,如果包括宗教法人与单位宗教法人合并成立单位宗教法人,或者单位宗教法人吸收包括宗教法人后存续,这两种合并违背了宗教法人合并的本质,与《宗教法人法》第2条规定的宗教团体相冲突,应当受到限制。③

(二) 宗教法人合并的程序

宗教法人的合并有两类:吸收合并和新设合并。通过合并,一个宗教法人存续,其他宗教法人解散的为吸收合并;参与合并的宗教法人解散,成立新的宗教法人的合并为新设合并。吸收合并和新设合并的程序基本一致,仅有少许差异,现以吸收合并程序为例加以说明。

1. 合并决定的形成

《宗教法人法》第19条规定,合并决定的产生必须符合参与合并的宗教法人的章程中规定的程序,如果宗教法人章程中没有规定的,由责任役员的过半数决定,各责任役员的表决权平等。在合并决定的形成阶段,具体包括以下事项:

(1) 责任役员(会)的决议;
(2) 合并合同的制作及同意;
(3) 宗教法人章程变更的决定;

---

① 篠原义雄:《宗教法人法的解说》,中央法规1951年版,第95页。
② 中根孝司:《新宗教法人法——背景与解说》,第一法规1996年版,第381页。
③ 井上惠行:《宗教法人法基础研究》,第一书房1972年版,第456页。

(4) 总代的同意（仅限于宗教法人章程对此有规定的情况）；

(5) 包括宗教团体的同意（仅限于宗教法人章程中规定的情形，以及合并将导致新的被包括关系的设立的情形）。

2. 合并的公告

《宗教法人法》第34条1款规定，宗教法人进行合并时，应当向信众及其他利害关系人公告合并合同的主要内容。

3. 制作财产目录

《宗教法人法》第34条第2款规定，参与合并的宗教法人应当在公告之日起2周之内作成财产目录。如果宗教法人从事了公益事业或公益事业以外的其他事业的，还必须制作与该事业有关的资产负债表。

4. 通知异议债权人申述

《宗教法人法》第34条第3款规定，参与合并的宗教法人应当在向利害关系人公告合并合同主要内容之日起2周内，向债权人公告如下事项：如果对合并有异议，可在公告之日起不少于2个月的期间内提出异议，并且分别催告已知的债权人。

《宗教法人法》第34条第4款规定，债权人在规定的期间内提出异议的，参与合并的宗教法人应当清偿债务，或提供相当的担保，或以清偿债务为目的，将相当的财产委托给信托公司或从事信托业务的金融机构。但是，合并不会损害债权人利益的除外。

5. 合并认证申请

《宗教法人法》第38条规定，宗教法人在履行了《宗教法人法》第34至37条规定的程序后，应当申请认证。第39条规定，主管行政机关受理认证申请时，应当以书面形式向宗教法人发出通知，并按照法定要求审查相关申请，作出合并的认证，发放认证书。

6. 合并登记

《宗教法人法》第56条规定，宗教法人进行合并时，应当在收到合并认证书之日起2周内，在主要办事机构所在地，就合并后存续的宗教法人办理变更登记，因合并而解散的宗教法人办理解散登记，因合并而设立的宗教法人办理设立登记。

（三）宗教法人合并的法律效果

《宗教法人法》第 41 条规定，合并后存续的宗教法人或因合并而设立的宗教法人在其主要办事机构所在地办理登记后，宗教法人的合并生效。第 42 条规定，合并后存续的宗教法人或因合并而设立的宗教法人，承继因合并而解散的宗教法人的权利和义务。

二、宗教法人的解散

宗教法人的解散，是宗教法人终止相关活动，清理既存法律关系，处理剩余财产的制度。宗教法人解散之后，即进入清算程序，在清算目的范围之内存续，清算结束后，宗教法人消灭。这一点与其他民法法人相同，法人人格不会因为解散而立即消灭。清算期间的法人称为清算法人。清算法人虽然与解散之前的宗教法人是同一个法律主体，但是其权利能力和行为能力受到清算目的范围的限制，与未解散之前的宗教法人有所差异。

（一）解散的种类

宗教法人的解散分为依据宗教法人的自由意思的"任意解散"和依据法定事由发生的"法定解散"两种。两种解散的程序有所不同。

1. 任意解散

《宗教法人法》第 43 条第 1 款规定，宗教法人可以依据自由意思而解散，即任意解散。任意解散应当履行以下程序：

（1）解散的决定。根据《宗教法人法》第 12 条第 1 款第 10 号的规定，解散事由、清算人的选任及剩余财产的归属等解散事项是宗教法人章程的必要记载事项，所以，宗教法人决定解散时，应当遵守宗教法人章程的规定。通常由责任役员（会）做出解散的决定；如果宗教法人章程规定由总代等机构同意的，应当遵守该规定；宗教法人章程规定须征得包括宗教团体的同意的，应当获得包括宗教团体的同意。第 44 条规定，如果法人章程没有特别规定的，遵守第 19 条的规定，由责任役员的过半数做出解散决定。

（2）解散公告。《宗教法人法》第 44 条第 2 款规定，宗教法人应当向信众及其他利害关系人公告如下事项：如果对解散有异议的，可以自公告之日起一定期间内陈述意见。这一期间不得少于 2 个月。同条第 3 款规定，在规定的期间内有人陈述意见的，应当充分考虑该意见，重新检讨是否继续进行解散程序。

（3）解散的认证。《宗教法人法》第44条规定，任意解散应当接受主管机关的认证。第45条规定，宗教法人在公告期满之后，应当向主管机关申请认证，提交申请书、解散决定履行了法人章程规定的证明、公告证明等文件资料。第46条规定，主管行政机关按照法律的规定，决定受理认证申请的，应当以书面形式通知申请者，并在书面通知中注明受理日期。通知之后，应当审查与该申请有关的解散程序是否符合《宗教法人法》第44条的规定，并作出认证决定。第47条规定，主管行政机关向申请者交付解散认证书，宗教法人的任意解散因认证书的交付而发生效力。

（4）解散登记及申报。《宗教法人法》第57条规定，宗教法人应当在收到解散认证书之日起2周之内，在主要办事机构所在地办理解散登记。第9条规定，宗教法人办理完解散登记的，应当不迟延地向主管机关申报登记事项。

（5）清算人的选任。《宗教法人法》第49条第1款规定，除因合并和破产解散的之外，通常由代表役员或代行职务者担任清算人，但是，宗教法人章程有特别规定的，以及解散时就已经选任了代表役员以外的人担任清算人的除外。第2款规定，依据第1款没有产生清算人，以及清算人欠缺会造成损害的，法院可以根据利害关系人或检察官的请求，或依职权选任清算人。

（6）债权申报的催告。《宗教法人法》第49条之三第1-3款规定，清算人自就职之日起2个月内，应当向债权人至少公告3次，催告其在一定期间之内申报债权，该期间不得少于2个月。在公告中，应当说明债权人不按时提出申报的，将被排除在清算之外。但是，清算人不得排除已知的债权人。清算人应当向已知的债权人个别发出申报催告。

（7）剩余财产的处分。《宗教法人法》第50条规定，除合并与破产外，解散后的宗教法人的剩余财产依照宗教法人章程的规定处理。章程中可以直接指定财产的归属人，也可以规定归属人的指定方法；章程中没有规定的，可以为其他宗教法人或者公益事业而处理其财产；无法处理的财产充归国库。将剩余财产处分给其他宗教团体或公益组织更符合捐赠的公益目的。同样，国家本来也是举办公益事业的主体，归国库所有也符合捐赠者的意愿。

（8）清算终了登记及申报。《宗教法人法》第58条规定，宗教法人的清算事务结束的，应当自清算终了之日起2周之内，在主要办事机构所在地，办理清算终了登记。第9条规定，宗教法人进行清算程序终了登记的，应当不迟延地向主管行政机关申报相关事项。

2. 法定解散

《宗教法人法》第43条第2款规定了法定的解散事由,宗教法人因以下任一事由的发生而解散:(1)宗教法人章程规定的解散事由发生的;(2)合并(合并后存续的宗教法人除外);(3)决定开始破产程序;(4)主管行政机关取消认证;(5)法院命令解散;(6)包括宗教团体中,被包括宗教法人的欠缺或消失。法定解散因解散事由的不同,解散程序略有差异。具体有以下几点:

(1)法人章程规定的解散事由发生、包括宗教团体中的被包括宗教团体欠缺或消灭的解散程序。

第一,清算人的选任。

第二,解散登记。

第三,向主管行政机关提出解散登记申报。

第四,债权申报的催告。

第五,剩余财产的处分。

第六,清算终了登记及申报。

以上程序中的具体内容,参照任意解散的相关规定。

(2)因合并而解散的程序

在两个以上宗教法人合并的情况下,由于解散的宗教法人的债权债务由存续的宗教法人承担,不涉及清算的问题,所以解散程序相对简单一些。

第一,合并的认证。《宗教法人法》第33条规定,宗教法人进行合并时,应当接受主管机关的认证。

第二,合并的解散登记。《宗教法人法》第56条规定,宗教法人收到合并的认证书之日起2周内,因合并而解散的宗教法人应当在主要办事机构所在地办理解散登记。

第三,解散登记申报。参照《宗教法人法》第9条的规定。

(3)因破产而解散的程序

宗教法人因破产而解散的,应当根据《破产法》第30条第1款的规定,进入破产程序,清理财产,偿还债务。破产解散的程序应当遵守《破产法》的规定,《宗教法人法》中的相关规定非常少。

第一,破产程序的开始。《宗教法人法》第48条第1款规定,宗教法人的财产不足以清偿债务,代表役员或代行职务者应当立即申请破产程序。法院根据代表役员或职务代行者或债权人的申请,或依职权,决定开始破产程序。第2款规定,当发生第1款规定的事由时,代表役员或代行职务者应当立即申请开始破产程序。

第二,委托办理破产登记。根据《破产法》第 257 条第 1 款的规定,法院的书记官应当不迟延地向委托登记机关办理破产登记。

第三,向主管行政机关提出申报。《宗教法人法》第 43 条第 3 款规定,宗教法人因破产而解散的,应当不迟延地向主管行政机关提出破产解散申报。

第四,清算终了登记。参照《宗教法人法》第 58 条的规定。

第五,清算终了申报。参照《宗教法人法》第 9 条的规定。

(4) 因撤销认证而解散及命令解散的程序

第一,主管行政机关撤销认证及法院命令解散。

《宗教法人法》第 80 条第 1 款规定,主管行政机关根据第 14、39 条的规定,对宗教法人设立时的章程及合并进行认证后,发现该团体欠缺宗教团体构成要件的,可以在交付认证书之日起 1 年内撤销认证。

《宗教法人法》第 81 条第 1 款规定,宗教法人有下述任一情形的,法院可以根据行政主管机关、利害关系人或检察官的请求,或依职权,命令解散宗教法人:违反法令,且危害公共福祉的;实施明显脱离宗教团体的目的的行为,或超过 1 年未实施目的行为的;单位宗教法人的礼拜设施灭失,没有不得已的理由,灭失后超过 2 年未完善该设施的;欠缺代表役员或代行职务者超过 1 年;向宗教法人交付设立章程认证书及合并认证书之日起 1 年内,发现该团体欠缺宗教团体构成要件的。

第二,清算人的选任。根据《宗教法人法》第 49 条第 1、2 款的规定,除了因合并和破产的解散之外,清算人通常由代表役员或代行职务者担任,但是,宗教法人章程有特别规定的,以及解散时就已经选任了代表役员以外的人担任清算人的除外。依据前述程序没有产生清算人,以及清算人欠缺会造成损害的,法院可以根据利害关系人或检察官的请求,或依职权,选任清算人。第 1、2 款规定的清算人的产生程序,当然适用因撤销认证而解散和命令解散的情况。但是,同条第 3 款同时又规定,宗教法人因撤销认证而解散和命令解散的,法院可以不遵守第 1、2 款的规定,根据主管行政机关、利害关系人或检察官的请求,或依职权,选任清算人。

第三,解散登记及申报。《宗教法人法》第 80 条第 6 款、第 81 条第 6 款规定,撤销认证和命令解散时,分别由主管行政机关和法院委托宗教法人主要办事机构所在地的登记机关办理解散登记。第 9 条规定,法院命令解散时,宗教法人应当向主管机关提出解散登记申报,但是撤销认证的解散登记不需要申报。

第四,债权申报的催告。

第五,剩余财产的处分。

第六，清算终了登记及申报。

以上第四至六项的具体内容参照任意解散的相关规定。

(二) 解散的法律效果

关于解散对宗教团体的影响，学界和实务界有不同的观点。非消灭说主张，解散仅仅导致法人人格的消灭，宗教团体的实体依然存在。与此相对的消灭说则认为，清算程序终结，法人人格及实体均消灭。非消灭说为多数说。

持非消灭说的学者提出以下意见：在法定解散的情形下，意味着宗教法人人格因解散而消灭，而宗教团体的实体并没有消灭，可以继续从事宗教活动。① 此外，有学者考察了宗教立法沿革，认为在《宗教团体法》中，如果宗教团体作为法人而解散，那么宗教团体自身也随之解散，但是，《宗教法人令》《宗教法人法》中并没有这样的规定。从前后的立法变化，以及《宗教法人令》和《宗教法人法》的立法宗旨、立法精神可以推断出，后两部立法的规定与《宗教团体法》相反，即宗教法人的解散不会导致宗教团体自身的解散。而且，根据圣俗分离原则，国家可以介入宗教法人的世俗事务，但不得干涉出世间的事务。所以，如果国家通过立法规定宗教团体在宗教事务方面的设立、合并、解散等事项，就会违反信教自由和政教分离的原则。但是，无论如何，宗教法人的解散对团体自身而言，是丧失法人人格的重大事件，应当对相关事项加以规定。即使立法不对此加以规定，也应当解释为宗教法人的解散并不是宗教团体自身的解散。此外，虽然立法应当规定"宗教团体不因宗教法人的解散而解散"，但既然立法宗旨已经明确，就不必再做这种多余的规定。②

司法实务对该问题的处理意见并不统一。最高法院在奥姆真理教案中认定："依据解散命令，宗教法人解散，但信徒可以使不具有法人人格的宗教团体继续存续，或不得妨碍重新结成宗教团体。"③非常明显，最高法院采用了非消灭说。下级法院的判例中曾有采纳消灭说的判决："一般而言，法人解散是私法领域的法律术语，意味着该法人自此以后丧失法律上的主体地位，只在清算的目的范围之内存续，清算程序终结时，其法人人格和团体的实体均归于消灭。原告主张仅消灭法人人格，该主张缺乏法定依据（的确，在法律观念上，原告所主张的只有法人人格消灭的情形可能存在，但是这并不是实定法中解散的含义，而是应当以其他术语表达的概念）。所以，实定法中解散的含义应当是前文所指的含义，不包括原告所主张的解散情形，除非立法有

---

① 篠原义雄：《宗教法人法的解说》，中央法规1951年版，第106页。
② 井上惠行：《宗教法人法基础研究》，第一书房1995年版，第420页。
③ 最高裁判所1996年1月30日决定，《判例时报》1555号，第3页。

明文规定。"①

奥姆真理教解散事件②

本案经过东京地方法院、东京高等法院和最高法院三审,最终确认解散奥姆真理教。现将与本章内容有关的案情及判决要旨综合概括如下。

案由概要:奥姆真理教于1989年8月获得东京知事的认证,经设立登记成为宗教法人。1995东京地方检察官、东京都知事申请法院根据《宗教法人法》第81条解散奥姆真理教,理由是:从1993年11月到1994年12月期间,被申请人在所有的建筑物内建设制造沙林毒气的工厂,筹备各种原材料,运作工厂,企图生产仅具有杀人目的的沙林毒气,实施杀人预备行为。可见,该宗教法人的行为违反法令、明显危害社会公共福祉,并且脱离了《宗教法人法》第2条规定的宗教团体应有的目的:宣扬宗教教义、举行仪式、教化培育信众。奥姆真理教针对申请人的指控,提出了以下几点辩驳:第一,否认自身具有生产沙林毒气的目的。第二,即使一部分干部信众建设生产沙林的工厂,具有生产沙林的目的,也与宗教团体无关,责任役员会并没有通过具有杀人目的的决议,也没有支出相应的经费。部分干部信众的行为不是法人的行为。第三,奥姆真理教忠实地遵守宗教团体的目的,即宣扬教义、培育信徒。解散命令侵害了信众的信教自由。

判决要旨:三审法院均支持解散奥姆真理教的请求。在该事件中,司法实务首次对《宗教法人法》第81条第1款第1项及第2项前段的解释与适用做出了判断。

1.《宗教法人法》第81条第1款第1项、第2项规定的立法宗旨

东京高等法院认为,在《宗教法人法》第81条第1款第1号及第2号中,设计解散宗教法人制度的理由在于防止宗教法人滥用法人人格。在历史上,曾经发生过宗教团体以武力对抗国家或其他宗教团体的事件,也发生过借宗教教义或举行仪式的名义实施欺诈、一夫多妻、使用毒品等犯罪行为,以及其他反道德、反社会的行为。鉴于历史上曾经发生过这样一些危害社会和公共

---

① 东京地方裁判所1960年判决,《地方裁判所民事判例集》11卷4号,第1195页。
② 东京地方裁判所1997年10月30日决定,《判例时报》1544号,第43页。东京高等裁判所1997年12月19日决定,《判例时报》1548号,第26页。最高裁判所1996年1月30日决定,《判例时报》1555号,第3页。

利益的事件,《宗教法人法》在赋予宗教团体法人人格的同时,也需要设置各种措施防止宗教团体利用宗教法人人格实施犯罪及其他反社会、反道德的行为,以维护公共利益。解散宗教法人,即彻底剥夺宗教法人的人格就是各项防范措施中的一项,解散宗教法人必须对世俗的财产关系进行清算。

而且,最高法院认为《宗教法人法》第2条对"宗教团体"进行了定义,第4条规定宗教团体满足主管机关的认证等法定条件的,可以成为宗教法人。赋予宗教团体法人人格的目的在第1条中有明确表述:本法律以帮助宗教团体拥有、维持运用礼拜设施和其他财产,以及为实现此目的而经营的业务、事业,而赋予宗教团体在法律上的权利为目的。也就是说,《宗教法人法》规制的对象仅限于宗教团体的世俗层面的事项,精神的、宗教层面的事项不在规制范围之内,不介入信众实施宗教行为的信仰自由。当宗教法人有该法第81条第1款规定的情形时,赋予宗教团体法律上的能力就变得不适合或不必要了,因而可以通过司法程序强制解散宗教法人,使其丧失法人人格,这与强制解散公司具有相同的宗旨。

2. 关于"宗教法人违反法令、明显危害公共福祉的行为""明显脱离第2条规定的宗教团体目的的行为"的含义

东京地方法院根据调查的事实认为,沙林毒气除了用于杀人之外没有其他用途。建设生产工厂,计划大量生产沙林的行为通常会被推定为具有杀害多数人的故意,构成杀人预备罪。该犯罪行为明显危害社会公共福祉,违反法律,脱离了宗教团体的目的。刑法上的犯罪主体是自然人,宗教法人自身不能成为犯罪主体。仅仅以宗教法人不能成为犯罪主体为由,认为不适用刑法上犯罪的规定及解散宗教法人的规定的观点,不符合《宗教法人法》赋予宗教团体法人人格的立法宗旨,是不合理的。该法第81条第1款第1、2项规定的事由,并没有要求宗教法人必须与违反法律的行为主体、脱离法人目的主体完全一致。那么,刑法上的犯罪行为在什么情况下才构成解散宗教法人的理由呢?团体的成员实施的与组织无关的任何犯罪行为,都不构成解散宗教法人的理由;反之,从社会一般观念来看,宗教团体的大部分成员或者中枢部分实施的行为,与宗教团体有不可分离的密切关系时,应当理解为可以根据《宗教法人法》第81条第1款第1、2项的规定发布解散命令。此外,就犯罪行为的性质而言,以责任役员会等宗教法人的机关的同意与否为衡量标准是不合适的,应当从实质上判断是否是宗教团体的行为。本案的杀人预备行为是在奥姆真理教的教祖、代表役员松本的指示,或至少是在其同意的情况下,作为该教团的组织行为而实施的,在犯罪事实行为与宗教团体组织之间,社会一般观念认为存在密不可分的关系,故构成《宗教法人法》第81条第1

款第 1、2 项的解散事由。此外,本案中杀人预备的重大犯罪行为,是明显危害公共福祉的违法行为,也是脱离宗教团体目的的行为。

东京高等法院认为,依据前述认定的事实,本案制造沙林毒气的行为,是奥姆真理教的代表役员松本及接受其指示的多数干部,以大量杀人为目的,动员多数信徒,利用该教团所有的土地、建筑物等设施,由该教团体投入大量资金,购买原料,有组织、有计划的行为。就社会一般观念而言,该行为是奥姆真理教的行为,符合《刑法》第 201 条杀人预备行为的要件,明显危害了公共利益,也符合《宗教法人法》第 2 条规定的脱离宗教法人目的的行为要件,构成第 81 条第 1 款第 1、2 项规定的解散事由。

三、小　　结

宗教法人成立之后,随着教团规模的变化及社会的发展,会发生合并等组织关系上的变化,也会因团体内部各种因素的变化或实施违法行为而解散。合并与解散是宗教团体实践中经常发生的情形,而宗教团体一旦合并或解散,就会涉及世俗层面的和宗教层面的各种利益关系。综合来看,主要涉及财产处分、信教自由及宗教团体自治等关系。

(一) 合并与解散仅涉及世俗层面的事务

宗教法人的合并和解散除了涉及财产关系及管理机构的变动以外,还会对宗教负责人、信众的信教自由等宗教事务产生影响。根据信教自由原则,《宗教法人法》只对合并及解散的公告、认证、登记、债权申报等世俗事项进行了规定,完全不涉及宗教教义、宗教负责人等宗教领域的事项。在奥姆真理教解散事件中,法院解释《宗教法人法》第 81 条第 1 款的立法宗旨时也坚持"解散宗教法人时必须对世俗的财产关系进行清算"。此外,立法虽然没有明确解散对宗教法人人格和实体的影响,但是多数观点及最新的判例认为解散仅仅导致法人人格的消灭,宗教团体的实体依然存在,成员依然可以举行宗教活动。

(二) 合并与解散程序中强行规定与任意规定的结合

合并、解散既是宗教团体自身的重大事件,又与信众、债权人乃至社会公众有密切的关系,因而应当通过法律对相关主体的利益进行平衡和保护,于是《宗教法人法》要求实施合并和解散行为的宗教法人履行向信众及其他利害关系人公告、向主管机关申请认证、办理登记等程序。与此同时,宗教团体的自治权也受到尊重,对于不涉及他人利益的事项,比如合并和解散的决定的形成、剩余财产的处分、清算人的选任等可以由宗教法人章程规定。

(三) 给债权人提供充分的保护

《宗教法人法》第 41 条规定,因合并而存续或设立的宗教法人,承继因合并和解散的宗教法人的义务。此外,合并是应当通知债权人申述异议,对有异议的债权人清偿债务或提供担保;解散时应当通知债权人申报债权。

第十一章　宗教法人制度综述及基本课题

　　从前文的论述可以看出,日本宗教法人制度从立法目的到具体制度的设计,始终围绕信教自由的理念展开。信教自由是日本宗教法人制度的基本与核心。然而,信教自由理念的确立及在法律上获得充分保护,并非一蹴而就,经历了《明治宪法》《宗教团体法》《日本国宪法》《宗教法人法》的制定与修改的过程:从明治政府强制国民信仰神道的神道国教化政策,到以服务战争为目的宗教教化的国家政策,再到战后在联合国干预下的政教分离原则,以及《宗教法人法》的一系列具体规定。在这一发展过程中,信教自由的立法理念经历了重大变迁:信仰自由的权利不断扩大,政府排斥、压制宗教的权力逐渐缩小,最终确立了信教自由、政教分离的理念。这一变迁是宗教事务发展变化的必然要求,更是日本对压制信教自由政策给个人、社会所带来的痛苦的反思,代表了社会文化、人类精神自由发展的必然趋势。

　　正是基于对信教自由发展历史的反思,以及根据其所具有的精神自由的本质特性,除了滥用权利、损害公共福祉以外,日本的宪法及相关立法给予信教自由充分保护,司法实务在适用宪法规定的过程中,通过众多判例形成了对信教自由的保护与限制的判断标准,秉持最大的谨慎原则对宗教活动进行限制,原则上不介入宗教性事务的裁判。宗教行政也以信教自由为指导思想,尽量避免介入宗教团体的自治管理。据日本文化厅统计,截止到2015年,包括神道、佛教、基督教及其他宗教在内的宗教团体共有181645个。① 除20世纪90年代的奥姆真理教事件以外,这么多教义各异的宗教团体能并存于日本社会,稳定而和谐地发展,原因应当是多方面的。但是,信教自由的基本人权在立法、行政及司法中得到最大限度的保护,以及谨慎限制信教自由的做法,应当是重要原因之一。当然,随着社会经济、宗教实践的发展,近些年围绕信教自由保护及限制也出现了一些需要深入探讨的新课题。

---

① 参见日本文化厅网站:http://www.bunka.go.jp/seisaku/shukyohojin/gaiyo.html,访问时间:2017年11月16日。

一、保障信教自由的基本法律框架

首先,在宪法中规定了信教自由的基本人权,为保障宗教的平等自由,同时确立了政教分离原则。《日本国宪法》第 20 条第 1 款规定,对任何人的信教自由都给予保障。第 2 款规定,对任何人都不得强制其参加宗教上的行为、庆祝典礼、仪式或活动。第 3 款规定,国家及其机关都不得进行宗教教育以及其他任何宗教活动。第 21 条规定保障结社自由。第 89 条规定,公款以及其他国家财产,不得为宗教组织或团体使用、提供方便,也不得供不属于公家的慈善、教育或博爱事业支出或利用。

其次,为了进一步贯彻宪法中的信教自由原则,又制定了规范宗教团体的基本法律——《宗教法人法》。《宗教法人法》对信教自由做出了具体规定。其中,第 1 条规定该法律的立法目的:以帮助宗教团体拥有、维持运用礼拜设施和其他财产以及为实现此目的而经营的业务、事业,而赋予宗教团体在法律上的权利为目的。该法从宗教法人的设立、运作、组织机构、解散等世俗层面规定了宗教法人的具体权利义务。同时,为了防止这些具体规定及其适用中违反信教自由及政教分离原则,又做出了一些原则性的规定。例如第 1 条第 2 款规定,受宪法保障的信教自由应当在一切国家行政中受到尊重。因此,本法律的任何规定都不能解释为,是对个人、集体或团体实施的教义宣传、宗教仪式以及其他宗教行为的限制。第 84 条进一步规定,尊重宗教法人在宗教方面的特性及习惯,特别注意不得妨碍信教自由。除《宗教法人法》之外,公益法人法、税收法、民法等相关立法中也有关于宗教法人的规定,以及根据法律制定的各类行政法规、地方法规中有更加具体的规定。

再次,宪法中的信教自由的规定适用于司法实务,为信教自由提供直接救济。法院在处理与宗教有关的纠纷时,始终贯彻《宪法》和《宗教法人法》中的信教自由原则。在涉及信教自由的界限的案件中,法院一方面尊重信教自由的精神;另一方面从公共安全、公共利益出发,划定信教自由的界限,防止滥用信教自由的行为。例如,在解散奥姆真理教事件中,法院认定宗教法人的行为违反了《宗教法人法》第 81 条的规定,实施了违反公共利益的行为,应当解散宗教法人,但是与犯罪行为无关的成员依然可以自由从事宗教活动。在牧会活动事件中,法院根据信教自由原则,认定基督教会的牧师从事的正当业务行为不构成犯罪。在鸟取县日香寺事件中,法院认为《宗教法人法》第 25 条第 3 款对宗教法人文件的查阅限制,目的在于保护信教自由。在诸如此类纠纷中,法院或者直接适用宪法中的信教自由的规定,或者以信教自由的精神解释《宗教法人法》中具体制度的立法目的,在宗教司法实务中保障信教自由精神的实现。

最后,从宪法中有关信教自由基本人权的规定、《宗教法人法》对宗教团体信教自由的保护,以及信教自由基本人权的司法救济可以看出,日本保护信教自由的法律框架比较完备,从原则性规定到具体制度的设计,再到司法适用,为信教自由提供了全面而立体的保护。

二、以圣俗分离理念为基础的国家权力与信教自由的关系

宗教团体不同于其他社会团体的显著区别在于,前者在实施世俗的社会活动的同时,也开展宗教活动,所以,贯彻信教自由原则需要区别宗教团体的宗教活动和世俗活动,遵循圣俗分离的原则。圣俗分离是信教自由的具体反映与实现,主要体现在国家权力与信教自由的关系中。根据"圣俗分离"原则,国家公权力,即立法权、行政权、司法权不得介入涉及宗教活动的"圣"的领域。

首先,法律不规范教义、信仰及宗教教师的任免等事项,仅规范世俗领域的事务。《宗教法人法》中的主要制度均反映了这一精神。例如,《宗教法人法》仅规定了宗教团体的成立要件及程序、财产管理与运营制度、管理世俗事务的组织机构等事项,不涉及任何"圣"的领域的宗教事项。再如,宗教法人的代表役员、责任役员等组织机构与掌管宗教事务的机构是分离的,虽然实践中二者往往由同一人兼任,但是在法律层面上二者的权利义务是截然不同的,前者由法律规定,后者由宗教法人的宗宪、教宪等规定。

其次,宗教行政的理念是保障信教自由,而非管理规制。在日本,宗教信仰与思想、情感等一样被视为是文化创造活动的原动力,宗教行政被归入文化行政的范畴,主管机关将宗教事务作为文化事务的一部分进行管理。宗教行政严格贯彻信教自由的理念,按照圣俗分离的原则界定宗教行政的管辖范围,即仅限于宗教团体的世俗事务,不介入宗教性事务。《宗教法人法》第85条规定,禁止将本法的任何规定解释为赋予行政、司法以下权限:以任何形式对宗教团体的信仰、规章、习惯等宗教方面的事项进行调停或干涉,或者劝告、引导、干涉宗教方面的负责人员的任免和进退。第25条第5款规定,主管机关处理宗教法人提交的文件资料时,应当特别注意尊重宗教上的特性、习惯,不得妨害信仰自由。据此,行政机关对宗教法人的设立、合并、任意解散进行认证时,只需审查宗教团体是否符合宗教法人的构成要件,法人章程是否符合法律规定的条件,而不对宗教团体的宗教事项进行审查。并且,行

政机关对认证的事项没有裁量的权力,只能依据法律的规定作出认证或不认证的决定。

再次,司法权也遵循圣俗分离的原则,不介入宗教团体的宗教事务。日本的各级法院通过长年的积累,形成了一套司法权不介入宗教团体内部事务的判断规则:原则上不介入涉及宗教教义的解释、信仰对象的价值判断等宗教事务的纠纷。在慈照寺事件、本门寺事件、板曼荼罗事件等涉及宗教团体自治的案件中,法院始终以圣俗分离原则为基础,尊重宗教团体的信教自由,不干涉宗教领域的事务。

总之,为了实现信教自由的基本人权,日本的立法、行政、司法等国家权力始终坚持圣俗分离的理念,不介入宗教事务,由宗教团体自行管理宗教事务,反映了国家管理宗教的目的在于保障信教自由。即使在主管机关必须与宗教发生联系的情况下,基于信教自由和尊重宗教法人自治性的考虑,也只承认最小限度的关联性。①

三、宗教团体自治管理的民主性与透明性

宗教团体的自治权被视为信教自由基本人权的延伸,为此,宗教团体享有广泛的自我管理的权利。当然,广泛的团体自治权如果缺乏民主管理机制,很容易被个人或少数人滥用,妨碍团体的正常运营。此外,在管理运营财产的"俗"的领域,宗教法人享受非课税的法律优惠。所以,确保宗教法人运营的民主性与透明性就成为宗教法人立法无法回避的课题。完善的法人治理是确保宗教法人有效管理运营的关键,更是从法人组织内部确保宗教团体管理运营透明性的重要条件。

关于如何完善包括宗教法人在内的公益团体的治理结构问题,日本有各种各样的讨论,大致是从自律治理与他律治理两个角度出发探讨解决的对策:一是自律治理,即由宗教法人的内部人如宗教信徒、管理层等建立合理的法人治理;二是他律治理,即通过外部人如捐赠人、从业人员、债权人等利害关系人,以及一般市民、主管机关等建立合理的法人治理。具体而言,日本宗教立法在世俗领域主要是通过法人治理结构和信息公示制度确保宗教团体管理运营的透明性。

(一) 以圣俗分离为基础的法人治理

宗教法人以宣扬教义、举行仪式、教化信徒为目的,既从事宗教活动,又

---

① 平野武:《宪法与宗教法人法》,载《JURIST》1081号,第6页。

管理运营财产,其行为范围涉及宗教领域和世俗领域。因而法人治理也有"世俗面"和"宗教面"的二元区别。《宗教法人法》贯彻信教自由的精神,根据圣俗分离的原则,专门规范宗教法人世俗领域的事项,设计了有关世俗事项的法人治理制度。同时,宗教领域的活动也需要完备的治理结构的保障,这一领域的治理结构由宗宪、教宪等宗教团体的内部规则规范,不在《宗教法人法》的射程之内。

宗教法人不同于一般的公益团体,建立和完善宗教法人的治理结构时,应当遵守政教分离原则和宗教结社自由原则,以及宗教法人特有的圣俗分离原则。在此基础上确保宗教团体的自律性,而不是由包括主管机关在内的外部力量的介入。当然,自律治理和他律治理之间并没有森然严明的界限,并且在圣俗分离原则之下,宗教层面和世俗层面的自律治理和他律治理的具体内容尚有继续探讨的空间。

1. 法律层面的法人治理

《宗教法人法》是为了赋予宗教团体法人资格、保障宗教活动顺利进行、对宗教团体的管理运营等世俗事务进行规范的立法。第12条第1款第5、6项规定,宗教法人的代表役员、责任役员、职务代行人以及其他决议、咨询、监查机关等,负责法人的管理运营事务。其中,代表役员、责任役员是法定机关,其他决议、咨询、监查机关等是任意机关,由法人自行决定设置。这些机关在管理法人的过程中,应当遵守法律法规,尽到善管的注意义务,贯彻圣俗分离原则,不得从事利益相反行为。立法条文还对各类机关的职责权限、任免等事项进行了规定。可见,立法为宗教法人的治理结构搭建了基本框架,并没有涉及更多的法人治理的具体内容。

代表役员是宗教法人的代表机关,责任役员是意思决定机关。由于宗教法人兼具社团与财团的性质,财团的色彩更浓厚一些,因而普通信众原则上不是宗教法人的决议机关,不参与法人的管理运营。此外,很多宗教团体的住持、馆长等宗教教师兼任宗教法人的代表役员,并且不少宗教法人的代表役员是世袭的。可以说,圣俗两方实际上并没有完全分离的情形是日本很多宗教团体的传统特色。

鉴于信众不参加法人的运营管理以及实践中圣俗不分的情形比较多,为了强化宗教法人的自律治理,《宗教法人法》允许宗教团体根据自身情况设置决议、咨询、监查等任意机关,在法人章程中规定职务权限、选任程序等。为了使信众积极参加宗教事务和世俗事务,设置檀信徒总会、总代、宗议会、参与会等决议机关和咨询机关,并赋予这些机关一定的权限。这是一种社团的机构运营模式,目的在于确保宗教法人治理的合理性,同时增强法人治理结构的灵活性。当然,即使设置了总会、总代等决议机构,责任役员依然对相关事项拥有最终的决定权。此外,为了确保代表役员与责任役员尽到善管注意义务,合法管理运营宗教法人,还可以设置监查机构,对役员执行职务的行为以及财务会计进行监督。

2. 宗教层面的法人治理

根据《宗教法人法》的规定,宗教法人章程原则上只规定世俗事务,不规定宗教事务,责任役员只是世俗事务的意思决定机关。而且,宗教法人的财团色彩比较浓厚,信徒不享有参与世俗事务的法律上的权利。从《宗教法人法》的立法精神及规范的对象来看,诸如宗教教师的任免等宗教事项,可以由教宪、宗宪等规定。教宪、宗宪不需要主管行政机关的认证,法律不能对教宪、宗宪规定的事项进行干涉。

实际上,由住持、馆长等宗教教师兼任代表役员的宗教团体很多,代表役员实行世袭制的宗教团体也不在少数,圣与俗在实践中并未完全分离。例如本书第二章提到的慈照寺事件和本门寺事件中,代表役员地位的确认需要首先确认寺院住持的地位,即宗教上的地位。所以有学者主张,可以将住持地位纳入法律关系之中加以解决。宗教团体作为信仰集团,从其历史沿革及其本来的运作方式来看,最初是一个主体兼具两种地位:宗教上的地位和管理世俗财产活动的地位,但《宗教法人法》为了保持宗教的纯粹性,将一个主体分化成两个角色,即维持宗教权威性、纯粹性的代表——宗派中的主持者、管长;世俗地位则由法人的代表役员享有。在寺院中,两种职能没有实质分化,集中于代表役员。由此可见,住持本来是宗教上的地位,但实践中却左右着代表役员的选任,所以,将住持地位作为纯粹宗教上的地位,可能会关闭解决这类纠纷的司法途径。既然住持地位是成为代表役员的前提,那么就应当判断罢免住持的自律规范是否合法、程序是否适当,而不是驳回诉讼请求。①

可见,由于贯彻圣俗分离原则和尊重宗教团体的自律性,虽然立法上尽量将世俗领域的治理与宗教领域的治理截然分开,但是宗教团体的管理实践并没有将二者彻底分离。所以,圣俗分离原则下的宗教法人治理结构并非尽善尽美,如何在这种立法模式之下确保宗教法人自主治理的合理性和有效性,是值得深入探讨的课题。

---

① 安武敏夫:《住持的法律地位》,载《宗教法研究》第1辑。

（二）公示制度及与圣俗分离原则的冲突

《宗教法人法》规定了宗教法人的说明义务和信息公示制度，主要包括公告、登记、文件资料的查阅。设置这些公示制度的理由大致有二：一是宗教法人的财团色彩比较浓厚，成员不能通过类似总会的意思决定机关参与法人的活动。所以，即使有完善的内部法人治理结构，信众也很难通过集体意志监督检查代表役员、责任役员等管理机关执行职务的行为是否符合法律和法人章程的要求。二是宗教法人从事的活动实际上是超越信众个人及其集团而对社会整体有利的活动，因而被归入"公益法人"的范畴，享受非课税制的优惠。为了保证宗教法人的世俗活动的透明性，应当建立完善的信息公示制度。宗教法人的公示制度包括以下三个方面：

第一，公告制度。宗教法人实施法定的重要行为之前，应当向信众及其他利害关系人公告相关事项，应当公告的行为有：设立宗教法人；处分财产；设定、废止被包括关系时的法人章程的变更；合并、解散。

第二，登记制度。就是将法人的名称、组织机构、财产关系等情况记载于登记簿中，并予以公示，允许查阅的制度。登记制度中信息公示的对象主要是与宗教法人进行交易的第三人、信众及其他利害关系人。宗教法人的登记有法人登记和不动产登记两种。法人登记就是将法人的目的、名称、住所等事项记载于登记簿并公示的制度。不动产登记就是将宗教法人的不动产及其变动情况记载于不动产登记簿并公示的制度。

第三，文件资料的查阅及向主管机关提交复件。《宗教法人法》第 25 条第 3 款规定，宗教法人的信众及利害关系人对备置于宗教法人办事机构的文件[①]的查阅有正当利益且没有不正当目的的，宗教法人应当提供查阅。立法没有明确拥有阅览权的主体的范围，理论界和实务界一般认为包括信众、总代、宗教教师、债权人、保证债务人、包括与被包括关系中的宗教团体等。同条第 4 款规定，宗教法人应当于每个会计年度终了后 4 个月以内，将备置于办事机构的部分文件，包括役员名册、财产目录、收支预决算书、资产负债表、公益事业及其他事业的文件的复件向主管机关提交。这两项规定都是信息公示及说明义务的组成部分。

向主管机关提交相关文件的复件，其立法目的一方面是为了确保宗教法人的说明义务，更重要的是为了保证行政主管机关对宗教团体的继续监督，

---

① 《宗教法人法》第 25 条第 2 款规定宗教法人应当在办事机构备置以下文件资料：章程·认证书；役员名册；财产目录·收支预决算书·资产负债表；境内建筑物的文件；责任役员及章程规定的其他机关的议事记录、事务处理簿；公益事业及其他事业的相关文件。

掌握其活动是否符合宗教法人的目的、是否具备宗教法人的要件等状况。当然,为了保护宗教法人的秘密及信教自由的基本人权,根据《国家公务员法》《地方公务员法》等相关规定,主管机关的工作人员对宗教法人提交的文件有保密的义务,除了法律另有规定外,禁止公开相关信息。所谓"法律另有规定"指的是《宪法》《国会法》《地方自治法》等规定的国会、地方议会等行使调查权时。而且,根据《行政情报公开法》第5条的规定,可能损害宗教法人的利益时,文部省持有的宗教法人的文件资料可以不公示。

对于公告制度和登记制度,理论界与实务界几乎没有什么争议。但是,对于宗教法人的各类文件资料的查阅及向主管机关提交复印件的义务,宗教界与理论界有太多的质疑,主要集中在两个方面:

第一,违背圣俗分离原则。根据圣俗分离原则,《宗教法人法》的效力仅限于世俗领域的事务,不及于宗教事务,有观点认为在办事机构备置文件资料供利害关系人查阅的规定与圣俗分离原则相抵触。备置的文件中有财产目录一项,其中的特别财产是"作为礼拜对象的本尊、神像等",这属于圣的领域。再如,收支预决算书中记载了宗教活动的收入,例如信众的捐赠、弘法费、仪式费等。《宗教法人法》要求记载这些财产的文件公示于众,会产生世俗的法律介入圣的领域的嫌疑,明显与圣俗分离原则相悖。与宗教领域密切相关的资料、文件公开与否,应当由宗教法人自主判断决定。将这些文件的公开设定为法定义务,其结果会导致世俗法律介入宗教领域,不符合宪法保障信教自由、政教分离的理念。① 并且,宗教团体中信众的地位、权利因宗教的不同而有很大差异,因而通过世俗的法律统一规定信众的权限会干涉宗教团体自治,侵害信教自由。②

第二,对相关制度能否发挥应有的作用存在疑问。首先,当有人向宗教法人请求查阅法定的文件时,宗教法人对"正当利益""请求目的不正当""其他利害关系人"的判断极其困难。其次,立法之所以要求宗教法人向主管机关提交法定文件,是为了保障主管机关能够把握宗教法人的客观活动,确认是否具备宗教法人的要件。同时,通过文件的提交促使宗教法人合法、适当地处理事务,提高宗教法人的自治能力及管理运营的透明性。但是,反对观点认为,对于怀有欺诈目的的、伪装成宗教团体的社会组织提交的财务会计文件③,主管行政机关很难发挥立法所期待的监督作用。

---

① 桐谷章:《围绕修改点的诸问题——对宗教法人导入管理要素》,载《宗教法》16号,第61页。
② 洗建:《总论 法律与宗教》,京都佛教会监修:《国家与宗教——从宗教看近现代日本》(上),法藏馆2008年版,第32页。
③ 洗建:《宗教法人修改问题》,京都佛教会监修:《国家与宗教——从宗教看近现代日本》(下),法藏馆2008年版,第173页。

总之，作为公益法人的宗教法人享受法律特惠的同时，向社会提供各种信息，接受社会监督是理所当然的。但是，宗教法人的活动涉及"圣"与"俗"两个领域，不同于一般的公益法人，法律制度的设计必须遵守信教自由的精神，如何在信教自由、圣俗分离原则与宗教法人自治管理的民主性与透明性之间寻找平衡，是一个需要随着社会经济、宗教实践活动的发展而不停探索的课题。

四、宗教法人税收与信教自由

宗教法人是与公益有关的社团或财团，不以营利为目的，《民法》第34条将宗教法人归入公益法人的范畴。宗教团体一旦获得主管机关的宗教法人认证，就自动作为公益法人而享受税收制度上的各类优惠措施。宗教法人与其他公益法人的税收规制基本相同，主要措施如本书第九章所述。首先，宗教活动是非收益事业，其所得不征收法人税。其次，宗教法人从事收益事业的，对其征收最高19％的法人税，而一般营利性法人的最高税率是23.9％。再次，在地方税收制度中，对宗教法人的非收益事业不征收事业税、道府县民税、市町村民税，用于宗教活动的建筑物和土地不征收固定资产税和都市计划税等。

宗教法人是由特定的信众构成的组织，从法人的宗教活动中受益的是信众，但是，如果从宗教的社会作用，以及只有宗教团体才能提供宗教服务这个角度来看，宗教活动具有超越信众个人或其集团的、对社会全体有益的特质。宗教法人之所以被划入公益法人的范畴而享受税收上的优惠，主要原因在于宗教法人与其他公益法人一样，是通过宗教活动奉献社会的团体。

（一）宗教法人税收优惠的滥用

然而，"公益"本身的含义并不是很明确，在采用许可主义的制度之下，公益性及宗教性均由主管机关判断，因而名不副实的团体也有可能成为公益法人和宗教法人。现实中因某些宗教团体或宗教法人实施反公益或反社会的活动而引发社会对宗教法人的"公益性"的质疑，要求修改对宗教法人的税收优惠政策。甚至有学者认为，宗教在社会生活中的地位并不重要，宗教法人与学校法人和社会福祉法人等一般公益法人相比，具有本质上的差别。[1] 但是，传统观念一直认为宗教活动具有公益性，宗教及宗教活动具有存在的社

---

[1] 北野弘久：《政教分离原则与税制》，《法律时报》58卷9号，第36页。

会意义。

夏普税制调查团于1949年对日本的税制进行调查并出具了报告书,指出非课税待遇很容易被滥用,有些公益法人从事收益事业,与一般的课税法人形成直接竞争,导致差别待遇。夏普报告书提出了一些针对性的解决措施,例如,为了监督检查非课税法人成立后的活动,应当在法令中明确免除课税的宗旨;非课税资格应当至少每3年审查一次等。① 从夏普报告书发表至今,报告书中提到的现象虽然有所减少,但是依然存在,宗教法人领域也不例外:活动混乱、经营中逃税等现象被媒体曝光后,引发社会的不满及不信任。尤其是奥姆真理教事件之后,宗教法人履行纳税义务的状况更是成为社会关注的焦点,实务界及理论界提出的解决方案部分被立法机关采纳,成为法律制度。例如,宗教法人应当于每个会计年度终了后4个月以内,将财产目录、收支预决算书、资产负债表等文件的复件提交给主管机关。

此外,有人还提出过比较彻底的解决方法。根据现行立法,宗教法人是公益法人,一旦取得法人资格即享受税法上的优惠措施,而不问其实际的活动内容如何。换言之,在这种公益法人的课税体制之下,不对包括宗教法人在内的公益法人在课税阶段进行充分的监查监督。所以,很多学者提出将法人人格的取得与免税特权分离②,由税务主管机关赋予或取消税收上的优惠资格,认为这种制度设计可以解决税收中的不公平问题。然而,在目前的行政管理制度与法律意识之下,赋予税务机关这么强的权限是不容易被接受的。通常情况下,如果宗教法人等公益法人的活动内容不符合其本来目的,税制调查委员会会委托行政主管机关进行调查、监督。

(二) 对宗教法人的活动内容进行监督与信教自由

奥姆真理教事件之后,为了加强主管机关对宗教法人的监督,修订了《宗教法人法》,增加了主管机关的权限。第6条第2款规定:宗教法人只要不违反其目的,即可以从事公益事业以外的事业。这种情形下的收益,应当用于该宗教法人、包括该宗教法人的宗教团体或者该宗教法人援助的宗教法人以及社会公益事业。第79条第1款规定,当主管机关认定宗教法人所经营的公益事业以外的事业中有违反第6条第2款规定的事实时,可以1年为限,命令宗教法人停止该项事业。由于实践中的实际情况很难把握,这些法律规定并未发挥应有的作用。因此,1995年修改《宗教法人法》时,在第25

---

① 藤原究:《公益法人制度改革和宗教法人税制的相关考察》,载《早稻田法学会志》60卷1号。
② 泉美之松:《公益法人的税制》,《JURIST》870号,第22页;公益法人税制研究会:《围绕公益法人税制修改的建议》,桥本彻等编:《公益法人活动与税制》,清文社1986年版,第68页。

条第 4 款规定每个会计年度终了后 4 个月以内,宗教法人应当将财产目录及收支预决算表等文件的复件提交给行政主管机关。并且,第 78 条之二规定,宗教法人经营公益事业以外的事业时,有违反第 6 条 2 款规定的事实的,主管机关可以要求该宗教法人报告其业务的管理运营情况,或者向宗教法人提出质问。

非常明显,上述措施的目的在于更有效地发挥主管机关的检查、监督职能,但是,这些规定被认为与宗教法人的"圣的领域"相关。例如,财产目录中的礼拜对象、收支预决算书中记录布施等宗教活动的收入,行政权力通过这些规定可以介入宗教法人的信教自由[1]。因此,主管机关在执行这些规定时顾虑重重,立法目的能否充分实现值得商榷。

近年来,一直有加强对宗教法人课税的呼声。当然与此相对,有人担心一旦加强对宗教法人的征税,税务机关就会调查宗教团体的银行存款、会计账簿等,国家权力就会介入宗教活动,借此对宗教进行镇压。但是,支持加强课税的观点则认为,即使行政机关介入宗教活动中,涉及的对象也仅限于纯经济领域的事项,而非宗教事项。并且,由于宗教法人享受税收上的种种待遇,所以与此相应,税务机关有权对其实施严格的监督检查,而宗教法人积极地证明其具备享受优惠的资格,也是宗教法人应当承担的义务[2]。

总之,宗教团体的税收优惠是以"公益性"为前提的,如果滥用基于公益性而获得的特殊待遇,社会就会对宗教团体的公益性产生怀疑。此外,实践中有关宗教法人税收的纠纷频发也引发了社会各界对"公益性"的重新思考。近些年,日本围绕宗教法人的公益性与税收优惠的问题一直争论不断,既要防止宗教法人利用税收优惠待遇逃税,又要保护宗教活动及宗教团体的健康发展,保障信教自由的基本人权。因此,如何平衡二者之间的关系成为当前及未来的研究课题。

---

[1] 桐谷章:《围绕修改点的诸问题——对宗教法人导入管理要素》,载《宗教法》16 号。
[2] 横田耕一:《民主主义·政教分离·宗教法人法》,载于《潮》441 号。

附录　日本宗教法人法

法令号　1951年4月3日法律第126号
施行年月　1952年4月3日
最终修改　2014年6月13日法律第69号

目　次

第一章　总则（第一条～第十一条）
第二章　设立（第十二条～第十七条）
第三章　管理（第十八条～第二十五条）
第四章　章程的变更（第二十六条～第三十一条）
第五章　合并（第三十二条～第四十二条）
第六章　解散（第四十三条～第五十一条）
第七章　登记（第五十二条～第七十条）
第八章　宗教法人审议会（第七十一条～第七十七条）
第九章　补则（第七十八条～第八十七条）
第十章　罚则（第八十八条～第八十九条）
附则

第一章　总　则

第一条　（本法律的目的）

本法律以帮助宗教团体拥有、维持运用礼拜设施和其他财产，以及为实现此目的而经营的业务、事业，而赋予宗教团体在法律上的权利为目的。

受宪法保障的信教自由应当在一切国家行政中受到尊重。因此，本法律的任何规定都不能解释为，是对个人、集体或团体以该受保障的自由为基础而实施的教义宣传、宗教仪式以及其他宗教行为的限制。

第二条　（宗教团体的定义）

本法律所指"宗教团体"是以宣扬宗教教义、举行宗教仪式及教化育成信众为主要目的的下列团体：

（一）拥有礼拜设施的神社、寺院、教会、修道院以及与此相类似的团体。

（二）包括了前项所列团体的教派、宗派、教团、教会、修道会、司教区及其他类似团体。

第三条 （境内建筑物及境内地的定义）

本法中的"境内建筑物"，即是指本条第（一）项所列的宗教法人为实现前一条规定的目的所必需的、该宗教法人所固有的建筑物及工作物。"境内地"是指第（二）项至第（七）项所列的宗教法人为实现同一条规定的目的所必需的、该宗教法人所固有的土地。

（一）正殿、拜殿、本堂、会堂、僧堂、僧院、信众修行所、社务所、库里①、教职员宿舍、宗教事务厅、教务院、教团事务所以及其他宗教法人为实现前·规定的目的而使用的建筑物及工作物（包括附属建筑物和工作物）。

（二）前项所列建筑物或工作物所占用着的整块土地（包括种植的树木、竹林以及其他建筑物和工作物以外的固定物体，以下与本条规定相同）。

（三）作为参道而使用的土地。

（四）举行宗教仪式、祭典活动所使用的土地（包括神选田、佛供田、修道耕地牧地等）。

（五）庭园、山林以及其他为保持神圣庄严或风景而使用的土地。

（六）与历史、古代记载等有密切关系的土地。

（七）为防止以上各项所列建筑物、工作物或土地遭受灾害而使用的土地。

第四条 （法人人格）

宗教团体可以根据本法规定成为法人。

本法中的"宗教法人"是根据本法规定成为法人的宗教团体。

第五条 （主管机关）

宗教法人的主管机关为其主要办事机构所在地的都、道、府、县知事。

下列宗教法人的主管机关，不受前款规定的限制，为文部科学大臣。

（一）在其他都、道、府、县拥有境内建筑物的宗教法人。

（二）前项所列宗教法人以外的但包括前项所列宗教法人的宗教法人。

（三）前两项规定以外的但包括其他都、道、府、县的宗教法人的宗教法人。

第六条 （公益事业及其他事业）

宗教法人可以从事公益事业。

---

① 寺院的厨房、仓库等场所。——译者注。

宗教法人只要不违反其目的，即可以从事公益事业以外的事业。这种情况下的收益，应当用于该宗教法人，包括该宗教法人的宗教团体或者该宗教法人援助的宗教法人以及社会公益事业。

第七条 （宗教法人的住所）

宗教法人的住所是其主要办事机构所在地。

第八条 （登记的效力）

宗教法人根据第7章第1节的规定必须登记的事项，除因登记而生效的事项外，如果未办理登记的，不能以此对抗第三人。

第九条 （有关登记的申报）

宗教法人根据第7章的规定办理登记（主管机关委托的登记除外）后，应不迟延地附上登记事项证明书，向主管机关申报登记的情况。

第十条 （宗教法人的能力）

宗教法人根据法令的规定，在章程所规定的目的范围内享有权利，履行义务。

第十一条 （宗教法人的责任）

宗教法人对代表役员及其他代表人在执行职务过程中给第三人造成的损害，负赔偿责任。

因宗教法人目的范围之外的行为而给第三人造成损害时，实施该行为的代表役员及其他代表人、赞成该事项决议的责任役员以及其职务代行人或临时责任役员，对该损害承担连带赔偿责任。

第二章 设　　立

第十二条 （设立程序）

欲设立宗教法人者，应当制作记载下列事项的章程，并接受主管机关的认证。

（一）目的。

（二）名称。

（三）办事机构所在地。

（四）宗教团体包括欲设立的宗教法人时，该宗教团体的的名称，以及宗教法人与非宗教法人的区别。

（五）关于代表役员、责任役员①、职务代行者、临时代表役员以及临时责任役员的名称、资格及任免事项，关于代表役员的任期及职务权限、责任役

---

① 代表役员、责任役员：对外代表宗教团体、对内决定团体事务的主要管理人员，借鉴了公司法上的治理结构及概念。——译者注。

员的人数、任期及职务权限、职务代行者的职务权限的事项。

（六）除前一项所列机构之外，如果设立决议、咨询、监查和其他组织机构的，有关该机构的事项。

（七）从事第6条所规定的事业时，该事业的种类及经营管理（包括从事同条第2款规定的事业时的收益的处分方法）的事项。

（八）基本财产、宝物及其他财产的设定、管理以及处分（包括适用第23条"但书"的事项）、预算、决算以及会计和其他财务事项。

（九）关于章程变更的事项。

（十）规定了解散事由、清算人选任以及剩余财产归属等事项的，该事项。

（十一）公告的方法。

（十二）针对第（五）项至第（十一）项规定的事项，如果有制约其他宗教团体或是受其他宗教团体制约规定的，该事项。

（十三）规定了与上列事项相关的事项时，该事项。

宗教法人的公告，在报纸上或者该宗教法人发行的机关报上登载，在该宗教法人办事机构的通知栏上公示，以及使用其他适当的方法使该宗教法人的信众和其他有利害关系人周知。

欲设立宗教法人者，应当在第13条规定的认证申请之前至少1个月，根据前一款规定的方法，向信众及利害关系人公示章程方案的要旨，公告欲设立宗教法人的意思。

第十三条 （章程认证申请）

根据前条第1款的规定申请认证的主体，应当将认证申请书及2份章程，并附上下列文件，提交给主管机关，提出申请认证。

（一）该团体为宗教团体的证明文件。

（二）已按前一条第3款规定进行了公告的证明文件。

（三）认证申请人具有代表该团体的权限的证明文件。

（四）代表役员及超过定员半数的责任役员的就任承诺书。

第十四条 （章程的认证）

主管机关根据前一条规定受理认证申请时，以附注受理日期的书面形式，将其意思通知申请人之后，审查该申请是否具备下列要件。认为具备这些要件时，做出认证其章程的决定；认为不具备这些要件时，或不能确定受理的章程及其附属文件是否具备这些要件时，应当做出不予认证的决定。

（一）该团体是宗教团体。

（二）该章程符合本法及其他法令的规定。

（三）该设立程序符合第 12 条的规定。

主管机关根据前一款规定欲做出不予认证的决定时，应当预先给予申请人相当的期限，使其有机会亲自或通过代理人陈述意见。

主管机关为文部大臣时，根据第 1 款的规定做出不予认证章程的决定之前，应当预先向宗教法人审议会咨询，听取其意见。

主管机关依据前一条规定受理认证申请时，应当自申请受理之日起 3 个月以内，就第 1 款规定的认证做出决定。并且，决定予以认证的，应当向该申请人交付认证书及附记有认证意思的章程；决定不予认证的，应当以书面形式附注其理由，通知该申请人。

主管机关就第 1 款规定的认证作出决定时，不得要求该申请人在章程中记载第 12 条第 1 款所列事项以外的事项。

第十五条 （成立的时间）

宗教法人因在其主要办事机构所在地办理设立登记而成立。

第十六条 （删除）

第十七条 （删除）

第三章 管 理

第十八条 （代表役员及责任役员）

宗教法人中设置 3 人以上的责任役员，其中 1 人为代表役员。

章程中无特别规定的，代表役员由责任役员互相选任。

代表役员代表宗教法人，统一管理其事务。

责任役员根据章程的规定，决定宗教法人的事务。

代表役员和责任役员应当遵守法令、章程及该宗教法人与包括该宗教法人的宗教团体协商决定的规程，并且，在不违反这些法令、章程和规程的前提下，在充分考虑宗教方面的规约、规律、习惯及传统的基础上，规划该宗教法人的业务及事业的适当运营，不得将其保护管理的财产任意用于其他目的或滥用。

代表役员和责任役员对宗教法人的事务的权限，不包括该役员对宗教机能的任何控制权和其他权限。

第十九条 （事务的决定）

章程中无特别规定的，宗教法人的事务由超过规定人数半数的责任役员决定，责任役员的表决权平等。

第二十条 （代行职务者）

符合下列情形之一的，根据章程规定必须设置代行职务者。

（一）代表役员或责任役员因死亡或其他原因缺员，不能立即选出继任者时。

（二）代表役员或责任役员因病或其他原因，3个月以上不能履行职务时。

代行职务者根据章程规定，代替代表役员或者责任役员履行其职务。

第二十一条 （临时代表役员和临时责任役员）

对于与宗教法人利益相反的事项，代表役员不享有表决权。在这种情况下，应当根据章程的规定选任临时代表役员。

对于与责任役员有特殊利害关系的事项，该责任役员不享有表决权。在这种情况下，章程中无特别规定的，有表决权的责任役员不满规定人数的半数时，应当根据章程规定选任临时责任役员，使其人数超过半数。

临时代表役员对于第一款规定的事项，代替该代表役员履行职务。临时责任役员对于前一款规定的事项，根据章程的规定代替该责任役员履行职务。

第二十二条 （责任役员资格的消极事由）

具备下列任何一项者，不能成为代表役员、责任役员、代行职务者、临时代表役员或临时责任役员。

(1) 未成年人。

(2) 成年被监护人或被保佐人。

(3) 被处以监禁以上的刑罚，刑期未执行完毕或未执行刑期的人。

第二十三条 （财产处分等的公告）

宗教法人（包括宗教团体的宗教法人除外）实施下列行为时，除章程规定外（章程中无特别规定的，依第19条），应当在该行为实施前至少1个月，向信众及利害关系人公示该行为的要旨，公布实施该行为的意思。但是，第（三）项至第（五）项列举的因紧急而必要的或轻微的行为，以及第（五）项所列的是临时性行为时，不在此限。

（一）处分不动产或者财产目录中列举的宝物，或以其提供担保。

（二）借入（以该会计年度的收入偿还的临时借入除外）或者提供保证。

（三）主要境内建筑物的新建、改建、增建、移建、拆除或明显改变外观。

（四）明显改变境内地的外观。

（五）主要境内建筑物的用途、境内地用途的变更，或者将其用于该宗教法人第2条规定的目的以外的目的。

第二十四条 （行为的无效）

关于宗教法人的境内建筑物或境内地等不动产以及财产目录中所列宝

物,违反前一条规定而实施的行为无效。但是,不能以该无效对抗善意的相对人或第三人。

第二十五条 (财产目录的制作、准备、阅览及提出)

宗教法人应当在设立时(包括合并设立),制作财产目录,在每个会计年度结束后3个月之内,制作财产目录及收支预决算表。

宗教法人的办事机构内应当常备下列文件及账簿。

(一) 章程及认证书。

(二) 役员名册。

(三) 财产目录及收支预决算表,制作资产负债表的,该资产负债表。

(四) 有关境内建筑物(财产目录中记载的除外)的文件。

(五) 责任役员及章程中规定的其他机关的议事文件以及事务处理簿。

(六) 从事第6条规定的事业时,有关该事业的文件。

宗教法人的信众及其他利害关系人,对于阅览依据前款规定备置于该宗教法人办事机构的前款各项所列文件和账簿,有正当利益,并且该阅览请求不具有不正当目的者,宗教法人应当允许其阅览。

宗教法人应当在每个会计年度终了后4个月以内,向主管机关提交依据第2款规定备置于该宗教法人办事机构的同款第(二)项至第(四)项及第(六)项所列文件的副本。

主管机关处理根据前款规定所提交的文件时,应当特别注意尊重宗教法人的宗教上的特性、习惯,不得妨害信仰自由。

第四章 章程的变更

第二十六条 (章程的变更程序)

宗教法人欲变更章程时,应当根据章程的规定履行变更程序,接受主管机关的有关章程变更的认证。在这种情况下,宗教法人欲废除与包括该宗教法人的宗教团体的关系时(下称"被包括关系"),有关废止该关系的章程变更,即使该宗教法人的章程中规定宗教团体对被包括的该宗教法人有一定的权限,也不必遵守章程对该权限的规定。

宗教法人欲变更有关设立或废止被包括关系的章程时,应当在第27条规定的认证申请前至少2个月,向信众和其他利害关系人公告章程变更方案的要旨。

宗教法人欲变更有关设立或废止被包括关系的章程时,在欲设立该关系的场合,应当在第27条规定的认证申请前,获得欲设立该关系的宗教团体的同意;在欲废止该关系的场合,应当在前款规定的公告的同时,将废止的意思通知欲废止该关系的宗教团体。

宗教团体认为,废止被包括宗教法人与该宗教团体之间的被包括关系的章程变更程序违反前三款规定的,可以将意思通知被包括的宗教法人的主管机关及文部大臣。

第二十七条 (章程变更的认证申请)

宗教法人根据前一条第1款规定,欲接受认证时,应当向主管机关提交认证申请书及载明欲变更事项的文件2份,并添加下列文件,提出认证申请。

(一) 有关章程变更的决定,已经履行了章程规定的程序的证明文件。

(二) 章程变更与被包括关系的设立有关时,已经履行了前条第2款规定的公告程序及已经获得同条第3款规定的同意的证明文件。

(三) 章程的变更与被包括关系的废止有关时,已经履行了前条第2款规定的公告程序及同条第3款规定的通知的证明文件。

第二十八条 (章程变更的认证)

主管机关受理前条规定的认证申请时,以附注受理日期的书面形式,向该宗教法人通知受理的意思后,应当审查与该申请有关的事项是否具备下列要件,根据第14条第1款的规定,就该章程的变更认证做出决定。

(一) 变更的事项符合本法律和其他法令的规定。

(二) 变更的程序履行了第26条的规定。

做出前款规定的认证决定时,准用第14条第2款至第4款的规定。在这种情况下,同条第4款中的"附记有认证意思的章程",换为"附记有认证意思的证明变更事项的文件"。

第二十九条 删除

第三十条 (章程变更的时间)

宗教法人的章程变更,因该章程变更的认证书的交付而生效。

第三十一条 (合并情形下的特例)

在合并中存续的宗教法人变更章程时,有关该章程的变更,不适用本章规定,遵守第五章的规定。

第五章 合 并

第三十二条 (合并)

两个以上的宗教法人可以合并为一个宗教法人。

第三十三条 (合并的程序)

宗教法人进行合并时,应当在履行完第34条至第37条规定的程序后,接受主管机关对该合并的认证。

第三十四条 （合并的程序）

宗教法人欲进行合并时,除遵守章程规定外(章程无特别规定的,依第19条),还应当向信众及其他利害关系人公示合并契约的要旨,公告进行合并的意思。

欲进行合并的宗教法人,应当在前款规定的公告之日起2周以内,制作财产目录,以及从事第6条规定的事业时,制作有关该事业的资产负债表。

欲进行合并的宗教法人,应当在前款规定的期间内向债权人公告;对合并有异议的债权者,应当自公告之日起不少于2个月的一定期间内提出异议,并且向已知的债权人个别催告。

债权人在前款规定的期间内提出异议的,欲进行合并的宗教法人应当清偿债务,或提供相当的担保,或者以清偿债权人债务为目的,将相当的财产信托给信托公司或经营信托业务的金融机构。不过,合并不会损害债权人利益的,不在此限。

第三十五条 （合并的程序）

由于合并,一个宗教法人存续,其他宗教法人解散的,因该合并有必要变更章程时,合并后存续的宗教法人应当根据章程的规定履行变更程序。

因合并而设立宗教法人时,参与合并的各个宗教法人选任的人,应当根据第12条第1款和第2款的规定,共同制定章程。

前款规定的各个宗教法人的代表者,应当在第30条第1款规定的认证申请至少2个月前,向信众和其他利害关系人公示依据前条制定的章程的要旨,根据第12条第2款规定的方法,公告因合并而设立宗教法人的意思。

第三十六条 （合并的程序）

欲合并的宗教法人因该合并而设立或者废止被包括关系时,适用第26条第1款后段以及第2款至第4款的规定。此时,下列各项所列的第26条各款中的文句,换为下列相应的文句:

（一）第1款后段中的"有关废止该关系的章程变更",换为"有关废止该关系的章程变更及其他该关系的废止"。

（二）第2款中的"第27条"换为"第38条第1款";"该章程的变更方案"换为"有关设立或废止被包括关系的事项"。

（三）第3款中的"第27条"换为"第38条第1款";"前款"换为"第34条第1款"。

（四）第4款中的"废止被包括关系的章程变更程序",换为"伴随被包括关系废止的合并程序";"前三款"换为"第34条至第37条"。

第三十七条 （合并的程序）

根据第 35 条第 3 款或前一条中适用第 26 条第 3 款的规定,应当进行与合并相关的公告时,该公告不会妨碍同时发布第 34 条第 1 款规定的公告。在这种情况下,第 35 条第 3 款规定的公告与其他公告共同发布时,由欲合并的宗教法人和同款规定的各宗教法人选任的人共同发布该公告。

第三十八条 (合并的认证申请)

宗教法人欲接受第 33 条规定的认证时,应当将认证申请书以及符合第 35 条第 1 款规定的载明变更事项的文件 2 份、符合同条第 2 款规定的章程 2 份,并添附下列文件,提交主管机关,申请认证。

(一)合并的决定已经履行了章程规定的程序的证明文件(章程无特别规定的,依第 19 条规定的程序)。

(二)已经根据第 34 条第 1 款进行了公告的证明文件。

(三)已经履行了第 34 条第 1 款至第 4 款规定的程序的证明文件。

(四)在第 35 条第 1 款或第 2 款规定的情形下,已经履行了同条第 1 款或第 2 款规定的程序的证明文件。

(五)在第 35 条第 2 款规定的情形下,合并后成立的团体为宗教团体的证明文件。

(六)根据第 35 条第 3 款或第 36 条中准用第 26 条第 2 款的规定,必须公告时,已经进行了公告的证明文件。

(七)伴随合并而设立或者废止被包括关系时,已经根据第 36 条中准用第 26 条第 3 款的规定获得了同意,或者已经发出了同款规定的通知的证明文件。

前款规定的认证申请,由参与合并的各宗教法人联名提出。各宗教法人的主管机关不同时,以合并后存续的宗教法人或因合并而设立的宗教法人的主管机关为该认证申请的主管机关。

第三十九条 (合并认证)

主管机关受理前条第 1 款规定的认证申请时,以附注受理日期的书面形式向该宗教法人通知受理的意思之后,应当审查与该申请有关的事项是否具备下列要件,并根据第 14 条第 1 款的规定,作出有关该合并认证的决定。

(一)该合并履行了第 34 条至第 37 条规定的程序。

(二)该合并符合第 35 条第 1 款或第 2 款规定的情形时,各变更事项或章程符合本法律和其他法令的规定。

(三)该合并符合第 35 条第 2 款规定的情形时,该合并之后所成立的团体为宗教团体。

第 14 条第 2 款至第 5 款的规定,准用于前一款规定的认证决定。在此情形下,同条第 4 款中的"附记认证意思的章程"换为"该合并符合第 35 条第 1 款或第 2 款规定的情形时,附记认证意思的载明变更事项的文件或章程"。

根据第 1 款或前款中准用第 14 条第 4 款的规定,主管机关向宗教法人发出通知及交付认证书时,只需向提出该认证申请的宗教法人之一通知或交付即可。

第四十条 废除

第四十一条 (合并的时间)

宗教法人的合并,因合并后存续的宗教法人或因合并而设立的宗教法人,在其主要办事机构所在地根据第 56 条的规定办理登记而生效。

第四十二条 (合并的效果)

合并后存续的宗教法人或因合并而设立的宗教法人,承继因合并而解散的宗教法人的权利义务(包括该宗教法人根据第六条规定所从事的事业的行政许可、认可以及其他基于处分而享有的权利义务)。

第六章 解 散

第四十三条 (解散的事由)

宗教法人可以任意解散。

宗教法人除前款规定以外,因下列事由而解散。

(一)发生了章程规定的解散事由。

(二)合并(合并后存续的宗教法人的情形除外)。

(三)决定开始破产程序。

(四)根据第 80 条第 1 款的规定,主管机关撤销了认证。

(五)根据第 81 条第 1 款的规定,法院发布解散命令。

(六)包括宗教团体的宗教法人中,被包括宗教团体欠缺和消灭。

宗教法人因前款第(三)项所列事由而解散时,应不迟延地向主管机关提出申报。

第四十四条 (任意解散的程序)

宗教法人欲实施前条第 1 款规定的解散时,应当在履行第 2 款及第 3 款规定的程序后,接受主管机关对该解散的认证。

宗教法人根据前条第 1 款解散时,除了遵守章程的规定外(章程无特别规定时,依第 19 条),还应当向信众及其他利害关系人公告:对解散有意见的,必须自公告之日起不低于 2 个月的一定期间内,申述其意见。

如果信众和其他利害关系人在前款的期间之内申述意见的,宗教法人必须充分考虑其意见,重新检讨该项解散的程序是否继续。

第四十五条 （任意解散的认证申请）

宗教法人欲接受前条第 1 款规定的认证时，应当在认证申请书中添附下列文件，提交主管机关，提出认证申请。

（一）解散的决定已经履行了章程规定的程序的证明文件（章程无特别规定的，依第 19 条）。

（二）已经根据前条第 2 款的规定进行了公告的证明文件。

第四十六条 （任意解散的认证）

主管机关受理前条规定的认证申请时，以附注受理日期的书面形式将受理的意思通知该宗教法人之后，应当审查与该申请有关的解散是否履行了第 44 条规定的程序，并准用据第 14 条第 1 款的规定，做出与该解散有关的认证。

第 14 条第 2 款至第 4 款的规定，适用于对前款规定的认证做出决定的情形。在此情形下，同条第 4 款中的"认证书及附注认证意思的章程"换为"认证书"。

第四十七条 （任意解散的时间）

第 43 条第 1 款规定的宗教法人的解散，因该解散的认证书的交付而生效。

第四十八条 （破产程序的开始）

宗教法人不能以其财产完全清偿其债务时，法院根据代表役员或其代行职务者或债权人的申请，或依职权，决定开始破产程序。

前款规定的情形下，代表役员或其代行职务者应当立即申请开始破产程序。

第四十八条之二 （清算中宗教法人的能力）

解散的宗教法人，在清算目的范围内，至该清算终结前视为仍存续。

第四十九条 （清算人）

宗教法人解散时（因合并或者决定开始破产程序而解散的除外），除章程另有规定以及解散时已经选任代表役员或其代行职务者以外的人员为清算人的情形以外，代表役员或其代行职务者为清算人。

根据前款规定无人担任清算人时，或者因清算人的欠缺有发生损害之虞时，法院可以根据利害关系人或检察官的请求，或依职权，选任清算人。

宗教法人因第 43 条第 2 款第（四）项或者第（五）项所列事由而解散时，法院将不按照前两款的规定，而是根据主管机关、利害关系人或检察官的请求，或者依权，选任清算人。

第 22 条的规定适用于宗教法人的清算人。

有重要事由时，法院可以根据利害关系人或检察官的请求，或依职权，解任清算人。

宗教法人的责任役员及其职务代行者，如果章程无特别规定的，视为因宗教法人解散而退任。宗教法人的代表役员或其职务代行者不再担任清算人时，亦同样。

当符合第 3 款规定的情形时，宗教法人的代表役员、责任役员及代行职务者，不依照前一款的规定，视为因该解散而退任。

第四十九条之二 （清算人的职务及权限）

清算人的职务如下所列：

（一）完结尚未结束的事务。

（二）催收债权和清偿债务。

（三）剩余财产的交付。

清算人为了执行前款各项所列的职务，可以实施一切必要的行为。

第四十九条之三 （债权申报的催告等）

清算人自就任之日起 2 个月以内，应当至少公告 3 次，催告债权人在一定期限内申报债权。在这种情形下，申报的期限不得少于 2 个月。

在前款的公告中，应当附记：债权人在规定的期限内不申报的，将被排除在清算之外。但是，清算人不能排除已知的债权人。

清算人应当个别催告已知的债权人。

第 1 款规定的公告在官方公报上登载。

第四十九条之四 （期间经过后的债权申报）

前条第一款规定的期间经过后提出申报的债权人，只能针对宗教法人债务清偿完毕后尚未交付给权利人的财产提出请求。

第四十九条之五 （清算中宗教法人破产程序的开始）

清算中，宗教法人的财产明显不足以清偿其债务的，清算人应当立即申请开始破产程序，并公告该意思。

清算中的宗教法人接受开始破产程序的决定的场合，清算人将其事务移交给破产管理人时，其任务即结束。

在前款规定的情形下，清算中的法人已经交付给债权人的财产，或者已经向权利人交还的财产，破产管理人可以取回。

第 1 款规定的公告在官方公报上登载。

第四十九条之六 （法院选任的清算人的报酬）

法院根据第 49 条第 2 款或第 3 款的规定选任清算人时，宗教法人可以决定该清算人的报酬。在这种情形下，法院应当听取该清算人（该宗教法人的章程中规定,对宗教法人的财产状况及役员的职务执行情况设置监查机构的,该清算人及该监查机构)的陈述。

第五十条 (剩余财产的处理)

解散后的宗教法人的剩余财产的处分,除因合并和破产程序而解散的情形外,依据章程的规定。

前款规定的情形中,如果章程没有规定的,可以为了其他宗教团体或者公益事业而处分其财产。

无法依前两款的规定处分的财产,归国库。

第五十一条 (法院的监督)

宗教法人的解散及清算,由法院监督。

法院可以依职权随时对前款的监督进行必要的检查。

法院为了对第1款的监督实施必要的调查,可以选任检查员。

第49条之六的规定,适用于法院依据前款规定选任检查员的情形。在这种情形下,同条中的"清算人(该宗教法人的章程中规定,对宗教法人的财产状况及役员的职务执行情况设置监查机构的,该清算人及该监查机构)"换为"宗教法人及检查员"。

监督宗教法人解散及清算的法院,可以向主管机关征求意见,或者委托调查。

前款规定的主管机关,可以向同款规定的法院陈述意见。

第五十一条之二 (关于解散及清算的监督等案件的管辖)

宗教法人的解散与清算的监督,以及有关清算人的案件,由宗教法人主要办事机构所在地的地方法院管辖。

第五十一条三 (删除)

第五十一条之四 (不服申诉的限制)

清算人或检查员对选任的裁判不服的,不能提出申诉。

第七章 登 记

第一节 宗教法人的登记

第五十二条 (设立登记)

宗教法人的设立登记,应当于收到章程的认证书之日起2周以内,在主要办事机构所在地办理。

设立登记时,应当对下列事项进行登记。

(一) 目的(从事第六条规定的事业时,包括该事业的种类)。

(二) 名称。

（三）办事机构所在地。

（四）有包括该宗教法人的宗教团体时，其名称以及宗教法人与非宗教法人的区别。

（五）有基本财产时，其总额。

（六）有代表权者的姓名、住所以及资格。

（七）与境内建筑、境内地等不动产或财产目录中列举的宝物有关的第二十三条第一项所列行为，章程对相关事项有规定的，该事项。

（八）章程规定了解散事由的，该事由。

（九）公告的方法。

第五十三条 （变更登记）

宗教法人变更前条第2款所列事项的，应当在2周以内，在主要办事机构所在地办理变更登记。

第五十四条 （主要办事机构迁移到其他登记机关辖区内的登记）

宗教法人迁移到其他登记机关的管辖区域内时，应当在2周之内，在原所在地办理迁移登记，在新址所在地登记第52条第2款列举的事项。

第五十五条 （停止职务执行的临时保全措施等登记）

对拥有代表权的人做出停止执行职务，或者选任代替其执行职务者的临时保全措施，或变更该临时保全措施，或撤销该临时保全措施时，应当在主要办事机构所在地办理该登记。

五十六条 （合并登记）

宗教法人合并时，应当自收到该合并的认证书之日起2周之内，在主要办事机构所在地，合并后存续的宗教法人办理变更登记，因合并而解散的宗教法人办理解散登记，因合并而设立的宗教法人办理设立登记。

第五十七条 （解散登记）

宗教法人依据第43条第1款或第2款（第（二）项及第（三）项除外。本条下同。）解散时，同条第1款规定的解散的情形下，自收到与该解散有关的认证书之日起，同条第2款规定的解散的情形下，该解散事由发生之日起，2周之内，应当在其主要办事机构所在地办理解散登记。

第五十八条 （清算终了登记）

宗教法人的清算结束时，应当自清算终了之日起2周之内，在其主要办事机构所在地办理清算终了登记。

第五十九条 （分支机构所在地的登记）

下列各项的情形（该各项所规定的分支机构，在主要办事机构所在地的登记机关的辖区内的除外），应当在各项规定的期限内，在分支机构所在地，办理分支机构所在地的登记。

（一）宗教法人设立时,设立了分支机构的（下一项的规定除外）,自办理了主要办事机构所在地的设立登记之日起,2周之内。

（二）因合并设立的宗教法人在合并之时,设立了分支机构的,自收到该合并的认证书之日起,3周之内。

（三）宗教法人成立后,设立分支机构的,自设立分支机构之日起,3周之内。

分支机构所在地的登记中,应当登记下列事项。但是,在分支机构所在地的登记机关的辖区内,设立新的分支机构的,登记第（三）项所列事项即可。

（一）名称。

（二）主要办事机构的住所。

（三）分支机构的住所（仅限于在其所在地的登记机关的辖区内有住所的）。

前款各项所列事项发生变更时,应当3周之内,在该分支机构的所在地办理变更登记。

第六十条 （分支机构迁移到其他登记机关辖区内的迁移登记）

宗教法人将分支机构迁移到其他登记机关的辖区内时,应当在原住所地（在主要办事机构所在地的登记机关的辖区内的除外）,于3周之内办理迁移登记,在新住所地（在主要办事机构所在地的登记机关的辖区内的除外,本条下同）于4周之内办理前条第2款所列事项的登记。但是,在分支机构所在地的登记机关的辖区内重新迁移分支机构时,在新所在地,登记同款第（三）项所列事项即可。

六十一条 （分支机构的变更登记等）

在第56条及第58条规定的情形下,应当自规定之日起3周之内,也在分支机构办理这些规定中的登记。但是,合并后存续的宗教法人的登记,仅限于第59条第2款各项所列的事项发生变更的情形。

六十二条 （管辖登记机关及登记簿）

关于宗教法人的登记事务,由管辖其办事机构所在地的法务局或地方法务局,或其支局,或其办事处,作为管辖登记机关而掌管。

各登记机关备置宗教法人登记簿。

第六十三条 （登记申请）

设立登记由有权代表宗教法人的主体提出申请。

设立登记申请书中应当添附以下文件：主管机关认证的章程的副本、有权代表宗教法人的主体的资格证明。

第 52 条第 2 款所列事项的变更登记申请书中,应当附证明该事项变更的文件。但是,拥有代表权的人的姓名或住所的变更登记不在此限。

合并的变更登记申请书和设立登记的申请书中,除了前两款规定的文件之外,应当附以下文件:已经履行了第 34 条第 3 款及第 4 款规定的程序的证明文件,以及因合并而解散的宗教法人(主要办事机构位于该登记机关的辖区内的除外)的登记事项证明书。

由第 57 条规定的解散的登记申请书中,应当附上证明解散事由的文件。

本法规定的须由主管机关认证的事项的登记申请书中,除了添附第 2 款至前款规定的文件之外,还应当附上主管机关证明的认证书副本。

第六十四条　删除

第六十五条　(商业登记法的适用)

商业登记法(昭和 38 年法律第 125 号)第 2 条至第 5 条(登记机关及登记官)、第 7 条至第 15 条、第 17 条、第 18 条、第 19 条之二至第 23 条之二、第 24 条(第 15 项及第 16 项除外)、第 26 条、第 27 条(登记簿等、登记程序通则及同一所在地的同一商号登记的禁止)、第 48 条至第 53 条、第 71 条第 1 款及第 3 款、第 79 条、第 82 条、第 83 条(股份公司的登记)及第 132 条至 148 条(登记的更正与抹消和杂则)的规定,适用于本章规定的登记。在此情形下,同法第 48 条第 2 款中"公司法第 930 条第 2 款各项"换为"宗教法人法第 59 条第 2 款各项";同法第 71 条第 3 款但书中,"根据公司法第 498 条第 1 款第 1 项的规定,成为清算股份公司的清算人(同法第 483 条第 4 款规定的情形下,依据同款的规定成为清算股份公司的代表清算人)",换为"宗教法人法第 49 条第 1 款规定的清算人"。

第二节　礼拜用建筑物及建筑用地的登记

第六十六条　(登记)

宗教法人所有的用于礼拜的建筑物及其建筑用地,能够以该不动产是该宗教法人的用于礼拜的建筑物及建筑用地的名义进行登记。

前款规定的与建筑用地有关的登记,可以仅限于其上的建筑物有同款规定的登记的情形。

第六十七条　(登记申请)

前条第 1 款规定的登记,由该宗教法人提出申请。

申请登记时,应当与申请信息一并,提交证明礼拜用建筑物或建筑用地意思的信息。

第六十八条 （登记事项）

有前条第 1 款规定的申请时，登记官应当在建筑物或土地登记记录中的权利部内记载以下事项：建筑物是该宗教法人用于礼拜之物的意思、土地是该宗教法人用于礼拜的建筑用地的意思。

第六十九条 （因礼拜用途废止的注销登记）

根据前条规定办理了登记的建筑物不用于礼拜时，宗教法人应当不迟延地申请同条规定的注销该登记。根据前条规定办理了登记的土地不作为礼拜的建筑用地时，亦同。

登记官依据前款前段规定的申请，办理注销登记时，如果该建筑物的建筑用地办理了前条规定的登记的，应当一并注销登记。

第七十条 （因所有权转移的注销登记）

对于办理了第 68 条规定的登记的建筑物或土地，登记官在办理其所有权转移登记时，应当同时注销涉及该建筑物或土地的同条规定的登记。

前条第 2 款的规定适用于前款规定的有关建筑物的注销登记的情形。

前两款规定对宗教法人合并的情形不适用。

第八章　宗教法人审议会

第七十一条 （设置及所掌管的事务）

文部科学省中设置宗教法人审议会。

宗教法人审议会根据本法律的规定，处理属于其权限范围内的事项。

宗教法人审议会对于主管机关行使本法规定的权限（仅限于涉及前款规定的事项）时应当留意的事项，可以向文部科学大臣陈述意见。

宗教法人审议会对于宗教团体的信仰、规律、习惯等宗教方面的事项，不得以任何形式进行调停和干涉。

第七十二条 （委员）

宗教法人审议会由 10 名以上 20 名以下的委员组成。

委员从宗教家及有宗教学识经验者中选出，由文部科学大臣任命。

第七十三条 （任期）

委员任期为 2 年。

委员可再任。

第七十四条 （会长）

宗教法人审议会设置会长。

会长由委员互选，文部科学大臣任命。

会长统一管理宗教法人审议会的会务。

第七十五条 （委员的费用补偿）

委员为兼职。

委员对于其职务，不接受报酬。但是，可以接受履行职务所需的费用补偿。

费用补偿的数额及其支付方法，由文部科学大臣与财务大臣协商决定。

第七十六条 废除

第七十七条 （运营细节）

除本章规定之外，宗教法人审议会的议事程序和其他有关运营的必要事项，经文部大臣的同意后，由宗教法人审议会决定。

第九章 补 则

第七十八条 （被包括关系的废止所涉及的不当处分的禁止等）

宗教团体不得以防止其所包括的宗教法人与该宗教团体的被包括关系的废止为目的，或者以策划过此事为理由，在第26条第3款（包括适用第36条的情形）规定的通知前或者通知后2年内，解任该宗教法人的代表役员、责任役员及其他役员或者在章程规定的其他机关内的任职者，不得对他们的权限加以限制，也不得采取对他们不利益的处置。

违反前款规定的行为无效。

宗教法人即使废除与其他宗教团体的被包括关系，也不能免除基于该关系废止前的原因对该宗教团体的债务。

第七十八条之二 （报告及质问）

当主管机关认为宗教法人有符合下列任何一项之虞时，可以在本法施行的必要限度之内，要求该宗教法人报告其业务或事业的管理运营事项，或者让工作人员向宗教法人的代表役员、责任役员及其他关系人进行质问。在这种情形下，该职员为了质问而进入宗教法人的设施时，应当征得该宗教法人的代表役员、责任役员及其他有关人员的同意。

（一）该宗教法人经营公益事业以外的事业时，有违反第6条第2款规定的事实的。

（二）根据第14条第1款或第39条第1款的规定进行了认证的情形下，该宗教法人欠缺第14条第1款第（一）项或第39条第1款第（三）项所列要件的。

（三）该宗教法人符合第81条第1款第（一）项至第（四）项所列事由之一的。

根据前款规定要求报告，或者让工作人员询问的情形下，主管机关是文部科学大臣时,应当事先向宗教法人审议会咨询并听取其意见;主管机关是都、道、府、县的知事时,应当事先通过文部科学大臣听取宗教审议会的意见。

在前款规定的情形下,文部科学大臣应当向宗教法人审议会说明要求提交报告或让该工作人员询问的事项及理由,并听取其意见。

主管机关根据第1款规定要求提交报告或让该工作人员询问的情形下,应当特别注意尊重宗教法人在宗教上的特性及习惯,不得妨碍信仰自由。

根据第1款规定进行询问的工作人员,应当携带身分证明书,并向宗教法人的代表役员、责任役员以及其他关系人提示。

不得将第1款规定的权限解释为,是为了犯罪搜查而得到认可的权限。

第七十九条 (公益事业以外的事业的停止命令)

当主管机关认为宗教法人所经营的公益事业以外的事业存在违反第6条第2款规定的事实时,可以以1年以内的时间为限,命令该宗教法人停止该项事业。

前款规定的停止事业的命令,以书面形式附注其理由及停止期间,通知该宗教法人。

主管机关给与对第1款规定的停止事业的命令进行申辩的机会时,除了该宗教法人提出的书面申辩之外,还应当认可其口头申辩。

前条第2款的规定,适用于根据第一款的规定欲命令停止事业的情形。

第八十条 (认证的撤销)

主管机关根据第14条第1款或第39条第1款进行了认证的,如果发现与该认证有关的案件欠缺第14条第1款第(一)项或第39条第1款第(三)项所列要件时,可以自该认证的认证书交付之日起1年内,撤销该认证。

根据前款规定撤销认证的,以书面形式附注其理由,通知该宗教法人。

发现宗教法人有符合第1款规定的事由的人,可以附加证据,向主管机关通知该意思。

第1款规定的撤销认证的听证活动的主持者,根据行政程序法(平成5年法律第88号)第20条第3款的规定,宗教法人的代表者或代理人申请与辅助人员一起出面参加时,应当许可其申请。但是,该听证的主持者认为有必要时,可将辅助人员的人数限制在3人以内。

第78条之二第2款的规定,适用于根据第1款规定准备撤销认证的情形。

主管机关根据第1款规定撤销认证时,应当委托该宗教法人主要办事机构及分支机构所在地的登记机关办理解散登记。

第八十条之二 （审查请求程序的咨询等）

针对第 14 条第 1 款、第 28 条第 1 款、第 39 条第 1 款或第 46 条第 1 款规定的认证的决定、第 79 条第 1 款规定的停止事业的命令，或者前条第 1 款规定的撤销认证的审查请求所作的裁决，除该审查请求被驳回的以外，应当提前向宗教法人审议会咨询后作出。

针对前一款的审查请求，应当自该审查请求提出之日起 4 个月之内作出。

第八十一条 （解散命令）

法院认为宗教法人符合下列任何一项者，可以根据主管机关、利害关系人或检察官的请求，或者依职权命令其解散。

（一）违反法令，实施被认为明显损害公共利益的行为。

（二）实施明显脱离第 2 条规定的宗教团体目的的行为，或者 1 年以上未从事该目的的行为。

（三）宗教法人是第 2 条第（一）项所列宗教团体时，礼拜设施灭失，没有不得已的事由，该灭失后 2 年以上未完备该礼拜设施。

（四）代表役员及其职务代行者欠缺 1 年以上。

（五）根据第 14 条第 1 款或者第 39 条第 1 款规定进行的认证，自相关认证书交付之日起经过 1 年，发现该宗教法人欠缺第 14 条第 1 款第（一）项或第 39 条第 1 款第（三）项所列要件。

前款规定的事项，由该宗教法人的主要办事机构所在地的地方法院管辖。

第 1 款规定的判决中，应当附上理由。

法院根据第 1 款的规定进行裁判时，应当事前要求该宗教法人的代表役员或其职务代行者、或该宗教法人的代理人，以及根据同款规定提出裁判请求的主管机关、利害关系人或检察官作出陈述。

对第 1 款规定的裁判，只有宗教法人或根据第 1 款规定请求裁判的主管机关、利害关系人或检察官，可以提起上诉。在这种情形下，当上诉针对的是命令解散该宗教法人的裁判时，具有停止执行的效力。

当第 1 款规定的裁判确定时，法院应当委托被解散的宗教法人的主要办事机构及分支机构所在地的登记机关办理解散登记。

除第 2 款至前款规定的情形之外，第 1 款规定的审判程序，依据非诉案件程序法（平成 23 年法律第 51 号）办理。

第八十二条 （给予随同人员陈述意见的机会）

与本法规定的认证有关的宗教法人的代表人或代理人、或者欲根据第12条第1款规定接受认证的主体及其代理人陈述意见时，或者第79条第1款规定的停止事业命令所涉及的宗教法人的代表人或代理人进行口头申辩时，除这些主体外，文部科学大臣及都、道、府、县知事还应当给予其建言者、辩护人等随同人员陈述意见的机会。但是，在必要时，可以将陈述意见的随同人员的人数限制在3人以内。

第八十三条 （禁止扣押礼拜用建筑物等）

宗教法人所有的用于礼拜的建筑物及其建筑用地，根据第七章第二节规定，以礼拜用建筑物及其建筑用地的意思办理了登记的，除了实现不动产先取特权、抵押权、质权及决定开始破产程序以外，不能因登记之后发生的私法上的金钱债权而被扣押。

第八十四条 （宗教特性及习惯的尊重）

国家以及公共团体的机关在制定、修改或废除与宗教法人有关的捐税和杂费的法令时，或者决定与赋税征收有关的境内建筑物、境内地及其他宗教法人的财产范围时，或者对宗教法人进行调查以及其他的根据法令规定的正当权限对宗教法人进行调查、检查和实施其他行为时，应当尊重宗教法人在宗教方面的特性及习惯，特别注意不得妨碍信教自由。

第八十五条 （解释规定）

禁止将本法的任何规定解释为赋予文部科学大臣，都、道、府、县知事及法院以下权限：以任何形式，对宗教团体的信仰、规章、习惯等宗教方面的事项进行调停或干涉，或者劝告、引导、干涉宗教方面的负责人员的任免和进退。

第八十六条

本法的任何规定不得解释为：宗教法人实施了违反了公共福祉的行为时，不适用其他法令的规定。

第八十七条 （审查请求和诉讼的关系）

第80条之二第1款中规定的撤销处分之诉，在对该处分的审查请求作出裁决之前，不得提起。

第八十七条之二 （事务的区分）

根据下列条款规定都道府县处理的事务，为地方自治法（昭和22年法律第60号）第2条第9款第1项规定的法定受托事务：第9条、第14条第1款、第 2 款（包括适用第 28 条第 2 款、第 39 条第 2 款及第 46 条第 2 款的情形）及第 4 款（包括适用第 28 条第 2 款、第 39 条第 2 款及第 46 条第 2 款的情形）、第 25 条第 4 款、第 26 条第 4 款（包括适用第 36 条的情形）、第 28 条第 1 款、第 39 条第 1 款、第 43 条第 3 款、第 46 条第 1 款、第 49 条第 3 款、第 51 条第 5 款及第 6 款、第 78 条之二第 1 款及第 2 款（包括适用第 79 条第 4 款及第 80 条第 5 款的情形）、第 79 条第 1 款至第 3 款、第 80 条第 1 款至第 3 款及第 6 款、第 81 条第 1 款、第 4 款及第 5 款、第 82 条。

第十章 罚 则

第八十八条

符合下列任何一种情形时，对宗教法人的代表役员及其职务代行者、临时代表役员或清算人处 10 万日元以下的罚金。

（一）根据本法规定向主管机关提出认证（第 12 条第 1 款规定的认证除外）申请的文件中，附有虚假记载的文件时。

（二）怠于提出第 9 条或第 43 条第 3 款规定的申报，或提出虚假的申报时。

（三）违反第 23 条的规定，未按同条规定发布公告的情况下，实施了同条所列举的行为时。

（四）违反第 25 条第 1 款或第 2 款的规定，怠于作成或备置这些条款规定的文件或账簿，或者在同条第 2 款各项所列的文件或账簿里有虚假记载时。

（五）怠于提出第 25 条第 4 款规定的文件的复印件。

（六）怠于根据第 48 条第 2 款或第 49 条之五第 1 款的规定申请开始破产程序时。

（七）怠于根据第 49 之三条第 1 款或第 49 条之五第 1 款的规定，发布公告，或发布不实公告时。

（八）妨碍根据第 51 条第 2 款规定的法院检查时。

（九）怠于根据第七章第一节的规定办理登记时。

（十）不根据第 78 条之二第 1 款的规定进行报告或进行虚假的报告，或者拒绝回答同款规定的该工作人员的质问，或虚假回答时。

（十一）违反第 79 条第 1 款规定的停止事业的命令，经营事业时。

第八十九条

欲设立宗教法人的主体，以虚假记载的文件根据第 12 条第 1 款的规定向主管机关提出认证申请时，对与该申请有关的团体的代表人处10万日元以下的罚金。

附　则

（施行日期）

第一条　本法自行政不服审查法（2014年法律第68号）施行之日起施行。①

（下略）

---

① 本法于2016年4月1日起施行。

参考文献

一、著作

1. 谷口之平:《宗教法入门》,第一法规1976年版。
2. 宗教调查会:《贵族院·众议院宗教团体法案速记录》,文久社出版部1939年版。
3. 梅田义彦:《日本宗教法人制度史》(近代篇),东宣出版社。
4. 东京大学社会科学研究所:《战时日本的法律制度》,东京大学出版会1979年版。
5. 渡部蓊:《逐条解说宗教法人法》,行政出版2009年版。
6. 渡部蓊:《逐条解说宗教法人法》,行政出版2010年版。
7. 中根孝司:《新宗教法人法——背景与解说》,第一法规1996年版。
8. 宍户常寿:《宪法 解释论的应用与展开(第2版)》,日本评论社2014年版。
9. 清野正彦:《最高裁判所判例解说民事篇平成22年度》(上),法曹会2014年版。
10. 篠原义雄:《宗教法人法的解说》,中央法规1951年版。
11. 大宫莊策:《宗教法研究》,八千代出版1974年版。
12. 渡边一雄:《宗教法人法例解》,第一法规1978年版。
13. 新井隆一:《财政中的宪法问题》,中央经济社1965年版。
14. 北野弘久:《纳税者的权利》,岩波新书1981年版。
15. 熊本信夫:《美国的政教分离原则》,北海道大学图书刊行会1972年版。
16. 佐藤幸治:《宪法》,青林书院1990年版。
17. 佐藤幸治:《日本国宪法论》,成文堂2011年版。
18. 法学协会:《注解日本国宪法》,有斐阁1953年版。
19. 宫泽俊义:《宪法Ⅱ》,有斐阁1971年版。
20. 宫泽俊义:《日本国宪法》,日本评论社1978年版。
21. 井上惠行:《宗教法人法基础研究》,第一书房1972年版。
22. 美浓部达吉:《逐条宪法精义》,有斐阁1927年版。
23. 美浓部达吉:《新宪法逐条解说》,日本评论社1956年版。
24. 小林直树:《新版宪法讲义(上)》,东京大学出版会1980年版。
25. 芦部信喜:《宪法学Ⅱ(人权总论)》,有斐阁1994年版。
26. 岸本英夫:《宗教学》,大明堂1961年版。
27. 樋口阳一、佐藤幸治等:《注释日本国宪法(上)》,青林书院1984年版。
28. 伊藤正己:《宪法》,弘文堂1995年版。

29. 北野弘久:《对宗教法人的课税与政教分离原则》,《JURIST》(综合特集"现代人与宗教"),有斐阁 1981 年版。

30. 大石义雄:《日本国宪法的法理》,有信堂 1957 年版。

31. 宗教活动研究会编:《宗教法人实务必携》,宗教活动研究会 1958 年版。

32. 佐藤功:《宪法》(下),有斐阁 1984 年版。

33. 佐藤功:《宪法》,有斐阁 1983 年版。

34. 阿部美哉:《政教分离》,萨伊玛卢出版会 1989 年版。

35. 浦部法穗:《全订宪法学教室》,日本评论社 2000 年版。

36. 长谷川良信:《社会政策大系》(第 10 卷),日本图书中心 2002 年版。

37. 篠原义雄:《宗教法人法的解说:神社关系》,东京神社新报社 1951 年版。

38. 最高裁判所事务总局:《裁判所法逐条解说》(上),东京法曹会 1969 年版。

39. 文化厅文化部宗务课宗教法人令研究会:《宗教法人的解说与运用》,第一法规 1974 年版。

40. 板桥郁夫:《宗教判例百选》(第 1 版),有斐阁 1972 年版。

41. 大宫莊策:《宗教法研究》,八千代 1974 年版。

二、论文

1. 碓井光明:《宗教法人课税的现状及问题》,载于《JURIST》33 号。

2. 栗田直树、梅川正:《宗教法人的立法过程》,载于《爱之学院大学宗教法制研究所纪要》1992 年第 2 期。

3. 田近肇:《宗教的公益性和宪法》,载于《国民主权与法的支配权》(下卷),成文堂 2008 年版。

4. 金森德次郎:《国家与宗教》,载于《宗教时报》22 号。

5. 种谷春洋:《信教的自由》,载于《宪法》,有斐阁 1978 年版。

6. 佐佐木:《关于宗教团体的法律地位》,载于《京都法学会杂志》13 卷 10 号。

7. 洗建:《法律与宗教》,载于《国家与宗教》(上卷),东京法藏馆 2008 年版。

8. 洗健:《宗教与公益》,载于《宗教法》2011 年第 30 卷。

9. 桐谷章:《围绕宗教法人法修改的问题点:对宗教团体管理要素的导入与评价》,载于《创价法学》1997 年第 26 号。

10. 佐藤幸治:《集会·结社自由》,载于《宪法Ⅱ人权》,东京有斐阁 1978 年版。

11. 大石真:《所谓教派的法律问题—教会·国家关系的新局面》(一、二、三),分别载于《法政研究》1991 年 58(1)/1992 年 59(1)/1992 年 59(2)。

12. 大石真:《政教分离原则的再检讨》,载于《权利保障的诸相》,三省堂 2014 年版。

13. 法性祐正:《宗教团体内部纷争与司法介入抑制的法理》,载于《宗教法》1990 年 9 号。

14. 根木昭:《宗务行政的性格和宗教法人法的特征》,载于《宗教法》1993 年 12 号。

15. 棚村政行:《宗教团体的资金活动和民事责任》,载于《宗教法》1995 年 14 号。

16. 井手成三:《信教自由及其界限》,载于《爱知学院大学论丛·法学研究》1958 年创刊号。

17. 谷口知平:《宗教法、宗教法人与民法》,载于《宗教法入门》,新日本法规 1976年版。

18. 金森德次郎:《国家与宗教》,载于《宗教时报》22 号。

19. 北野弘久:《对宗教法人的课税与政教分离原则》,载于《JURIST》1981 年。

20. 土屋清:《政教分离诉讼中目的效果基准的废弃》,载于《寻求宪法学的新模式》,成文堂 2010 年版。

21. 安西文雄:《政教分离与最高法院判例展望》,载于《JURIST》1399 号。

三、判例

1. 最高裁判所 1950 年 12 月 28 日判决,《最高裁判所民事判例集》第 4 卷 12 号。
2. 最高裁判所 1957 年 12 月 25 日判决,《最高裁判所刑事判例集》第 11 卷 14 号。
3. 最高裁判所 1960 年 6 月 2 日判决,《最高裁判所民事判例集》14 卷 9 号。
4. 最高裁判所 1962 年 7 月 20 日判决,《最高裁判所民事判例集》16 卷 6 号。
5. 最高裁判所 1962 年 7 月 20 日判决,《最高裁判所民事判例集》16 卷 8 号。
6. 最高裁判所 1966 年 3 月 31 日判决,《讼务月报》12 卷 5 号。
7. 最高裁判所 1968 年 11 月 19 日判决,《判例时报》544 号。
8. 最高裁判所 1969 年 7 月 16 日判决,《最高裁判所民事判例集》23 卷 8 号。
9. 最高裁判所 1974 年 7 月 19 日判决,《最高裁判所民事判例集》28 卷 5 号。
10. 最高裁判所 1978 年 11 月 30 日判决,《判例时报》378 号。
11. 最高裁判所 1980 年 1 月 11 日判决,《最高裁判所民事判例集》34 卷 1 号。
12. 最高裁判所 1980 年 4 月 10 日判决,《判例时报》973 号。
13. 最高裁判所 1981 年 3 月 24 日判决,《最高裁判所民事判例集》35 卷 2 号。
14. 最高裁判所 1981 年 4 月 7 日判决,《最高裁判所民事判例集》35 卷 3 号。
15. 最高裁判所 1981 年 4 月 7 日判决,《判例时报》1001 号。
16. 最高裁判所 1988 年 12 月 16 日判决,《判例时报》1362 号。
17. 最高裁判所 1989 年 9 月 8 日判决,《最高裁判所民事判例集》43 卷 8 号。
18. 最高裁判所 1989 年 9 月 8 日判决,《最高裁判所民事判例集》43 卷 9 号。
19. 最高裁判所 1990 年 12 月 6 日判决,《判例时报》1374 号。
20. 最高裁判所 1992 年 1 月 23 日判决,《最高裁判所民事判例集》46 卷 1 号。
21. 最高裁判所 1992 年 11 月 16 日判决,《判例时报》1441 号。
22. 最高裁判所 1993 年 2 月 16 日判决,《最高裁判所民事判例集》47 卷 3 号。
23. 最高裁判所 1996 年 1 月 30 日决定,《判例时报》1555 号。
24. 最高裁判所 1997 年 4 月 2 日判决,《最高裁判所民事判例集》51 卷 4 号。
25. 最高裁判所 2000 年 2 月 29 日判决,《最高裁判所民事判例集》54 卷 2 号。
26. 最高裁判所大法庭 1958 年 12 月 24 日判决,《最高裁判所民事判例集》12 卷

27. 最高裁判所大法庭 1963 年 5 月 15 日判决,《最高裁判所刑事判例集》17 卷 4 号。

28. 最高裁判所大法庭 1970 年 6 月 24 日判决,《最高裁判所民事判例集》第 24 卷 6 号。

29. 最高裁判所大法庭 1973 年 12 月 12 日判决,《最高裁判所民事判例集》27 卷 11 号。

30. 最高裁判所大法庭 1977 年 7 月 13 日判决,《最高裁判所民事判例集》31 卷 4 号。

31. 最高裁判所大法庭 1978 年 10 月 4 日判决,《最高裁判所民事判例集》第 32 卷 7 号。

32. 最高裁判所大法庭 1988 年 6 月 1 日判决,《最高裁判所民事判例集》42 卷 5 号。

33. 最高裁判所第二小法庭 2008 年 9 月 12 日判决,《判例时报》2022 号。

34. 最高裁判所第三小法庭 1968 年 11 月 19 日判决,《判例时报》544 号。

35. 东京高等裁判所 1952 年 4 月 30 日判决,《下级裁判所民事判例集》3 卷 4 号。

36. 东京高等裁判所 1954 年 9 月 9 日判决,《高等裁判所民事判例集》7 卷 10 号。

37. 东京高等裁判所 1964 年 3 月 30 日判决,《东高民时报》第 15 卷 3 号。

38. 东京高等裁判所 1976 年 4 月 28 日判决,《下级裁判所民事判例集》1—4 卷合并号。

39. 东京高等裁判所 1979 年 12 月 12 日判决,《判例时报》978 号。

40. 东京高等裁判所 1984 年 7 月 18 日判决,《判例时报》1128 号。

41. 东京高等裁判所 1988 年 9 月 26 日判决,《判例时报》1293 号。

42. 东京高等裁判所 1990 年 1 月 29 日判决,《高等裁判所民事判例集》43 卷 1 号。

43. 东京高等裁判所 1990 年 5 月 9 日决定,《东高民时报》41 卷 5 号。

44. 东京高等裁判所 1993 年 2 月 27 日判决,《判例 TIMES》795 号。

45. 东京高等裁判所 1993 年 6 月 29 日判决,《判例时报》第 1500 号。

46. 东京高等裁判所 1997 年 12 月 19 日决定,《判例时报》1548 号。

47. 东京高等裁判所 1998 年 2 月 9 日判决,《高等裁判所民事判例集》51 卷 1 号。

48. 东京高等裁判所 2005 年 9 月 29 日判决,《诉讼月报》52 卷 9 号。

49. 东京高等裁判所 2008 年 1 月 23 日判决,《速报判例解说》3 号。

50. 东京地方裁判所 1950 年 9 月 16 日判决,《下级裁判所民事判例集》1 卷 9 号。

51. 东京地方裁判所 1957 年 2 月 28 日判决,《行政事件裁判例集》8 卷 2 号。

52. 东京地方裁判所 1958 年 2 月 7 日判决,《下级裁判所民集判例集》第 9 卷第 2 号。

53. 东京地方裁判所 1958 年 11 月 13 日判决,《行政事件裁判例集》9 卷 11 号

54. 东京地方裁判所 1959 年 2 月 13 日判决,《金融法务》202 号。

55. 东京地方裁判所 1960 年判决,《地方裁判所民事判例集》11 卷 4 号。

56. 东京地方裁判所 1967 年 9 月 14 日判决,《判例时报》500 号。
57. 东京地方裁判所 1968 年 9 月 18 日判决,《判例时报》552 号。
58. 东京地方裁判所 1973 年 1 月 17 日判决,《判例时报》第 695 号。
59. 东京地方裁判所 1978 年 6 月 29 日判决《判例时报》798 号。
60. 东京地方裁判所 1980 年 6 月 3 日判决,《判例 TIMES》421 号。
61. 东京地方裁判所 1983 年 6 月 10 日判决,《判例时报》1084 号。
62. 东京地方裁判所 1983 年 6 月 27 日判决,《判例时报》1113 号。
63. 东京地方裁判所 1986 年年 3 月 20 日判决,《行政事件裁判例集》37 卷 3 号。
64. 东京地方裁判所 1987 年 2 月 12 日判决,《判例时报》1227 号。
65. 东京地方裁判所 1988 年 11 月 11 日判决,《判例时报》1297 号。
66. 东京地方裁判所 1994 年 4 月 13 日判决,《判例时报》1312 号。
67. 东京地方裁判所 1996 年 1 月 17 日判决,《判例时报》1563 号。
68. 东京地方裁判所 1997 年 3 月 12 日判决,《判例 TIMES》964 号。
69. 东京地方裁判所 1997 年 10 月 30 日决定,《判例时报》1544 号。
70. 名古屋高等裁判所 1967 年 7 月 19 日判决,《判例时报》488 号。
71. 名古屋高等裁判所 1971 年 5 月 14 日判决,《行政事件裁判集》22 卷 5 号。
72. 名古屋高等裁判所 1972 年 10 月 31 日判决,《判例时报》698 号。
73. 名古屋高等裁判所 1977 年 1 月 31 日判决,《判例时报》853 号。
74. 名古屋高等裁判所 1983 年 11 月 27 日判决,《判例 TIMES》789 号。
75. 名古屋高等裁判所 1991 年 11 月 27 日判决,《判例 TIMES》789 号。
76. 名古屋地方裁判所 1963 年 4 月 26 日判决,《劳动关系民事判例集》14 卷 2 号。
77. 名古屋地方裁判所 1976 年 4 月 16 日判决,《判例时报》841 号。
78. 名古屋地方裁判所 1976 年 4 月 16 日判决:《判例时报》1977 年。
79. 名古屋地方裁判所 2005 年 3 月 24 日判决,《判例 TIMES》1241 号。
80. 名古屋地方裁判所丰桥支部 1975 年 10 月 31 日判决,《判例 TIMES》334 号。
81. 名古屋地方裁判所丰桥支部 1987 年 3 月 27 日判决,《判例时报》1259 号。
82. 大阪高等裁判所 1963 年 6 月 10 日决定,《下级裁判所民事判例集》14 卷 6 号。
83. 大阪高等裁判所 1965 年 7 月 12 日判决,《高等裁判所民事判例集》18 卷 4 号。
84. 大阪高等裁判所 1966 年 4 月 8 日判决,《高等裁判所民事判例集》19 卷 3 号。
85. 大阪高等裁判所 1978 年 9 月 14 日判决,《判例 TIMES》371 号。
86. 大阪高等裁判所 1979 年 8 月 11 日决定,《判例时报》948 号。
87. 大阪高等裁判所 1982 年 7 月 27 日判决,《判例时报》1062 号。
88. 大阪高等裁判所 1986 年 5 月 6 日判决,《判例时报》1207 号。
89. 大阪高等裁判所 1990 年 12 月 18 日判决,《判例 TIMES》第 748 号。
90. 大阪高等裁判所 1992 年 7 月 30 日判决,《判例时报》1434 号。
91. 大阪高等裁判所 1994 年 12 月 22 日判决,《判例时报》1524 号。
92. 大阪地方裁判所 1984 年 9 月 28 日判决,《判例时报》1145 号。

93. 神户地方裁判所 1990 年 9 月 7 日判决,《判例时报》1385 号。
94. 神户地方裁判所 1993 年 2 月 22 日判决,《判例 TIMES》813 号。
95. 神户简易裁判所 1975 年 2 月 20 日判决,《判例时报》768 号。
96. 大分地方裁判所 1985 年 12 月 2 日决定,《判例时报》1180 号。
97. 大分地方裁判所 1987 年 1 月 29 日决定,《判例时报》1242 号。
98. 仙台高等裁判所 1991 年 1 月 10 日判决,《行政事件裁判例集》42 卷 1 号。
99. 仙台地方裁判所 1974 年 10 月 8 日判决,《判例时报》770 号。
100. 仙台地方裁判所 1982 年 5 月 31 日判决,《讼务月报》28 卷 12 号。
101. 京都地方裁判所 1950 年 8 月 17 日判决,《下级裁判所民事判例集》1 卷 8 号。
102. 京都地方裁判所 1958 年 2 月 6 日判决,《下级裁判所民事判例集》9 卷 2 号。
103. 京都地方裁判所 1967 年 5 月 20 日判决,《判例时报》501 号。
104. 京都地方裁判所 1974 年 9 月 20 日判决,《讼务月报》20 卷 12 号。
105. 京都地方裁判所 1977 年 5 月 20 日决定,《下级裁判所民事判例集》28 卷 5 号。
106. 京都地方裁判所 1985 年 4 月 26 日判决,《判例时报》1168 号。
107. 京都地方裁判所 1986 年 5 月 15 日决定,《判例时报》1208 号。
108. 京都地方裁判所 1986 年 7 月 31 日判决,《判例 TIMES》621 号。
109. 京都地方裁判所 1972 年 2 月 8 日判决,《判例时报》702 号。
110. 京都地方裁判所 1978 年 12 月 14 日判决,《判例时报》920 号。
111. 京都地方裁判所 1979 年 6 月 4 日决定,《判例时报》944 号。
112. 京都地方裁判所 1985 年 4 月 26 日判决,《判例时报》1168 号。
113. 京都地方裁判所 1988 年 9 月 29 日判决,《判例 TIMES》693 号。
114. 高松高等裁判所 1963 年 2 月 22 日判决,《高等裁判所民事判例集》21 卷 1 号。
115. 高松高等裁判所 1988 年 4 月 27 日判决,《判例时报》1293 号。
116. 高松高等裁判所 1992 年 5 月 12 日判决,《行政事件裁判例集》43 卷 5 号。
117. 大津地方裁判所 1958 年 1 月 24 日判决,《下级裁判所民事判例集》9 卷 1 号。
118. 大津地方裁判所 1967 年 3 月 16 日判决,《行政事件裁判例集》18 卷 3 号。
119. 福冈地方裁判所 1994 年 5 月 27 日判决,《判例时报》1526 号。
120. 福冈地方裁判所 2000 年 11 月 7 日判决,《判例时报》1750 号。
121. 静冈地方裁判所沼津支部 1988 年 2 月 24 日判决,《判例时报》1275 号。
122. 静冈地方裁判所富士支部 1992 年 7 月 15 日决定,《判例 TIMES》796 号。
123. 广岛高等裁判所 1965 年 5 月 19 日判决,《高等裁判所民事判例集》18 卷 3 号。
124. 广岛高等裁判所松江支部 2006 年 10 月 11 日判决,《判例时报》1983 号。
125. 广岛地方裁判所 1974 年 4 月 18 日判决,《判例时报》758 号。
126. 松江地方裁判所 1973 年 1 月 25 日判决,《判例时报》695 号。
127. 松江地方裁判所 1976 年 7 月 20 日判决,《判例时报》847 号。
128. 松山地方裁判所 1989 年 3 月 17 日判决,《判例时报》第 1305 号。
129. 九洲简易裁判所 1977 年 8 月 2 日判决,《下级裁判所民事判例集》5 卷 8 号。

130. 横滨地方裁判所 1987 年 2 月 18 日判决,《判例时报》1249 号。

131. 福岛地方裁判所平支部 1956 年 3 月 30 日判决,《下级裁判所民事判例集》7 卷 3 号。

132. 长崎地方裁判所佐世保支部 1966 年 4 月 18 日判决,《判例 TIMES》190 号。

133. 德岛地方裁判所 1983 年 12 月 12 日判决,《判例时报》1110 号。

134. 盛冈地房裁判所 1971 年 12 月 28 日判决,《判例时报》655 号。

135. 奈良地方裁判所 2004 年 5 月 26 日判决,《讼务月报》51 卷 5 号。

136. 和歌山地方裁判所 2006 年 1 月 24 日判决,《讼务月报》48 卷 9 号。

137. 鹿儿岛地方裁判所 1954 年 11 月 30 日判决,《行政事件裁判例集》5 卷 11 号。

138. 千叶地方裁判所 1990 年 3 月 26 日判决,《判例时报》1365 号。